二战战术手册

冬季、山地作战和反坦克战术

［英］史蒂芬·布尔　［英］格尔顿·L.罗特曼　著
［英］史蒂夫·努恩　绘
胡毅秉　郭伟猛　译

民主与建设出版社
·北京·

© 民主与建设出版社，2025

图书在版编目（CIP）数据

二战战术手册.冬季、山地作战和反坦克战术/（英）史蒂芬·布尔，（英）格尔顿·L.罗特曼著；（英）史蒂夫·努恩绘；胡毅秉，郭伟猛译.——北京：民主与建设出版社，2025.2.——ISBN 978-7-5139-4871-5

Ⅰ.E83-62

中国国家版本馆CIP数据核字第2025Z1B402号

World War II Winter and Mountain Warfare Tactics by Stephen Bull
© Osprey Publishing, 2013
World War II Infantry Anti-Tank Tactics by Gordon L.Rottman
© Osprey Publishing, 2005
This translation of World War II Winter and Mountain Warfare Tactics and World War II Infantry Anti-Tank Tactics is published by Chongqing Vertical Culture Communication Co. Ltd. by arrangement with Bloomsbury Publishing Plc.
Chinese simplified translation rights © 2025 Chongqing Vertical Culture Communication Co. Ltd
All rights reserved.

著作权登记合同 图字：01-2025-0546

二战战术手册：冬季、山地作战和反坦克战术
ERZHAN ZHANSHU SHOUCE DONGJI SHANDI ZUOZHAN HE FAN TANKE ZHANSHU

著　者	［英］史蒂芬·布尔　［英］格尔顿·L.罗特曼
绘　者	［英］史蒂夫·努恩
译　者	胡毅秉　郭伟猛
责任编辑	金　弦
封面设计	但佳莉
出版发行	民主与建设出版社有限责任公司
电　话	（010）59417749　59419778
社　址	北京市朝阳区宏泰东街远洋万和南区伍号公馆4层
邮　编	100102
印　刷	重庆长虹印务有限公司
版　次	2025年2月第1版
印　次	2025年4月第1次印刷
开　本	710毫米×1000毫米　1/16
印　张	15
字　数	229千字
书　号	ISBN 978-7-5139-4871-5
定　价	99.80元

注：如有印、装质量问题，请与出版社联系。

目 录

英制—公制单位换算表 I

第一部分
冬季作战与山地作战战术 1

引　言 2
柴堆战术：芬兰，1939—1940 年 14
西方盟军在挪威，1940 年 24
苏军的战术对策：《冬季战斗条令》(1941 年) 31
东线的灾难，1941—1942 年 48
德军的滑雪训练与战术，1942—1944 年 70
臻于完善的技术，1943—1945 年 76
结　论 86
参考书目 117

第二部分
二战步兵反坦克战术 119

引　言 121
坦克的威胁 123
反坦克武器总览 138
反坦克战术的演进 154
具体武器和战术 164
参考书目 233

英制—公制单位换算表

距离和长度

1 英里 ≈1.609 千米

1 码 ≈0.914 米

1 英尺 ≈0.304 米

1 英寸 ≈2.54 厘米

重量

1 磅 ≈0.453 千克

1 盎司 ≈28.349 克

容积

1 加仑（英制）≈4.546 升

冬季作战与山地作战战术

第一部分

引　　言

　　编入行军纵队的部队在严寒条件下应该不断运动……在积雪深厚、严寒刺骨、冷风劲吹的情况下，在队伍最前列顶风行军的士兵必须经常轮换。骑兵通常必须下马，徒步前进……必须根据当地条件修订和改编关于着装的条例或用于防寒的特别措施……哨兵必须负责逐一唤醒所有人，防止他们被冻死。

　　读者如果以为上面这些文字摘自1812年拿破仑从莫斯科撤军时发布的命令，倒也可以理解。实际上，这些文字节选自1942年8月发行的《冬季战袖珍手册》（Taschenbuch für den Winterkrieg）。当时德国陆军已经意识到，他们在东线的战事可能会历经多个令人意志消沉的冬天，所有官兵（不仅仅是专业部队）都必须在生理、心理和道义上做好应对这种考验的准备。至关重要的是，开发新的战术和装备，以及重拾他们早就学会，但常常遗忘的老办法。

　　本书并非战史，笔者也不想讨论基础的步兵战术（相关内容请参见《二战战术手册：班、排、连、营战术》）。[1] 本章节会重点介绍在特定气候和地理条件下——寒冷地带和高山地形——作战的技巧，以及它们对战斗的影响。虽然本章节仅涉及主要参战国的军队和欧洲战场，但仍有丰富的话题可谈，因为在1939年至1945年间，山地作战行动和冬季作战行动之普遍是令人吃惊的。山地作战行动和冬季作战行动不仅遍及整个东线，也是交战双方在意大利、巴尔干和斯堪的纳维亚常年持续的"斗争形式"。即便在西线，士兵们也要面对法国的山地和阿登的冬雪。在这场全面战争中，旧式的"交战季节"概念已被各方抛在脑后，部队一年到头都要对抗敌人和大自然。当然，为了学习开展山地作战和冬季作战的方法，大国军队在一开始就有两个选择：一是学习外国经验，二是向本国山地部队（如果有的话）中的专家讨教。

　　也许鲜为人知的是，早在中古时代的13世纪，挪威军人就已经在使用滑雪板了，到17世纪，军队中已有正规的滑雪训练，而且不久以后挪威军队中就出现了用雪橇机动的轻型火炮部队。19世纪的法军成立了专门的阿尔卑斯猎兵营，而俄国滑雪部队则在1891年创下了一项不可思议的纪录：十天内滑雪行军1115英里。英国军队通过在加拿大进行长期冬季训练，以及在极地和喜马拉雅山开展探险活动积累经验。而且，英国军队早在1916年就于印度开办了一所山地作战学校，

战前的摆拍宣传照——德国某支专业山地部队（主要在巴伐利亚和奥地利招募士兵）里的一名被晒红面庞的士兵，他领章上的线条（实际上是红线）看来是代表山地兵的兵种标识。他戴着短帽檐的山地帽（Gebirgsmütze），帽子左侧别着被山地兵珍视的雪绒花徽章，他还戴了一副雪地护目镜（Schneebrille）以预防"雪盲症"。他的山地背包也值得注意。他的武器是用25发可卸式弹匣供弹的MG13轻机枪。到战争爆发时，普通步兵和山地兵都换装了性能更好的MG34通用机枪。

用以支援英国在印度西北边疆区域（如今的巴基斯坦和阿富汗的边境地带）展开的作战行动。一战期间，奥地利、德国、意大利和法国的滑雪与山地部队都曾在山地炮兵及其他部队支援下，在阿尔卑斯山及巴尔干半岛实施作战。

虽然挪威在20世纪20年代大幅缩减军费开支，但该国军队还是于1923年成立了一所冬季作战学校，该校的校长是芬恩·夸勒（Finn Qvale）少校。这所学校里使用的制服虽然大致保持了挪威陆军的标准式样，但也加配了用羊皮和驯鹿皮制作的外套，以及受北极圈的萨米人和其他民间服饰启发的特种装备。到了20世纪30年代，该校年鉴的插图中出现了轻量化的雪橇、轮子上装有滑雪板的推车、供军马使用的标准雪地靴，以及用于在松软的雪地上分散重量的机枪座钣。

这也是浪漫主义的"高山电影"（德文为Bergfilm）时代，是滑雪和登山在商业化运作下成为有冒险精神的富人热爱的休闲活动的时代。冬季奥林匹克运动会无疑在山地运动的普及过程中发挥了重要作用：1924年，在法国夏慕尼（Chamonix）举办的第一届冬奥会上，不仅有"北欧式"越野滑雪比赛，还有包含滑雪与射击要素的"军事巡逻"比赛（后来该项目被更名为"冬季两项"）。1936年，第四届冬奥会在巴伐利亚小城加米施-帕滕基兴（Garmisch-Partenkirchen）举办。在这次冬奥会上，高山滑雪、速降滑雪和障碍滑雪首次成为比赛项目。虽然挪威在奖牌榜上独占鳌头，但东道主摘得了高山滑雪项目的金牌，而英国队在冰球比赛中出人意料地击败了加拿大队。至于登山领域，20世纪30年代合成纤维的诞生带来了质量优于传统麻绳的新一代绳索。

德军的准备

德国于1935年发布的那些试行版山地部队训练教范为德军打下了新的战术基础。这些教范确认了一战期间德军暴露的"宽广正面和分散战斗等特殊问题"。它们还预见到，训练有素的小股部队可以发挥重要作用，包括迟滞、诱导和骚扰敌军主力，消耗敌军兵力和迫使敌军在不利条件下进行战斗。在进攻时，山地部队可以掩护主力部队前进；在防御时，山地部队可以通过控制高地的方式来阻止敌军通过山谷。通常来说，作为独立执行任务的最大战术单位，山地步兵营特别加强了机枪、迫击炮和轻型火炮支援力量，因为大部分山地是坦克和其他车辆无法通行的。山地步兵营营长必须通过战斗侦察开辟道路，尽可能借助地形或夜幕掩护机动，并有效

一战末期,在路德维希堡(Ludwigsburg)合影的符腾堡山地炮兵。这门炮是带木轮的 75 毫米山炮。我们可以看到照片中的这些炮手穿着滑雪上装、山地靴(里边有用皮绳固定的绑腿),戴着山地帽。前排左起第三名士兵带有一把毛瑟 C96 半自动手枪,该手枪装在其特有的木制枪套里。

一名德国山地兵正在操作一挺安装在高射枪架上的MG34。请注意他的背包盖下面露出的雪地鞋。轻型高射武器在雪地和山地条件下非常有用，因为沉重的火炮很难（有时根本不可能）被投入这种地形中作战。这是一张在1939年2月发表的新闻照片，原配的德语说明显示，它是在第1山地师 [位于克罗伊查尔姆（Kreuzalm）] 的一次炮兵训练中拍摄的。

第99山地兵团第12连的布劳恩（Braun）中尉，他在陆军滑雪锦标赛中担任"军官侦察巡逻队"的队长。请注意，他这样的专家在越野滑雪中更偏爱狭长的滑雪板，而不是较宽的制式滑雪板。

运用他的重武器。理想情况下，他应该在附近的高地和山梁上保留可随时向山下进攻的预备队，并且他要习惯在没有炮兵支援的情况下率领部队大胆追击敌人。

山地步兵营的班长们必须承担相当多的职责，他们常常要带领全班以单纵队（每个士兵之间的要保持相当长的间隔，以免出现两三人扎堆的"手风琴式机动"或被迫改变行军节奏）穿行于没有道路的区域。在许多情况下，全班只能依靠自带的轻机枪提供过顶或侧射火力支援。战斗中能够出奇制胜固然很好，但我们也必须认识到，在敌军的火力威胁下进行高难度攀爬是不可能做到的事。

德国山地兵复兴的标志是1938年4月第1山地师在加米施-帕滕基兴成立，该师是在原有山地旅的基础上扩充和重组的结果，该师师长为路德维希·屈布勒（Ludwig Kübler）少将。同年，随着"德奥合并"，德国又利用奥地利部队分别于因斯布鲁克（Innsbruck）和格拉茨（Graz）组建了第2和第3山地师。这些部队下辖山炮兵、迫击炮兵、工兵、通信兵、反坦克连、地图测绘分队、驮畜及兽医连，以及摩托化的后勤、医疗和机修分队，甚至"气象分队"。而且，这还仅仅是开始，最终德国将拥有10个陆军山地师、1个滑雪猎兵师和6个武装党卫军山地师。

包括英美在内的另外几个国家后来也效仿德国组建了专业部队。但也许更重要的是，随着时间的推移，几个主要交战国的大量陆军部队都学会了在严寒条件下生存与作战。

影响战斗的因素：气候和地形

> 俄国的冬季会带来持久的严寒，气温可低至零下50—零下40摄氏度，有时还会交替出现短暂的解冻、降雪、大雾和不可预测的天气。
>
> ——《冬季战袖珍手册》

正如降雪可分为众多类型一样，寒冷也有不同的种类。20世纪40年代，美国军方的气象学家将寒冷分为三大类。

"湿冷"，这类气候常见于亚北极圈沿海地区，以及其他处于换季时期的地区。处于该气候下的地区，温度常高于冰点，有时还会降下大量雨雪。许多处于该气

美国明尼苏达州斯内灵堡（Fort Snelling），1939 年 3 月：美国陆军一个两人小组的士兵以白床单作为简易伪装，演示如何使用一挺 7.62 毫米 M1917 勃朗宁机枪。机枪手不仅身着大衣，还戴着套了白布的军帽，穿着"长途"雪地鞋。

德国南部，1939年：山地炮兵正在使用驮畜搬运一门75毫米Gebirggeschütz 36山炮——干活的既有骡子，也有小马。这种采用开脚式大架的榴弹炮是于1938年服役的，其最大射程为10000码，全重1654磅，可被分解为八个部分（包括待发弹药在内），放在驮鞍上运输。

候下的地区还有沼泽遍布、道路泥泞、洪水泛滥和蚊虫肆虐等特点，但在某些地区，即便地表已是一片汪洋，可下层泥土仍会保持永久冻结的状态。"冰冷"，这类气候下的非高纬度地区的温度常在冰点上下波动，这些地区经常会出现深厚的积雪（比如冬季时的德国南部和新英格兰部分地区就是如此）。"极端干冷"，这类气候下的地区的温度始终大大低于冰点，而当温度大约在零下20摄氏度时，空气就会开始失去保存水分的能力。"极端干冷"气候下的特殊现象包括温度逆增①、海市蜃楼和"冰雾"（指湿气变为由冰晶组成的雾团）。在这种气候下，声音传播的距离会远得超乎想象——例如，一个人劈柴的声音偶尔能传到10英里外。在亚北极圈大陆地区，一年四季温差极大：例如在西伯利亚中部，有记录的最低气温为零下68摄氏度，最高气温为32摄氏度。即使在意大利，1944年的冬天也特别寒冷，曾有40多个晚上的气温跌至冰点以下。

正如德军冬季作战相关手册所说的那样，在略显寒冷的气候下，大片雪花会形成松软的雪面，而在严寒加大风的气候下，积雪的表面很快就会出现一层冰壳。如果覆盖在松软积雪上的冰壳足够结实，其或许可以供部队进行合理的机动，但薄脆的冰壳就是另一回事了：士兵的脚会踩穿冰壳陷入雪中，只有费力地把脚拔出来才能继续迈步，而滑雪者还有受伤的危险。不仅如此，在一天的不同时刻，雪面的承重能力也可能不同：背阴时雪橇和狗可以轻松地通过雪地，而阳光直射时它们就可能陷入雪中。

正如1941年9月美军的《冰雪和极端寒冷条件下的作战》手册所指出的那样，气候可能"严重影响"部队在野外的行动。厚厚的积雪和雪堆会妨碍部队的道路机动和越野机动，寒冷可能导致车辆与武器的润滑油凝固、光学仪器结霜、橡胶脆化，还会使地面硬得难以挖掘，让电气设备的效能降低，让牲畜患上肺炎和其他疾病，并使人类出现冻伤、雪盲等问题。风会加强寒冷的影响，正如美军《极地手册》（1944年）中所记载的那样：

大风与寒潮相伴的情况就足以令人厌恶了，如果还伴有飘雪，那情况更是恶

---

① 译者注：指海拔升高时气温反而上升的现象。

劣至极——有时能使部队几乎无法行军……时速9—12英里的大风可将积雪从地面上吹起数英尺高，聚成的雪堆可能掩盖地面上的岩石和跑道标志等物体。如果没有树木挡风……这种情况会尤其严重……时速15英里及以上的强风吹起的雪堆足以掩盖建筑物。在时速30英里以上的狂风吹拂下，可能会出现50—100英尺高的积雪，看起来就像低垂的云团。

威尔士特劳斯瓦尼兹（Trawsfynydd），1942年：英国第1山炮团使用一门3.7英寸"轻便榴弹炮"（Pack Howitzer）进行训练。我们可以看到照片中的炮手们穿着连帽防风工作服（由浅褐色棉布制成）、哔叽登山裤、长筒袜，还背着帆布背包。这种口径为3.7英寸的山炮早在1917年就已诞生，是英国陆军第一种采用开脚式大架设计的山炮。与口径比它小的德国gebG 36山炮相比，它略显笨重，但同样可以分解为五个部分，连同三份待发弹药一起用骡子搬运。后来，这种"轻便榴弹炮"的辐条炮轮被换成橡胶胎炮轮，以便用机动车牵引。虽然6000码的最大射程显得较为平庸，但它曾在意大利和缅甸被用于实战（该炮在缅甸列装的数量更多），还是空降部队炮兵最初的装备。（帝国战争博物馆 19494）

正如德军教范所指出的那样，与平原地区相比，在高山地区，几乎所有活动都会变得更困难、更费时间；气象条件会突然发生剧烈变化；部队的部署处处受限，行军队列被拉得又细又长，"认识粗浅、愚昧无知和估计不足"都可能引发"灾难"。以上种种因素将导致部队机动受限、补给困难、"非战斗"伤亡率增加，步兵的重要性将超过重武器、轮式车辆和其他任何难以在雪地或陡坡上通行的装备。英军的观察员也注意到，在山地作战的过程中，部队尤其容易聚集在山谷中形成"大纵深纵队"，从而导致横向机动受限，无线电通信问题百出。1942年，美国陆军地面部队司令莱斯利·麦克奈尔（Lesley McNair）中将建议：

看来适用于高山地形的部队和适用于丛林地形的部队之间存在某种关联。在高山地带和丛林地带，都无法大规模使用重装备……因此把山地师和丛林师合在一起考虑似乎是合适的，至少两者应该酌情使用相同的编制和装备。[2]

然而，就和看待茂密的丛林一样，哪怕是最寒冷的冰原或最崎岖的山地，也不应该被视作无法实施作战的区域。在获得合适的训练、被服和装备后，各国军队都开始着手解决在寒冷天气下作战的三大难题：保暖、保持机动力和防止装备出故障。解决这些难题后，"部队就可以在早年北欧军队和法国、德国、奥地利、意大利山地兵先后开拓的基础上，充满自信地运用各种战术"。

柴堆战术：芬兰，1939—1940 年

在寒冷天气下作战的首个重大突破，是随着 1939 年 11 月 30 日苏联入侵芬兰而出现的。苏联红军在南起列宁格勒（Leningrad），北至北冰洋畔的贝柴摩（Petsamo）的边境线上兵分多路发起进攻。虽然苏军对狭窄的卡累利阿地峡（Karelian Isthmus）的突击暂时受阻于曼纳林防线上的常规筑垒地域，但交战双方在其他地方进行的战斗却有一些特点颇为值得关注。[3] 苏军的行军纵队遭到芬军拦截、包围、反击，然后被各个击破，一个又一个师失去战斗力。在 1939 年年末至 1940 年年初的这场"冬季战争"中，芬军在初期取胜的关键就是所谓的柴堆战术（Motti Tactics）。

Motti 在芬兰语中是指"一捆堆放好等待切割的木材"，教科书式的"柴堆作战"分为三个阶段。第一阶段，芬军巡逻队对敌军展开侦察，并将其困在一处封闭区域（芬军常利用伏击、埋设地雷和爆破等手段来困住敌人）。第二阶段，芬军发起短促而凌厉的攻击，楔入苏军各部之间的空隙，将其分割为若干孤立的"小块"。第三阶段，芬军依次攻击每个包围圈，先攻击最弱小的敌人，同时"让寒冷、饥饿和孤立削弱其他敌人"。后来，美国步兵学校的评论员将这三个阶段概括为："侦察并阻击""攻击并分割""孤立并歼灭"：

经过初步侦察后，战斗巡逻队会从各个方向攻击敌军——这会造成进攻部队无处不在的假象，让敌人始终不知道下一次攻击会来自何方。巡逻队里的士兵会充分利用黑暗和森林提供的隐蔽性，避开敌军的警戒哨。为了增加打击敌方士气的效果，巡逻队里的士兵会潜行到距离敌人很近的地方才开火……有利的打击目标是敌方行军队列、露营的部队、机动车队和物资堆放点。采用游击战术的巡逻队会在敌军后方实施爆破和埋设地雷（尤其是在通向后方的道路上）。有些巡逻队会同时承担侦察和战斗任务，但大部分巡逻队只负责执行战斗任务。每支巡逻队都要执行不止一个任务——在一个地点发起攻击后，通过滑雪快速机动到另一个地点再次发起攻击。以营连级兵力实施的零星攻击都针对有限的特定目标。在目标被摧毁或敌军被迫展开后，攻击部队就会退出战斗。这些活动使敌军不得不增加其警戒部队的兵力，并使敌军整体陷入不安、恐惧和压抑的氛围中。

1939年年末至1940年年初的冬季,芬军女观察员在一座瞭望塔上通过电话报告情况。她们的羊毛帽、连指手套和看似奢华的毛皮大衣可不是为了展示穿衣时尚:虽然芬兰的气候比西伯利亚温暖,但拉普兰的冬天仍然极不适宜人类居住。在芬兰北部,每年8月底就开始下雪,冬天会持续七个月,深达一米的积雪和低于零下20摄氏度的气温都很常见。(IWM 52943)

1940年1月，芬军士兵正在使用当地的交通工具。这辆经过改装的摩托车，配有大号整流罩、外展滑橇和一个滑雪拖车，可以在其他交通工具无法通行的道路上机动。

1940年1月,芬兰越野滑雪冠军佩卡·涅米(Pekka Niemi)中士和他的巡逻队。冬季战争爆发前,涅米参加过多项滑雪赛事并取得了好成绩,他最长的滑雪距离达到了50千米——对于长途奔袭苏军这一任务而言,这样的距离是绰绰有余了。据说,涅米曾说过:"我们的士兵训练有素,我们的军官指挥有方。我们的许多军官曾在德国或俄国军队里服役。芬兰的森林和湖泊使我们可以轻松阻止敌人前进。我们掌握的滑雪技能,可以让我们迅速穿越森林,从侧翼把敌军像木材一样分割成小块。"

两名"挪威自由军团"的志愿者。1940年,芬兰境内共有725名该军团的志愿者。他们的冬季作战装备采用了很先进的设计,包括两件式连帽雪地伪装服,以及套在卑尔根式登山包外面的白色罩布。此外,瑞典是芬兰最重要的外援,该国为芬兰提供了77000支步枪和近200门各式火炮。另外,还有约8000名瑞典志愿者在冬季战争结束前抵达芬兰。

布置好陷阱后，芬军就会借助黑暗或浓雾的掩护，在"敌军陆地侦察半径以外"的区域集结。此时，芬军自己的后勤和支援兵种也会上阵。芬军士兵使用雪橇或形似小船、用人力牵引的雪地运输工具 akja（也叫 ahkio）来移动较重的武器（这些工具都可以在雪面上滑行，不需要让士兵挖开积雪）。向导组负责指引方向并标明路径，主力步兵则以轻快的节奏行进，保留体力用于冲锋。如果有可能，部队会机动到离他们将要"破袭道路"的地点不过数百码的地方。

芬军总是出其不意地对敌军发起进攻，小规模的部队会迅速在道路两侧展开，然后主力部队会隐藏在周边的荒野中。芬军会同时在多个地点切断道路，进一步削弱敌军的应对能力。试图突围的敌军将不得不在不利的条件下攻击芬军的阻击阵地，与此同时，芬军会通过侧翼攻击进一步将敌军分割为"小块"。如果敌军成功建立了坚固的全方位防御，则会不断遭到冷枪、夜袭和迫击炮打击。最终，疲劳、缺乏给养和不断累积的伤亡会"消灭"敌人。在某些地方，苏军依靠空投的补给坚持了相当长的时间。而在另一些地方，例如东莱梅蒂（East Lemetti），被围部队先是耗尽了正常的给养，然后就开始吃马匹，最后连马骨头都被用来充饥。

在北方的凯米（Kemi）河畔，摄影记者卡尔·迈登斯（Carl Mydans）目睹了被"孤立并消灭"的苏军部队。冰天雪地里到处躺着死去的士兵，其中有些人还在齐腰深的雪里保持着挣扎的姿势。在较近的地方可以看到：

苏联人的福特牌卡车，挡风玻璃、散热器和车身都被子弹打成了"筛子"。染血的座椅"透露"了驾驶员的下场。而在结冰的狭窄道路和边上的树林里，是连最见多识广的战地记者都很少见到的可怕景象。卡车和辎重雪橇堵塞了道路，车头全都朝着芬兰方向。它们或被丢弃，或在万不得已的情况下被故意开进路边的深沟。苏军的尸体像落叶一样满地都是。夹杂在其中的是马匹的尸体，以及一辆被击毁的卡车（上面装满了黑面包）。那里还散落着数不清的旧皮鞋、钢盔、防毒面具、袋装大米、煲汤用的红色粉末、机枪弹夹、炮弹、子弹、雪橇、马具，以及成堆成堆的香肠（扎着细线，像绳索一样盘起）、成箱的鱼肉罐头、成袋的烟草。断胳膊和断腿把雪地染成了粉红色。

尽管这些战术的效果不可否认，但它们似乎并不像传说中那样是事先就

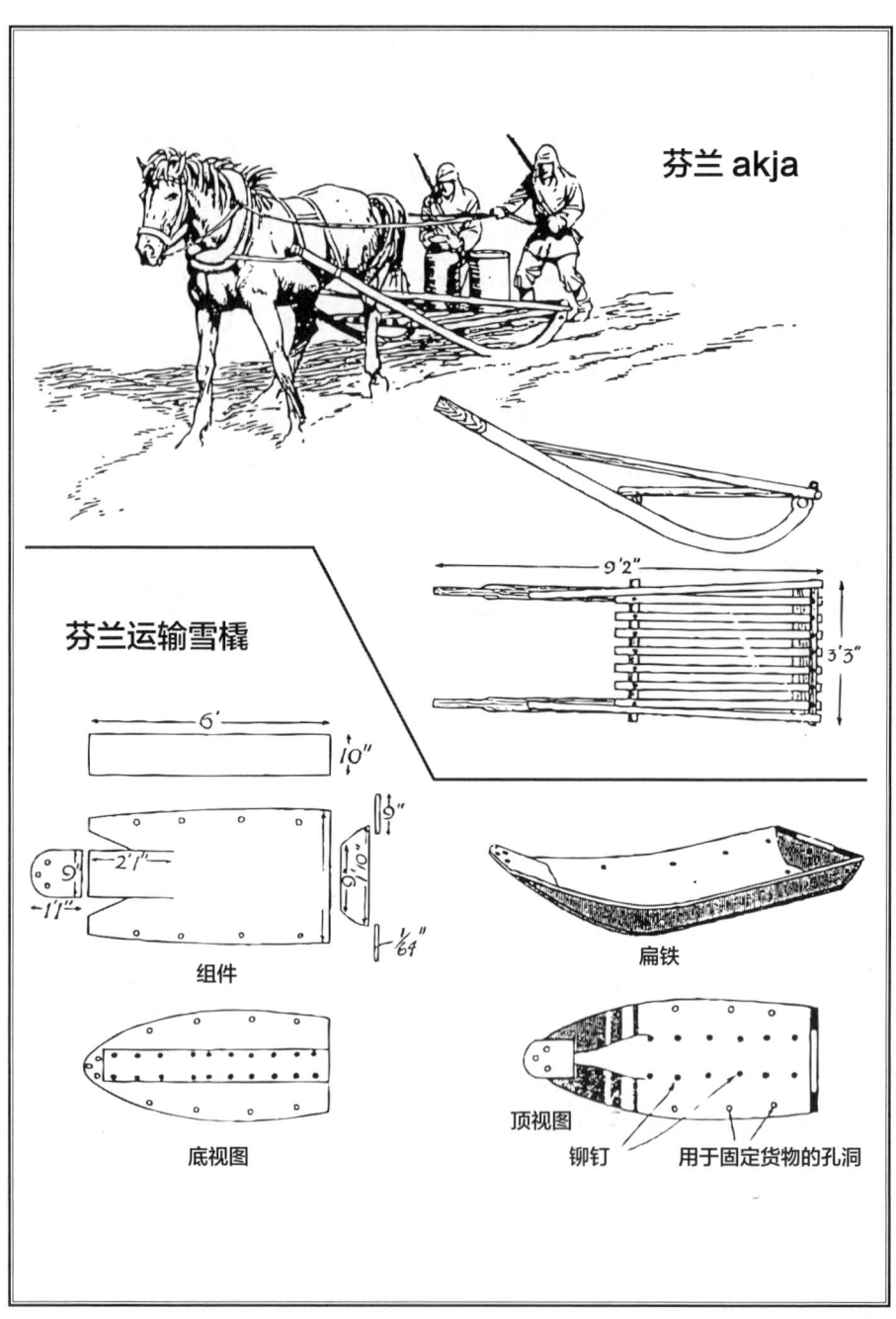

各种型号的芬兰运输雪橇和 akja，在苏芬战争及后来的东线战事中被广泛使用。本图摘自美国期刊《战术技术趋势》（1943 年 1 月号）上发表的一篇关于"冬季作战用的雪橇"的文章。

芬军缴获的苏制 T-26 轻型坦克。苏军在冬季战争中经常放弃他们的技术优势,任由装甲部队被切断和围困在道路上。由于缴获的 T-26 的数量太多,芬军后来甚至在 1941—1944 年的"续战"中用它们装备了整支部队。

被系统性地拟定的。按照芬兰第13师的苏瓦托拉（Suvantola）上尉的说法，Motti这个词是开战后才被军队采用的，而且其最初只是第4军防区内一个通信站的代号。黑格隆德（Hägglund）少将被誉为这些战法的重要提倡者，但他强调说，在他参与的"柴堆作战"中只有一场——围困了苏军第168师的"基蒂莱大柴堆"——是特意布置的。战前芬军的战术和其他许多国家一样，是根据广义的包围战概念来制定的，而苏军只顾前进又无法脱离道路展开，相当于非常配合地一头钻进了陷阱。有些苏军官兵在经过深思熟虑后依然选择留守危险的前进阵地，因为他们相信解围部队很快就会赶到，或者向后方突围将被视作叛国行为。芬兰通信兵维尔约·孔蒂奥（Viljo Kontio）曾目睹从明显守不住的阵地中撤退的苏军士兵被自己人"冷酷射杀"，而见识过类似场景的还不止他一个人。

因此，柴堆战术的发展是多种因素（其中之一就是芬军在保家卫国时的勇猛无畏）的产物。与此形成鲜明对比的是，苏军却因为在不久前的"大清洗"中失去大批军官而举步维艰，他们的每一份行动命令都需要得到政工人员的批准。其他原因——气候、装备和偶然因素——也促成了灾难的发生，最终苏军只是靠着压倒性的数量优势才在1940年3月中旬打赢了这场战争。特别值得一提的是苏军对道路的依赖，因为在西伯利亚滑雪部队被投入战场前，绝大多数苏军不是步兵部队就是摩托化部队。只要有一辆车在路上被摧毁，或者因"真实存在或假想中的地雷和狙击手"而受阻，就可能引发交通堵塞，从而揭开灾难的序幕。苏军的火炮之类的重装备和大部分补给物资都要通过道路机动，因为任何一个芬兰村子"在冬天都榨不出能够支撑苏军一个师的油水"。芬兰人也认识到了苏军的这种后勤需求，在某些地方不等敌人进攻就执行了"焦土"政策。

虽然苏军热衷于将装甲部队投入战斗，但这些装甲部队与步兵的协同性很差，且缺乏现代化的通信设备。苏军的装甲部队经常受阻于冰面被炸开的河流，或者在厚厚的积雪中举步维艰。苏军的装甲车辆最初甚至没有涂抹雪地迷彩，因此它们成了芬军拥有的少数火炮的好靶子。苏军滑雪部队的训练自1917年以来似乎就没什么进步，他们的手册上"展示"的是民用样式的装备，记录的是踩着滑雪板进行刺刀冲锋之类的不切实际的战术（考虑到滑雪板的工作原理是减少摩擦力，而有力的突刺动作要求端着刺刀的战士稳稳地站在地上，所以这样的战术几乎不可能实现）。

虽然许多苏军拥有毡靴、厚大衣和其他冬季装备，但是1939年的冬天以任何标准来衡量都是极度寒冷的。苏军非常依赖笨重的野战厨房，而这类设备既会使道路不堪重负，又很容易损失。苏军还喜欢生起大堆篝火，而这不仅使他们的营地能被芬军远远地观察到，还影响了他们的夜视能力，使他们的身影成为芬兰狙击手的好靶子。

相比之下，芬军虽然将越野滑雪视作正常活动，但他们似乎意识到了不可能用滑雪板来充当战斗平台：芬军的滑雪靴（Pieksu）可以快速脱卸；士兵们会尽可能在与敌人接触前脱掉滑雪板，然后匍匐前进，并用白布使自己与雪地融为一体。对于无遮无掩地站在雪地里的目标，芬军会力求首发命中，而他们中的少数人还装备了冲锋枪——苏米M1931。芬军一直抱怨己方缺乏火炮，他们在国际市场上购买的武器也有许多没能及时运抵战场。但重武器越多，在冰天雪地里需要的运输车就越多，而且积雪越厚，炮弹的杀伤力就越低。芬军的战术行动得到了地形的帮助，森林和大量小型湖泊使苏军往往不得不排成一支支纵队前进。芬军有时会把武器部署在几乎不会遭到反击的阵地上，隔着湖泊轰击敌人；有时一些微不足道的障碍，例如坦克陷坑或断桥，也能给苏军造成大规模的交通堵塞。

有趣的是，美国、德国、苏联和英国的文献都显示，苏芬冬季战争的经验曾被广泛传播，但在此后五年里，各国军队对这些经验的消化和落实程度却有显著差异。

西方盟军在挪威，1940 年

支援芬兰的计划，1940 年 1—2 月

作为英勇抵抗"苏联巨熊"的弱者，芬兰凭借在冬季战争中的出色表现赢得了相当多的国际同情。为了支援芬兰，法国人从 1940 年 2 月中旬开始组建一支师级规模的远征军，而温斯顿·丘吉尔（当时他是尼维尔·张伯伦领导的英国政府中的好战的海军大臣）也积极主张派部队取道挪威支援芬兰。在认识到执行这样的任务需要进行何种准备后，英军高层开始匆忙寻找合适的部队，苏格兰卫队团第 5（特别预备）营就此成立，该营营长由冷溪卫队团"杰出的冬季运动专家"J.S. 科茨（J.S. Coats）中校担任。但是，该团团史解释道：

陆军部觉得，与其挑选一队训练有素、纪律严明的士兵，让他们学会滑雪，不如招募已经熟练掌握滑雪技能的人员来成立一个新的营。因此，他们在 1940 年 1 月号召志愿者参与行动。2 月 5 日，（他们）又向世界各地发出电报，指示志愿者于 2 月 6 日去位于博登（Bordon）的魁北克兵营报到，这道命令肯定让那些远在印度之类的地方的收件人感到好笑。与此同时，一支先遣队和一些骨干成员……被调动到博登，准备迎接那些不知名的滑雪高手。

科茨只有 23 天时间来召集、装备和训练这个被朋友们戏称为"打雪仗战士"的营。后来，虽然有 1500 多名官兵报到，但其中有些人很快就因为不适合执行任务而被淘汰。接着科茨发现，剩下的人里军官的比例实在是太高了。最后，他采取的解决办法是，给这些军官提供在新滑雪营里临时作为"普通士兵"服役的机会，但仍然领取与其军衔相匹配的薪水。接着，科茨又通过征召民间人员的方式补足了缺额："参加过西班牙内战的老兵、雇佣兵、大学肄业生；实际上任何会滑雪又有一点能力的人都可以入选……其中年龄小的 20 岁出头，年龄大的将近 40 岁。"好几名志愿者拥有在北极圈或喜马拉雅山探险的经验，医务官威格拉姆（E.H.L. Wigram）更是曾在 1936 年攀登过珠穆朗玛峰。这些人被编成四个滑雪连，同时英军又从苏格兰卫队团第 1 营抽调人员组成第五个连以充当杂役连，使滑雪人员不必承担一般勤务。

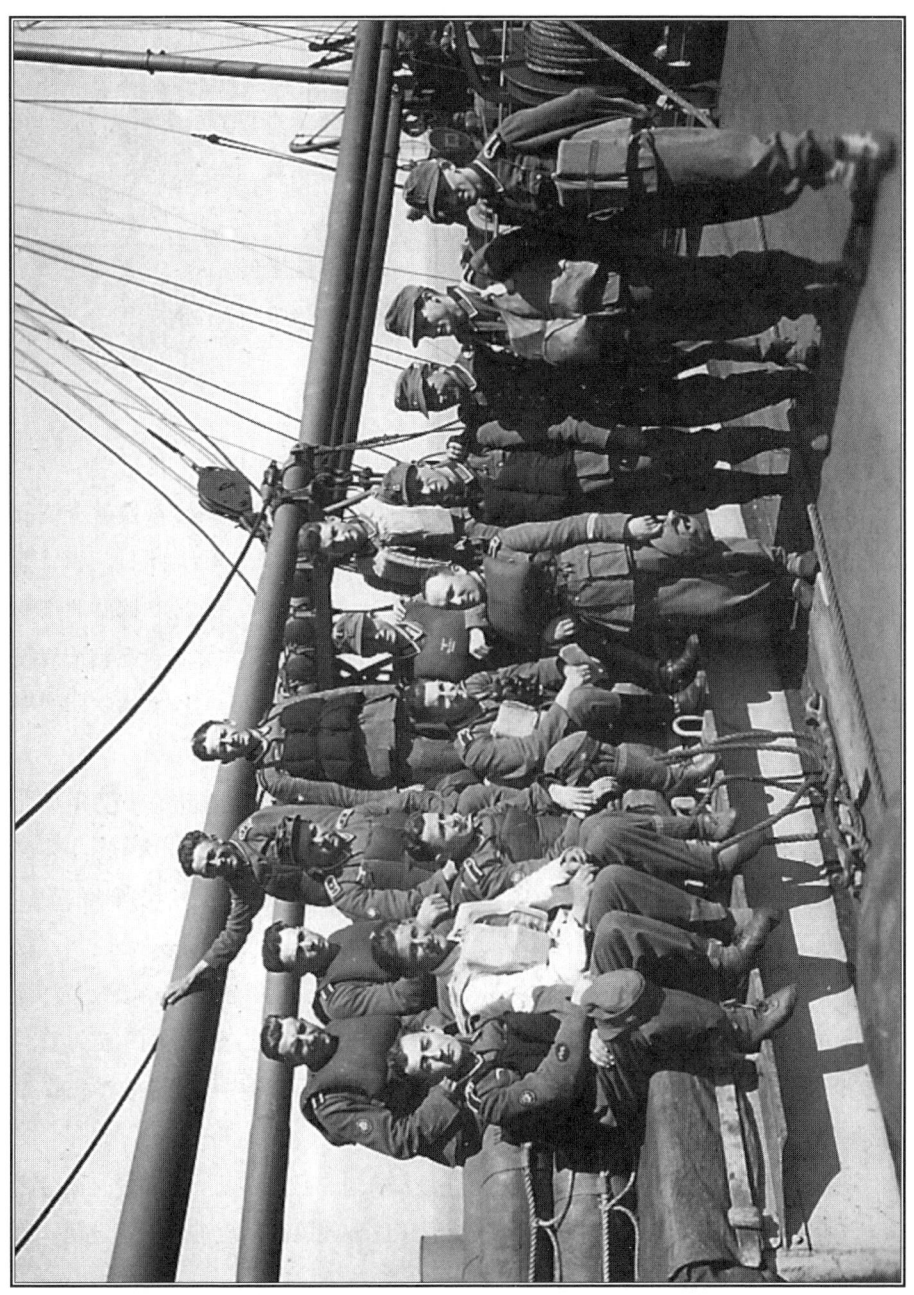

前往挪威的船上，一群德国山地兵士官穿着不同类型的救生衣。主要由奥地利人组成的第 2 山地师和第 3 山地师已在波兰战役中磨炼了技艺，他们在入侵挪威的行动中担任先锋。虽然德国空军的空中掩护是决定此战胜负的主要因素，但西方远征军的装备和训练水平无论如何都比不过这些专业部队。

当时，这支部队的情况堪称"惨不忍睹"：没有合适的电台，没有分配布伦机枪，一些新兵甚至从未用过军用步枪。尽管如此，第5（特别预备）营还是收拾起行装，开赴法国夏慕尼进行训练——这件事很快就被敌人注意到了。第5（特别预备）营在当地借用了阿尔卑斯猎兵的滑雪教官，学习使用雪橇和滑雪。当第5（特别预备）营回到英国后，军方却发现已不再需要这支部队了，于是该营被迅速解散，再也没有重建。苏格兰卫队团的团史作者认为这是一件好事，因为"把如此多的领导者和潜在领导者集中在一支部队里绝非明智之举。这些人没有被丢进一场对本国毫无益处又准备仓促的边缘战斗实属幸事"。

挪威，1940年4—6月

1940年4月9日，德国发动了入侵丹麦和挪威的战争。丹麦很快就全境沦陷，但英国政府决定出兵帮助挪威抵抗入侵。第一批部队于4月11日启程，前往罗弗敦群岛（Lofoten Islands）的哈尔斯塔（Harstad）——该地与挪威北部的纳尔维克（Narvik）隔海相望。仓促的行动导致的种种混乱与差错，在整个战役中始终困扰着这支部队和另两支在南边的纳姆索斯（Namsos）和翁达尔斯内斯（Andalsnes）登陆的英军部队（前者与法军部队一起登陆）。

最先登上挪威海岸的是苏格兰卫队团的第1营，官兵们在搭乘波兰运输船"巴托里"（Batory）号时才领到"极地"被服（包括棉睡袋、木棉①大衣、羊皮夹克、雪地靴和白色毛皮帽）。4月15日在哈尔斯塔下船时，他们发现当地的交通状况极差，唯一能用的机械运输车辆就是自行车，而敌军已经掌握了制空权。据估计，虽然可以发放的滑雪板有400副，但只有三个人能够正确使用该装备。该营唯一的机动方式就是乘小船绕海岸机动。虽然上级下达了攻击驻纳尔维克德军的命令，但很快该命令就因为不切实际而被撤销（担心炮击可能导致平民伤亡也是原因之一）。

盟军试图通过坚守穆（Mo）村来阻止敌军推进，但事实证明这同样是徒劳之举。苏格兰卫队团的这个营在薄暮时分遭到穿过林地的敌军攻击，该营发现"敌

---

① 译者注：原文如此。

人处处占优，他们的自动武器在林间近战中的效能优于步枪，他们可以随心所欲地改变攻击目标，使防守方不得不丢下阵地应对新的威胁"。该营最终随大部队一起撤向博德（Bodo），并因为缺乏运输工具，而丢弃了许多装备。到了5月25日，该营的战争日记坦率地记录了对战局的评估："士兵们已经心力交瘁，一定程度上丧失了斗志，这是由于疲劳、装备损失、连番的断后作战和持续不断的空中威胁，后者导致每个阵地都无一例外地被泄露给了敌人，也使敌人能够毫无阻碍地对我营进行骚扰。"

混乱、缺乏空中掩护、缺乏高射炮、缺乏火炮和车辆，这些都是英军在挪威战役中的"典型体验"，而对某些部队来说，这场"战役"更是短得出奇。例如，国王亲军约克郡轻步兵团第1营于1940年4月24日凌晨在翁达尔斯内斯完成卸船工作。5月1日夜间该营重新上船，并于次日起航回国了。

值得一提的是，英军的个人装备很不适合在当地作战。当然，英军确实有雪地伪装服，也给士兵配发了手套、巴拉克拉瓦盔式帽、羊毛套头衫，有时还提供了橡胶底靴子。此外，英军还大量下发了带保暖衬里的"羊皮大衣"（Coat, Sheepskin）或"特罗帕尔"大衣（这是一种下摆及踝、单排纽扣、高领的"重磅帆布大衣"，其前襟用金属夹紧固，方便在寒冷条件下戴手套操作）。但关键在于，"羊皮大衣"及其后继产品"木棉衬里大衣"（Coat, Kapok Lined）从来就不是按照战斗装备的要求来设计的。它们的设计基于一种与其非常相似的大衣，那种大衣在一战期间主要供陆军勤务队的司机和其他基本在后方工作又需要御寒的人员使用。和某些德军及苏军步兵穿的"非官方"毛皮大衣一样，"羊皮大衣"被视作一种"哨兵大衣"。正如卡顿·德·维亚特（Caton de Wiart）将军所言："英军士兵领到了用于御寒的毛皮大衣、特制靴子和袜子，但是如果他们穿上所有这些东西，基本上连动都动不了，看起来就像瘫痪的狗熊。"

在一战期间就精于山地作战的法军准备得更充分一些，他们派出的第一批部队（其中包括三个带着卡车的阿尔卑斯猎兵营）在4月19日登陆纳姆索斯。但是，恶劣的天气和德军的空袭导致法军的部分装备被损毁，也耽误了大炮、骡子、电台和其他物资运抵战场。[4] 在挪威，盟军在数量方面处于劣势，在策划方面也棋差一着，在训练水平方面更是逊于对手。而且，德军从5月10日开始在西线发起的猛攻也使所有增援化为泡影。当敦刻尔克撤退在6月初告一段落时，盟军从挪威的撤退也正在进行中。

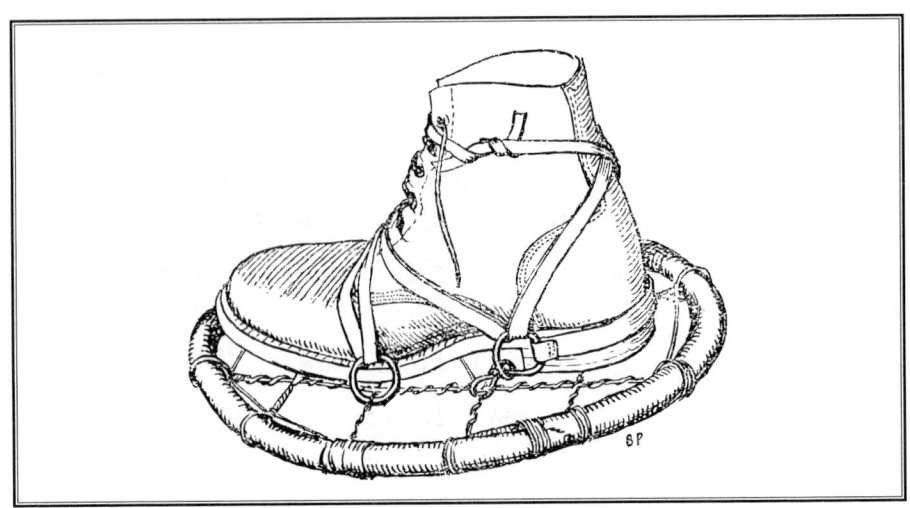

带有"跋涉"靴扣的雪地鞋（源于挪威农民使用的一种鞋子）。本图是根据英军《寒冷气候下的必需被服与装备》手册绘制的。无论士兵先前有无雪地行军经验，这都是一种很合适的装具，而且它采用了"金属丝网底盘"，可以配合普通的军靴使用。全木制的雪地鞋只有在配合采用软质鞋底的靴子使用时，才能比较耐用。

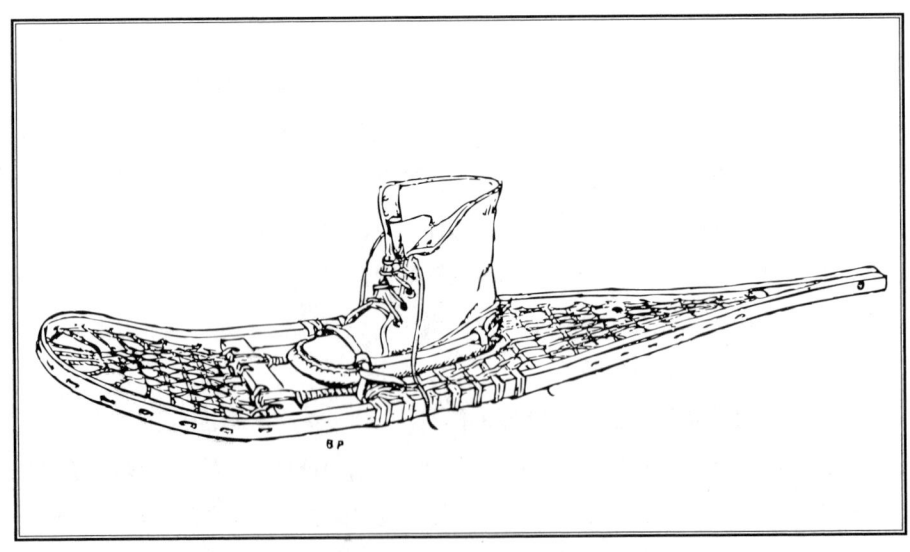

"小狗鱼"雪地鞋。本图也是根据英军《寒冷气候下的必需被服与装备》手册绘制的。这种鞋子源于北美原住民的相关设计，专门用于在轻软疏松的雪地里快速机动。请注意，图中的"小狗鱼"雪地鞋被安装在一只橡胶底靴子下面。

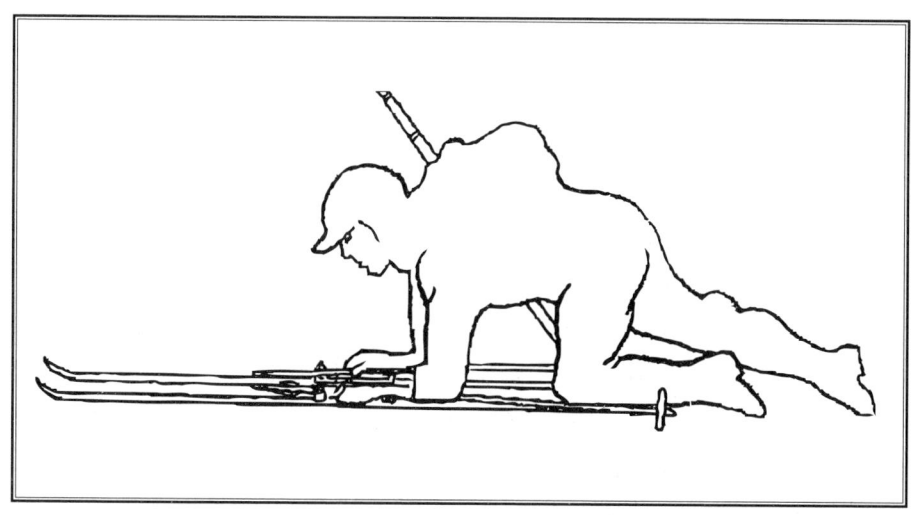

1943年英军在《雪地作战》手册中推荐的两种战术机动动作之一:"熊步"。芬军士兵使用的"熊步",可在尽量减少暴露面积的情况下接近敌军。这种机动动作要求士兵将滑雪板卸下放在身前,两板保持平行并略微隔开。士兵用双手抓住滑雪板上用来固定鞋尖的皮带,前臂撑在滑雪板上,用脚推着自己前行,并尽量伏低身体。这种方法在积雪深厚的地方或上坡时效果最好。

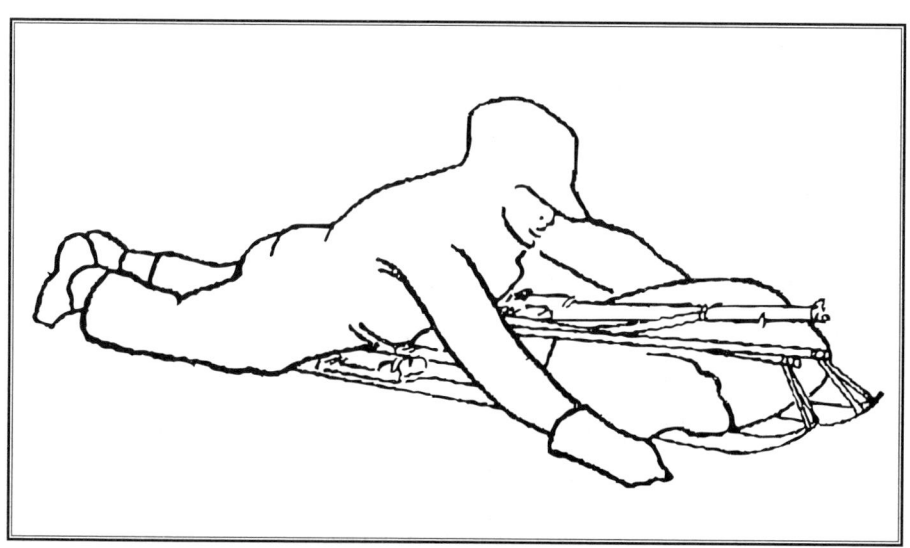

1943年英军在《雪地作战》手册中推荐的两种战术机动动作之一:匍匐前进。手册中是这样描述的:"将背包放在滑雪板上靠近尖端处,滑雪杖下端朝后、穿过固定鞋尖的皮带,平放在背包上。可以利用固定踝部的皮带将滑雪杖固定在滑雪板上。然后滑雪者俯卧在这个简易雪橇上,用手划地使自己前进。步枪也要放在背包上,枪托搁在一块滑雪板的靴扣上。"

29

事实上，以法国山地兵的能力而言，其在挪威本来可以有更大的作为——不久以后发生在法国滨海阿尔卑斯省的战斗就证明了这一点：1940年6月，意大利军队遭到了法国阿尔卑斯集团军"短暂却沉重"的打击。在这场为期两周的战役中，墨索里尼的山地部队在仙尼斯峰（Mont-Cenis）战斗中和尝试突击法军筑垒阵地时多次败北。

英军和美军的对策

虽然说芬兰和挪威的实战教训应该能（最终也确实）引发一场冬季条件下作战方式的革命，但世界各国军队对此的反应在紧迫性和范围方面是各不相同的。对英国而言，"在挪威发生的这场规模不大的灾难成了刺激发展的契机"。因此，英军开始采购新式装备，并在1941年发行了重要的手册《寒冷气候下的必需被服与装备》。1942年5月，一个完整的苏格兰师，也就是第52（低地）师开始重新进行山地作战训练。英军的进步主要源于对挪军和极地居民的模仿，以及其在印度边境山区取得的经验。1942年12月，英国在苏格兰的布雷马（Braemar）成立了一个突击队山地与雪地战术训练营，开设了为期六周的寒冷地区生存、滑雪、登山和战斗课程［次年担任该营地指挥官的是约翰·亨特（John Hunt）少校。后来，他还领导了一支探险队去攀登珠穆朗玛峰（1953年）］。1943年，英军在《战时被服条例》的一个附录中规定了部队在寒冷气候下作战的服装。值得注意的是，英军在该附录中去掉了厚重的大衣，却列出了哔叽战斗服、用防风材料制作的罩衣和裤子、网织背心、厚羊毛衫、带护耳和帽檐的帽子、御寒靴，以及一种可兼作滑雪鞋与登山鞋使用的装备——"滑雪行军靴子"（Boots,Ski,March）。

在美国，乔治·马歇尔（George C. Marshall）将军宣布"要对芬兰的战争进行研究"，并在1940年年末至1941年年初的冬天启动了一项试验及训练计划。1941年12月，美军成立了第87山地步兵营，而陆军部的作战计划处还指出，鉴于遂行"任何类型的作战"都需要一支配置均衡的部队，至少应该训练一个师用于山地作战。1943年，美军在黑尔营成立了第10（山地）轻装师，但该师要到1944年年末至1945年年初的冬天才被送到欧洲。不过，美军还针对包括山地作战在内的特种作战任务，组建并训练了团级规模的美加第一特种勤务部队，该部队在罗伯特·弗雷德里克（Robert T. Frederick）中校指挥下，于1943年12月在意大利参加了实战。[5]

苏军的战术对策：《冬季战斗条令》（1941年）

丝毫不令人意外的是，由于对己方在冬季战争中延宕许久又代价惨重的胜利深感震惊和耻辱，苏军成为最快反思其军事思想的军队。早在1940年4月，最高军事委员会就开始批评在这场冲突中可能伤亡达30万人的苏军。除了撤销多项政治革新举措，并恢复一些不久前刚被废除的军衔等级和军纪条令外，背负装备和训练也被纳入了考虑范围。有不止一位历史学家指出，正是这段时间的改进才使苏联在短短一年多时间以后爆发的战争中获得一线生机。事实上冬季战争也为苏联此后的一系列吞并行动扫清了障碍，使莫斯科、列宁格勒与潜在敌国之间有了一些缓冲地带。新的缓冲地带就是于1940年8月被并入苏联的波罗的海三国，以及——按某人戏谑的说法——足以"埋葬我方牺牲者"的原芬兰国土。

1941年，苏军的哥萨克骑兵在雪地里利用战马充当掩体。虽然这种做法提供了一个低矮的射击位置，也可以防止战马受惊乱跑，但在冬季战场上基本没什么作用。虽然有些骑兵会使用"雪地迷彩马斗篷"，但通常战马和骑兵在雪地里会成为很显眼的深色目标。骑兵通过这种方法获得的防护也是微不足道的，因为步枪子弹在近距离能穿透3英尺厚的橡木或厚度相似的战马肌体。按照传统，骑兵在下马作战时首先要做的是把坐骑送到后方，由看马人保护。因为如果战马中弹，骑兵就只能靠两条腿在雪地里机动了。

一名苏军工兵在雪地里搜寻地雷，探雷器的线圈直接连在他的步枪上。这类电子设备在二战初期是很罕见的。虽然积雪会大大增加工兵发现地雷与诡雷的难度，但也会给它们的性能带来不可预测的影响：起爆机构可能会因被冻住而无法运作，而且积雪还会减弱地雷和诡雷的杀伤力。

苏军关于"在寒冷气候下作战"的新学说被编撰为《冬季战斗条令》，于1941年3月以国防部第109号令的形式发布。这本手册由一系列简短的专论组成，说明了在冬季使用的装备和生存指南，兼具战术指导和实践意义。该手册考虑了在冬季指挥部队作战需要注意的众多细节，并承认除滑雪巡逻之外，任何活动在冬季所需的时间都将是在夏季所需时间的两到三倍。指挥员必须根据对天气、日照、情报（通过侦察和讯问当地居民来获得）、地形类型和道路需求，以及装备在寒冷条件下的效能的综合考虑进行决策。一个重要的结论是，比起因准备不足而很可能陷入困顿的敌军，受过良好冬季作战训练的部队的优势明显。

机动

具体的积雪情况将决定部队有望实现的目标及实现目标的方法。如果积雪深度不超过30厘米，则作战方式基本上与夏季时相差无几，只不过必须考虑到可能因积雪而导致的延迟，以及为了进行伪装而做出的妥协。因为冬季的白昼时长较短，而且通常积雪背景下的能见距离会更远，所以夜间机动较为有利。而且，轮式运输车辆在此条件下只能沿道路机动，且浓雾可能大大缩短能见距离。如果积雪的深度超过30厘米，则关键要看其表面是否形成了足以承载士兵的重量的冰壳。如果没有硬质冰壳，士兵的行进速度会被拖慢至2千米/小时（最快也只能达到3千米/小时），而且士兵很快就会耗尽体力。硬质冰壳和合适的地形可以提高训练有素的滑雪部队的机动速度。在天气良好的情况下，滑雪部队可以甩掉背包和大衣，拖着载有轻型支援武器的"雪地舟"（волокуша）前进。

土木作业

用普通的掘壕工具在冻土上挖坑的难度极大，即使有鹤嘴锄和工兵锹，一个壮汉挖掘一立方米的土也得花三个小时以上的时间。但是，如果挖掘任务并不紧迫，而且是在远离敌人、伪装良好的地方进行的，士兵可以先点燃火堆使土壤解冻。只要有可能，士兵就应该按照常用规范挖掘野战工事，但有时他们也可以在地面上利用冰雪来构筑工事——前提是要根据材料性质来更改掩体厚度。松软的雪堆并不能有效抵挡轻武器的子弹和炮弹破片，因此

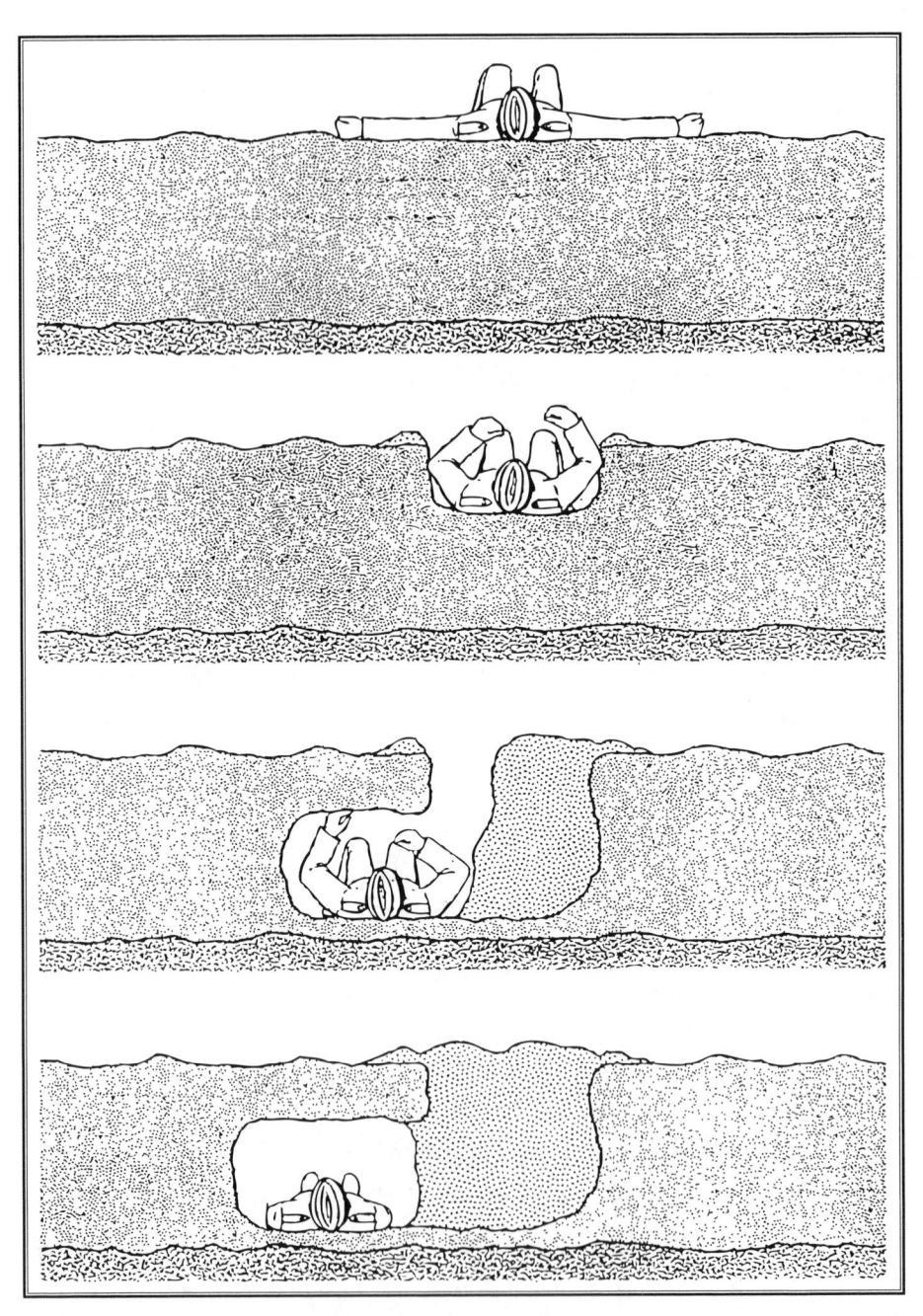

这幅插图摘自德军于 1942 年发布的《冬季战袖珍手册》的美国翻译版本，其中的原理对苏军来说也同样适用。士兵如果要挖出一个能让自己隐藏起来并提供一定保护的雪坑，最简单的办法就是在厚厚的积雪中来回滚动，再手脚并用挖开积雪，直到把自己埋入雪中约 16 英寸深。然后士兵再向侧面挖掘，使自己在雪面上"消失"。

用雪堆出的护墙至少应该有3米厚。如果将雪拍实，则雪墙的厚度可以减至2米。至于冰墙，有1.5米厚即可。木材或冻土的防弹性能略高于冰雪，但其厚度仍然必须超过90厘米。所有在地面上构筑的工事都必须进行伪装，常用办法就是将积雪堆在工事前方和后方。此外，《冬季战斗条令》还特别指出：

为了抵御风雪，必须为战壕加盖用木杆搭成的顶棚，并铺上树枝、茅草和白雪。为了让人员有温暖的休憩处，要构筑低于地面的"土窝棚"或掩蔽部。应该用交通壕把这些土窝棚或掩蔽部连接起来。要提供为士兵指路的简单标识。在构筑土窝棚或掩蔽部之前，各班应该先构筑交通壕或可供三四人休息和取暖的战壕。这些壕沟要挖得深一些，用木杆搭出顶棚并铺上树枝、茅草和白雪。要利用油毡和茅草对壕沟入口进行伪装。

隐蔽

在冬季战争初期严重短缺的"滑雪服和滑雪衫"此时已被苏军视作必要的装备。苏军的相关条令甚至建议为"深色的马匹"盖上"白色的斗篷"。卡车之类的装备都要涂上白色迷彩，或者用雨篷和伪装网覆盖，然后再盖上白色帆布或堆了雪的布料。战壕最好用伪装网或树枝覆盖，然后在上面多撒点雪。苏军在相关条令中提醒所有士兵，车辙、牧马的围场、篝火产生的烟柱都会暴露目标。避免被敌人发现的有效措施包括：让部队在森林、灌木丛、冲沟和村庄里宿营，用新雪掩盖燃烧痕迹。此外，还可以"制造"大量浅色烟雾来作为隐蔽手段。

反坦克防御

大部分坦克在深达50厘米的积雪中仍能作战，而只要积雪深度超过25厘米，地雷的作用就会减弱（尤其是反坦克地雷）。为避免起爆失败，士兵在埋设地雷时最好在其下面垫上木板或将其连接到桩子上，然后还要用雪仔细伪装。

在天寒地冻的条件下，为了加强反坦克阵地的防御，可以使用人力或铺路机械堆砌雪墙，可以利用河岸和湖岸冰冻的斜坡，也可以在冰封的河面和湖面上炸出大洞。厚度不超过 15 厘米的冰层可以靠人力凿穿，如果冰层的厚度超过 15 厘米就必须动用炸药。至于半米厚的冰层，每平方米大约需要 100 克重的炸药才能有效炸开。积雪深度超过 50 厘米时，设置在隐蔽炮位中并形成交叉火力的反坦克炮甚至比平时更有效。虽然可以将火炮架设在固定阵地里，但给它们装上雪橇可以进一步提高其机动性。在冬季，构筑反坦克防线的部队最好制定一套预警信号系统，包括在能见度良好时使用的深色旗帜或红色信号弹，以及在能见度不佳时使用的声音信号。

巡逻

在冬季，岗哨轮替和保持巡逻比其他季节更为关键。部队派出的滑雪巡逻队在深入敌后进行试探的同时，还要执行侦察和早期预警任务。这些巡逻队可以包括滑雪兵、骑兵乃至装甲兵。巡逻队的巡逻距离取决于具体情况，但是《冬季战斗条令》建议营级分队的巡逻距离为 20 千米，连级分队的巡逻距离为 10 千米，排级分队可以派巡逻队到数千米之外巡逻。巡逻队在外活动的时间长短不一，但通常不超过 24 小时。《冬季战斗条令》建议事先为巡逻分队指定巡逻地段——如规模较大的分队可负责宽达 5 千米的地段——从而"提高巡逻覆盖率并降低遭遇友军误击的风险"。

规划路线的滑雪巡逻队要带上木桩，一边前进一边标记路线。巡逻队本身通常不会一直聚在一起行动，而是会朝不同的方向派出尖兵（在沿道路前进时，士兵之间应根据具体情况保持 35—50 码的间距）。是否骑马进行巡逻在一定程度上取决于积雪的深度，不过骑兵应该有滑雪兵伴随，后者可以离开道路，在其他兵种无法进入的有利地点进行搜索。在与滑雪兵一起行军时，骑兵可以牵引滑雪兵，为其提供短暂的休息时间。

路线准备

大部队机动时，工兵在各兵种帮助下开辟"行军路线"非常关键。专业工兵应该专心使用专用器材构建桥梁、机场和能供暖的掩蔽部，而其他部队则应负责挖掘战壕、设置障碍和清扫积雪。在规划好合适的路线后，部队可以使用（专门制造或临时改装的）扫雪车开路，然后先让空雪橇前进，再逐渐加大雪橇的载重。要尽量为雪橇和履带式

一名武装党卫队士兵正在押送一名苏军战俘。德军在苏联境内势如破竹般长驱直入时，抓获了无数这样的战俘。毫无疑问，此时这名德军士兵与他的元首一样信心满满。但是，秋天正在临近，他额外的御寒衣物似乎只有一条围巾，而俘虏却穿着暖和的棉上衣和棉裤。

车辆开辟相邻的路线，让两者分别在最合适的地面上行驶，以避免形成影响机动的冰冻车辙。同样，步兵和滑雪兵最好不要在冬季运输车队的主干道上行进。如果让滑雪兵组成外围巡逻队，在平行于前进轴线的方向上巡逻，是一个不错的选择。在后方区域，部队要先等"冬季道路"硬化，然后再用碎冰充当砾石或碎砖来铺路。此外，还要给不同的部队分配不同的维护地段。

进攻

苏军在《冬季战斗条令》中指出：

在漫长的冬夜里，可以避开敌军航空侦察进行各种准备，从而获得优势。炮兵要为支援步兵突击而设置阵地，要确保"覆盖敌军战斗队形的全纵深"。虽然装甲兵可以在积雪较浅的地面或铺装良好的公路网上纵横驰骋，但在积雪较厚的地面上推进时应该仅被用于"短期部署"。在冬季，实施侦察是非常重要的事。敌军防线上的任何不严格遵守伪装纪律的部队都会成为航空兵重点打击的目标，而地面部队则可以"通过航空兵打开的缺口突入纵深"。应该在先头部队中编入滑雪兵、工兵和利用"雪地舟"机动的迫击炮。如果条件允许，先头部队应该进行迂回机动，尝试与进行正面进攻的主力部队配合，包围并歼灭敌人。主力部队应该"交替跃进"，并派滑雪兵沿平行于公路的路线前进，以便及时发现和阻击正面之敌与侧翼之敌的反扑……要在行军路线附近部署一些炮兵，为主力部队提供"直接压制火力"。此外，还要让一些炮兵负责寻找敌军活动频繁的区域……

虽然用滑雪巡逻队包抄敌军暴露的侧翼具有"决定性意义"，但如果敌军成功建立了连续的防线，滑雪巡逻队也可以召唤主力部队实施突破。在进攻既设防御阵地时，关键的"侦察手段"是合理利用诸兵种合成侦察队。这类侦察队的任务是：

确定防御地段的类型；寻找敌军的防守支撑点；探明冬季障碍（如冰窟、雪墙、冰封地点）；估算非滑雪步兵、坦克和伴随炮兵在接近前线的地形中的通过能力；估算滑雪兵的接近路线；探明积雪严重的地段。

苏军的"坦克骑手"。照片中的士兵在棉衣和棉裤外套上了"两件式雪地伪装服",还穿上了毡靴。据德国装甲部队的埃哈德·劳斯(Erhard Rauss)将军回忆,在1941—1942年,德军对西伯利亚步兵精良的冬装"惊叹不已"。

为了能在突破敌军防线后快速推进,苏军会在主力部队中编入负责开辟冬季道路的分队,并选择隐蔽的路线前往预定的"出发地"。在制定时间表时,指挥员需要考虑下列情况:

寒冷天气下,部队不能在出发地长时间等待;地雷或障碍造成的迟滞效果;必须让负责支援的坦克部队与突击部队保持接触。

理想情况下,部队应该在即将破晓时到达出发地,天一亮就发起突击。在积雪较浅或不适合滑雪的地形中，突击部队应该丢下滑雪器材。然后，由少数经过训练的人员负责收集和整理这些器材，有时可以用绳索将它们拖曳到部队需要再次使用它们的地点。

在主力部队发起进攻时，滑雪巡逻队要渗透到敌军后方夺占村庄、控制道路，以及骚扰敌方守军。滑雪巡逻队的主要任务包括将敌军部队与其炮兵分割开来，牵制大股敌军，包围和歼灭小股敌军。滑雪巡逻队如果遇到坚固的据点，就会攻击其侧翼和后方，同时主力部队中作为预备队的滑雪兵和坦克将在滑雪巡逻队的队形间隙中穿过，直扑敌人的后方地带、火炮阵地和其他脆弱目标。在夜间或暴风雪中发起的奇袭更有可能会大获全胜，但进攻方事先必须精心策划，"各单位要严守各自的作战分界线，否则进攻方可能比防守方更容易陷入混乱"。部队的编成要适合其所执行的任务，但在任何情况下，滑雪巡逻队都应该保持机动性，并且"能够脱离友军作战数日"。滑雪巡逻队的士兵要配备能保暖的衣物和"轻型自动武器"，而且每个人都要自带弹药和给养。

连级或营级规模的滑雪巡逻队在机动时可以排成四路纵队，各纵队之间的间距为6米，但在机动过程中"各纵队之间的间距也许会扩大到正常距离的4—5倍"。在接近敌人的行军过程中，《冬季战斗条令》建议滑雪巡逻队连续实施侦察，这样做既有利于部队进行越野机动，也可避免其在到达预定目标前与敌人交战（除非遭遇的是可以被迅速歼灭的小股敌军）。如果遭遇大量敌军，滑雪巡逻队应该脱离接触并隐蔽起来。如果必须攻击敌人，滑雪巡逻队应该在下雪或其他能见度较低的情况下发起进攻，或者通过埋伏和奇袭的方式发起进攻。战斗的成败取决于每个指挥员及其部下的"主动精神、独立行动能力、决心和勇气"。在敌后居民区行动时，滑雪巡逻队应该毫不留情地采取各种必要措施，包括切断交通线、扣押人质、禁止平民出行和"严密讯问"当地所有人员。滑雪巡逻队要注意避免伤员落入敌人之手——应该用雪橇后送伤员，在极端情况下还可以把伤员捆在用滑雪板做成的担架上拖行。

防御

在提到防御作战时，《冬季战斗条令》给出的结论是：不仅不能忽视正常情况下的大部分注意事项，还应该采取许多额外的防范措施。这些措施主要针对的是机动和保暖问题，因为寒冷的天气很可能削弱守军的战斗力，还会给增援和补给

这张苏联官方宣传照，展示了一个西伯利亚反坦克枪小分队。照片中穿着羊皮大衣并戴了毛皮连指手套的士兵正在列宁格勒前线的一个岔路口埋伏敌军。单发射击的 14.5 毫米 PTRD 反坦克枪在 1941 年装备部队，它比配有短胶合板滑橇的芬兰拉赫蒂 1939 式反坦克枪轻得多。虽然这种武器在 500 码的距离上的穿深仅有 25 毫米左右，但是其在苏军中一直服役到战争结束。

带来困难。防线的位置应该由具有冬季战斗经验的军官来选择，而他们会选择把防线设置在有地形障碍、敌人难以接近又无法借助村庄和树林藏身的地方。在接近防线的区域，防守方可以"先破坏河面或湖面上的冰层，再埋设地雷"。有时候，防守方还可以用滑雪部队或架在雪橇上的反坦克武器来掩护雷区。此外，防守方也可以挖掘假战壕来迷惑敌军并分散其兵力和火力。

积极防御战术可能包括：保留机动装甲部队与反坦克预备队；设置临时的火炮前进发射阵地，供火炮进入其中进行出其不意的短促打击。集中火力炮击和空袭已知的道路或其他交通节点很有用，这样做能迫使敌军离开便于通行的道路，选择难走的小路。此外，防守方还可以用火力摧毁敌军的掩蔽部和取暖地点。负责警戒的巡逻队（有时可以小到一个班或一个排的规模）是防御的基石，他们要经常利用滑雪小道监视防线空隙，并联络各个孤立据点。如果无法构筑连绵的防线，防守方还可能需要靠巡逻队来监视开阔地和道路，并报告重要情报，以便指挥员策划通过这些地段实施预有准备的反击。在决定性的战斗中，滑雪巡逻队要力求以自动武器火力形成交叉火网，并部署神枪手打击敌军人员和小集群。部队应该有节制地分发弹药，且最好保留一支主力部队作为"突击群"。此外，在防线后方维护冬季道路网也至关重要，因为这可以让守军快速投入预备队，不给敌方建立自身交通网的机会。

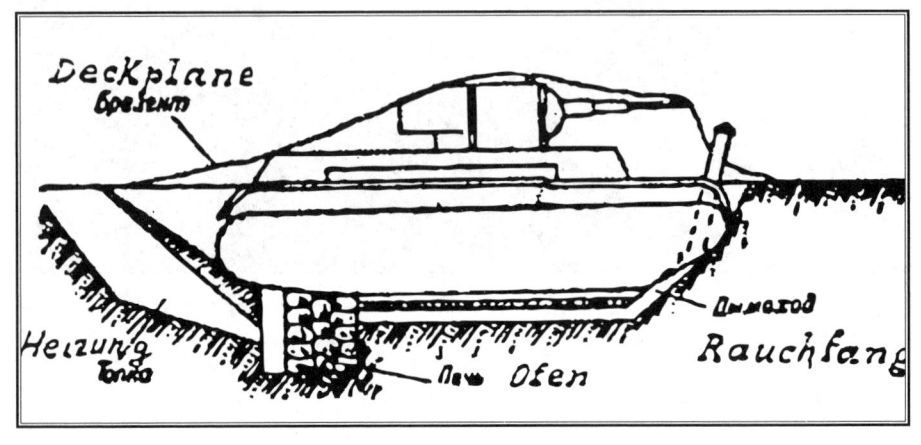

德军从苏军《冬季战斗条令》中摘抄并加上注释的手绘示意图，该图显示了为坦克布置射击阵地并防止其结冰的方法。士兵需要先挖出一个深度足以隐藏坦克车体的坑，然后让坦克的炮塔露出地面。坑的一头要挖成斜坡，方便坦克进出。可以在坦克车体底下放一个简易火炉来加热发动机舱，火炉产生的烟雾会沿着排烟通道和烟囱排出。白色的防水罩布可以让这个阵地在任何距离上都近乎隐形。

虽然《冬季战斗条令》中规定的改革措施产生了不小的影响，但它们显然不可能在一夜之间造就一支精于冬季作战的军队，而苏军在1941年夏季的巨大损失又使相关信息的传达和装备的下发只能零散进行。在1941年年末至1942年年初的冬天，苏德双方的军队都因实施了超出自身后勤极限的机动而成为强弩之末，他们往往只是为了寻找住宿地而去占领并不重要的村庄。实战证明，苏军的山地部队并不是德军同类部队的对手。按照德国方面的说法，德军于1942年在高加索地区遭遇的苏军第20山地步兵师与其他师的主要区别是"配备的骡马的数量不同"。有时，苏军不得不采用比其对手更疯狂的方式来作战：派惩戒部队蹚过雷场，

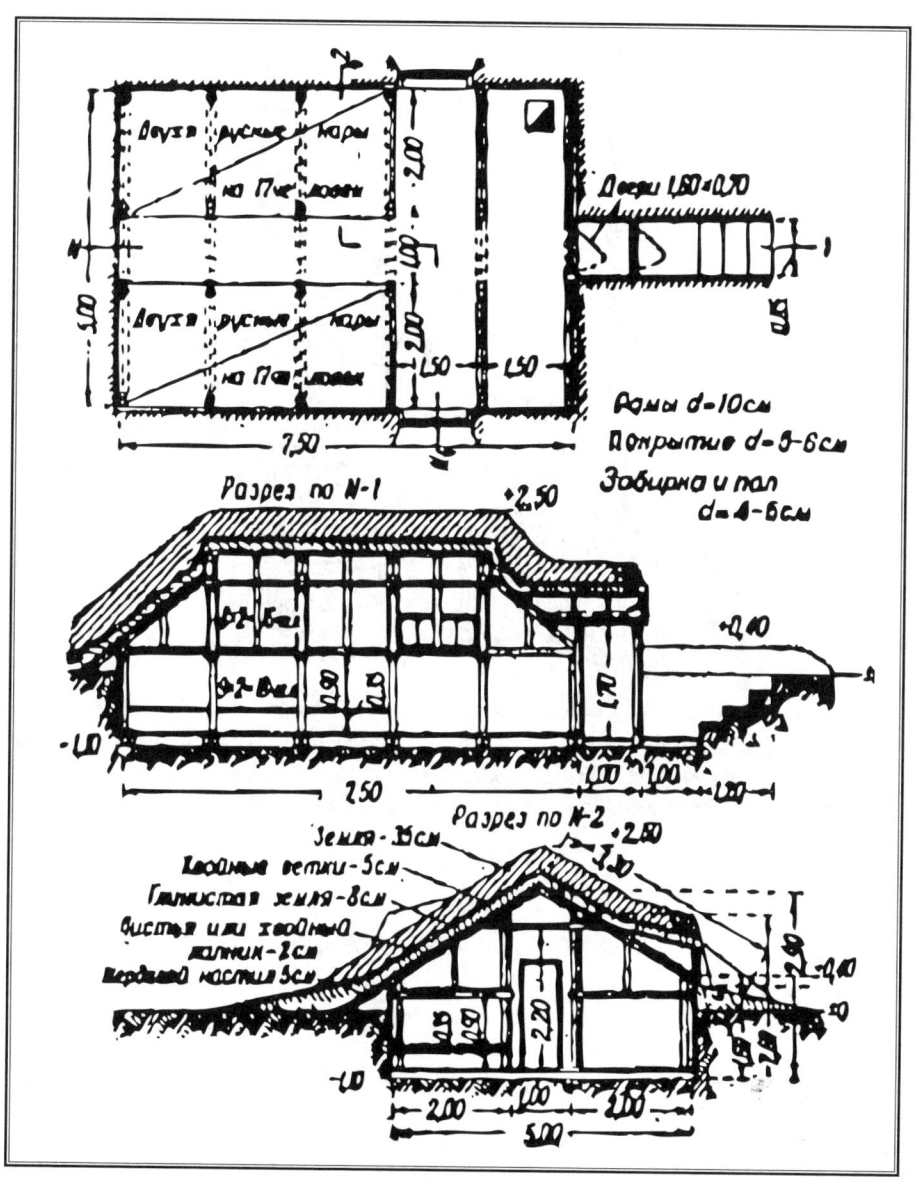

一个可容纳34人的掩蔽部的结构示意图（手绘图）。这些示意图均摘自苏军的《冬季战斗条令》，该条令建议苏军构筑这样的掩蔽部作为战地救护所和指挥所，并让战壕中的士兵轮流进入其中休息。这种工事的主要用途是在冬季为苏军士兵"遮风挡雪"。这个掩蔽部宽5米，长7.5米，有一条带内门和外门的地道（可通往位于掩蔽部前方的一个房间，那里可能是用来存放装备和湿衣服的）。这个掩蔽部可由缓燃火炉提供热量，能容纳一整个苏军步兵排。而且，这个掩蔽部半埋于地下，顶上交替覆盖着泥土和松木（厚达0.5米），对空爆弹的破片具有一定防护作用。一些掩蔽部还开有射击孔，供守军对外射击。《冬季战斗条令》认为，建筑材料务必就地获取，而金属配件和钉子并不是必需的。

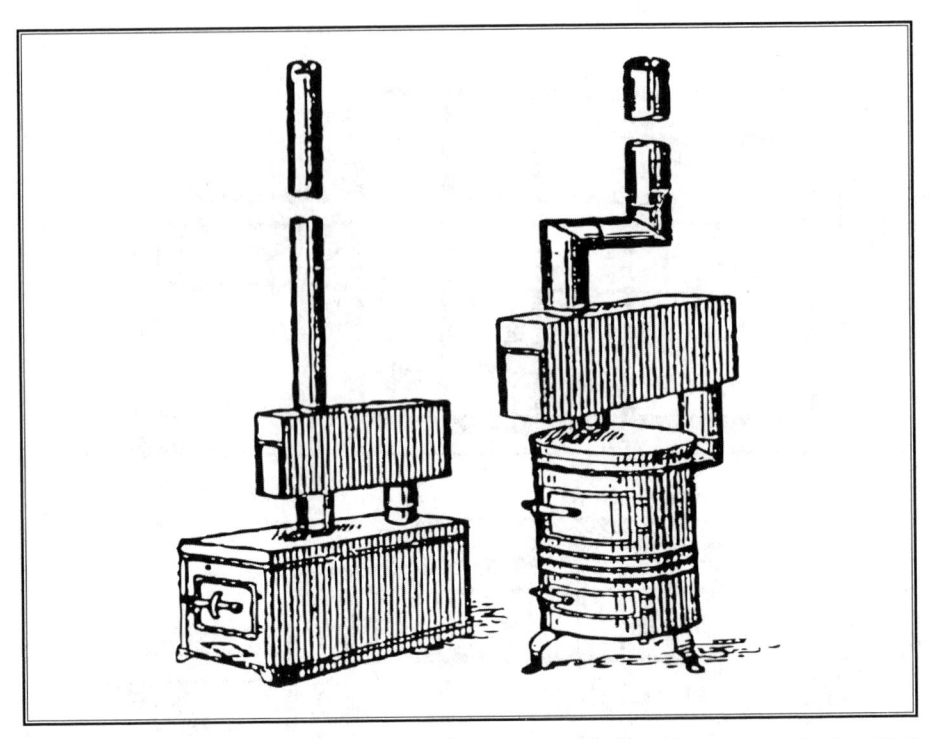

苏军配备了"火花罩"的野战火炉。本图摘自《冬季战斗条令》。长方形的折叠式铁皮野战火炉是为了在小型帐篷中使用而设计的,该火炉重约7千克。较大的圆柱形野战火炉重47千克,适合在房屋或USB-41大型帐篷中使用。《冬季战斗条令》指出,必须节俭使用发烟量低的燃料,而且只能在能见度较低的情况下使用野战火炉。

或者反复发动"人海"攻势。在沃尔霍夫前线,突击第2集团军的"开路"方法就很简单粗暴:

> 他们只在夜里机动,白天就躲藏在森林里。前方的路很难走。为了在厚厚的积雪里开出路来,他们不得不排成若干横队,每队15人。最前排的横队一边前进一边踩雪,有些地方的积雪有齐腰深。十分钟后,前排横队撤下来,走到队伍的最后面,如此反复。时不时就会有半冻结的泥潭和小溪(上面只覆盖着薄薄的冰层)出现,进一步增加了机动的难度。他们的靴子被水浸透并结冰……没有办法把靴子弄干,因为宿营时禁止生火。他们的马匹都用尽了最后一丝力气。他们的燃料用完了,车辆全都"趴了窝"。他们不得不靠人力来运输他们的弹药、装备和粮食。

要不合时令地教会一支庞大的军队滑雪也并非易事。在早期的战斗中，滑雪部队经常在准备不足的情况下被过早投入战场，并因此蒙受重大损失。而且和他们的敌人一样，苏军也经常苦于会滑雪的士兵的数量不足。也许获得最大战果的，是在德军入侵初期未被投入战场的西伯利亚部队。但有一条颠扑不破的真理是：无论计划做得多么周密，一旦部队与敌人接触，"就没有在执行过程中不走样的"。虽然苏军总参谋部对在1941年年末至1942年年初的冬季攻势中收复部分失地感到高兴，但也失望地发现冬季作战未能"一举歼灭战场上的敌军主力集团"。

《战争经验研究》（1942年秋）

1942年秋，苏联方面在《战争经验研究》中新增了一些关于"冬季作战"的内容，并以战后分析的形式结集出版。虽然该书与《冬季战斗条令》相比更侧重于战略层面，但也描写了大量细节要点。苏联人认为，重大的失败的战斗主要应归咎于训练不足和战术水平低劣。这包括大部队之间的通信不畅，指挥员不愿根据任务需要编组部队，对冬季道路网关注度不足，以及过于急切地投入所有资源去追求远大目标，却没有考虑到"单纯的推进本身并不一定是有利的"。《战争经验研究》认为，部队指挥员应该明确目标，要明白冬季作战主要是为了"歼灭特定的敌军集团"。有趣的是，该书要求集团军司令部在主要作战方向上组织"诸兵种合同作战"，通过"包围敌人"的方式来实施进攻。此外，该书还鼓励指挥员在冬季防御作战中考虑"主要防御地带"，并控制道路枢纽和保护人口密集区域。

在战术方面，《战争经验研究》指出德军倾向于防守居民点，但"各个核心防御阵地之间存在的空隙给机动小分队创造了有利的渗透条件……小分队可以孤立核心抵抗阵地，破坏火力协同，给敌军后方、指挥所和交通线制造压力，并打乱其控制。通常应该沿道路推进。但是……如有可能，也可穿越无道路的地区进行迂回，获得重要优势"。苏军在高加索地区就运用了这样的战术，那里的德军发现，"隐藏在雪地里的小股苏军就像被施了魔法一样，一夜之间就能扩大到营级规模"。此外，该书还指出，在接敌过程中需要特别注意侦察并合理选择中途歇息点。关于这两点，有两个战例可供参考：第360师在谢利格尔湖（Lake Seliger）畔的一次进攻中，由于认错道路，坦克和炮兵部队没能及时提供支援；在小维舍拉（Malaya Vishera），一个步兵师因为选择的歇息点离敌军前沿阵地太近，还未来得及展开就遭到了重创。

《战争经验研究》认为：

在大多数情况下，步兵应该先卸下滑雪板再发起进攻，坦克应该通过道路或受冰雪影响最小的地面支援步兵，而乘雪橇机动的炮兵则应该跟随步兵部队行动。步兵可以坐在由坦克牵引的雪橇上，以提高机动速度。在冬季实施包围战的一个重要目的是阻止德军基于居民点构筑全方位防御阵地。

《战争经验研究》要求苏联军官在漫长的冬夜里充分利用黑暗来发起奇袭。实战证明，这样做可以减少人员伤亡，即使参战部队的人数不多，也能取得重大战果。但无论如何，夜间进攻计划应该做到"概念简单，目标有限"。例如，可以要求部队从前线敌军坚固据点之间的空隙进行渗透，在敌后的预定地点集结，然后作为奇兵配合主力部队的正面进攻，或者摧毁敌军的指挥部……苏军要求部队在作战时要特别注意"掩护、隐蔽和保暖"，要穿保暖的短上衣而不是大衣，要披上迷彩斗篷，要穿上干燥的靴子，要戴上干燥的手套，如有可能还应该携带热水瓶。

苏军的一个滑雪营下辖三个步兵连和一个迫击炮连。虽然滑雪营是宝贵的精锐部队，但由于后方缺乏现成的物资，导致其作战范围有限。《战争经验研究》针对未来的作战提出了一些建议，包括：

在"管理排"中预备80副雪橇，或者在无法获得雪橇的情况下，用简易的双杆雪橇或其他工具代替；增加自动武器的数量，并用80毫米迫击炮替换掉50毫米迫击炮，因为后者在积雪很深的情况下的杀伤效果不佳；滑雪士兵的套装应该包括"棉裤、针织内衣、迷彩罩衫、长手套和帽子"，而滑雪板上应该有软质的皮靴固定装置；应该普遍配发无线电通信设备，因为在1942年年末至1943年年初的冬季战役（Winter Campaigns）中，滑雪旅将在"敌军战役纵深"活动，并分成若干个滑雪营在敌后作战。

1941年年末至1942年年初的冬季，东线德军在全面转入防御时，构筑了一套纵深梯次防御体系。《战争经验研究》认为：

> 虽然大量使用了强征的劳工，但是德军能够支配的人力还是比较有限的，（因此）其无法建立连贯而严密的防线。他们的防御通常由一系列坚固据点组成。若干坚固据点可以组成一个核心防御阵地。因此，这种防御体系具有"岛屿"的性质。各坚固据点之间的空隙由巡逻队或单车行动的坦克负责监视，并有火力掩护。敌军防御体系的这种性质有利于我方发起渗透并孤立其防御核心，将敌军部队逐次歼灭。只要夺取德军的坚固据点，其防御体系就会被打乱，我军就有可能在敌军的战术防线上达成突破。

在德军看来，苏军似乎到了冬季就会积极作战。劳斯将军后来指出："俄国人喜欢在冬季发起大规模攻势，因为他们的士兵适应这种季节，相应的装备和训练都非常出色。在对冬季严寒气候的忍耐力上，俄国人比中欧和西欧各国的人更胜一筹。在苏军中,因寒冷而造成的伤亡是很罕见的。冻伤的士兵会受到严厉惩罚。"由此可见，苏军经常在寒冷的冬季发动大规模攻势绝非巧合，比如：苏军于1941年年末至1942年年初在莫斯科以西进行的战斗；一年后苏军在斯大林格勒进行的包围战；苏军于1943年年末至1944年年初在基辅西南方发起的进攻；苏军于1945年1月发起的对德最后攻势。

东线的灾难，1941—1942 年

在 1941 年年末至 1942 年年初的冬季里，德军在苏联的惨败绝不能归咎于其对"冬将军"的不了解。因为早在一战期间，德国军队就曾在东线战斗过。更何况，《冬季战斗条令》发行后，德军也很快获取该书并组织了翻译。布鲁门特里特（Blumentritt）将军后来表示："德军参谋人员很快就买光了商店里的苏联地图和相关书籍。拿破仑的征俄之战是很有研究价值的'课题'。克鲁格极其专注地阅读了德·科兰古（de Caulincourt）将军关于此役的记述，后者揭示了在俄国战斗乃至生存的种种困难。"

1941 年 11 月，在莫斯科西北方的克林（Klin），霍特将军的第 3 装甲集团军的步兵在一辆突击炮和若干装甲车的支援下，沿着街道前进。除了将钢盔和装甲车涂成白色外，这支部队基本上没有什么针对冬季气候的应对措施。德军的大衣很帅气，但是考虑到士兵在夜里还得将它当成毛毯使用，它的保暖性能与絮棉军服或多层服装相比就不值一提了，尤其是在它被雨雪打湿的情况下。

德国 1936 年式 50 毫米排属迫击炮的有效射程约 500 米,而且射速很快,但是——和其他轻武器一样——它的作战效能在不同的地面和气象条件下差异很大。松软的泥土和积雪会起到缓冲作用,降低其炮弹本已有限的杀伤力,但冰和岩石却会增加"杀伤破片"的数量。在低温条件下,迫击炮和榴弹炮的头几发炮弹的落点往往会偏近。

  德军在冬季于莫斯科城下按兵不动的主要原因是其在夏季轻松取胜后滋长了过度的自信,以及严重的错误估算——既算错了在广袤空间中追赶、围困和击败数量占优的敌军需要多少时间,也错估了降雪可能会提前多少时间到来与气温可能会降低到何种程度。德军占领其他国家不过花费数周时间,这使其以为用同样的闪电战法对付苏联也只需耗费几个月时间而已。这种"自鸣得意"或许在希特勒自己的命令中体现得最为清晰:于 1940 年 12 月颁布的"第 21 号元首令"要求德国武装力量做好准备,"通过一场快节奏的战役击溃苏维埃俄国"。而于 1941 年 6 月下发的"第 32 号元首令"更是规定了在胜利结束这场战役之后需要采取的措施,希特勒在该命令中估计这场战役将在"深秋"之前结束。希特勒认为,在入侵部队抵达阿尔汉格尔斯克(Archangel)至伏尔加河一线后敌人就会投降,因此德军不会在冬季作战,自然也就不必为之进行准备。

德国气象学家弗朗茨·鲍尔（Franz Bauer）博士注意到，苏联最近的三个冬天都极为寒冷，但历史资料显示，这样的严寒从未连续出现四次。他预测1941年年末至1942年年初的冬天很可能是个普通的冬季，甚至会比较暖和，事实证明这个预测错得离谱。虽然天气无疑会同时影响交战双方，但通常在冰点以下的气温中，进攻的难度往往大于防守的难度，尤其是在守军拥有住宿设施或在地面结冻前已经挖好工事的情况下。台风行动的后期阶段就是如此，当德军企图对莫斯科发起最后突击时，恰好遇到气温骤降——1941年12月2日气温降至零下20°C，几天后气温更是降至零下38°C。希特勒在12月8日下令"结束所有大规模进攻行动"，此时只要有人提到拿破仑，他就会大发雷霆，因为这个名字将不可避免地让人联想起"在冬季遭遇惨败的可能"。

应急被服

哈尔德将军宣称，德国陆军总司令部在夏末时就已经采取了供应冬季装具的初步措施。德军对滑雪器具的征调确实在入秋前就已开始，但是各种冬季服装生产却进度缓慢，更别提运输和分发工作了。此时，德军不得不在国内通过冬季援助（Winterhilfswerk）计划紧急征集民间的被服。曾经随第132步兵师作战的戈特洛布·比德曼（Gottlob Bidermann）少尉对德国民众捐献的"暖和的滑雪毛衣、裘皮背心、运动装、厚毛毯和毛织连指手套"运抵前线的场景记忆犹新——但这些物资最早是在1942年2月才送到的，不仅杯水车薪，还为时已晚。一贯善于分析的劳斯将军指出：

如果说德军士兵有什么冬装的话，那也不过是下发的大衣、毛衣等物品，它们都是针对德国的冬天设计的。德国人民捐献的大量冬装直到1942年年初才送到前线。此时，严寒已经给我们造成了重大损失。冻伤的人员不计其数……在1941年秋天战局平静的泥泞时期，通过就地生产、从平民手中购买（或掠夺），以及从死去的俄国士兵身上收集的方式，我们获得了一些毛皮衣物和毡靴。但通过这些方式获得的物资只能供应少量部队。能找到的内衣全都发了下去，好让士兵们可以多穿几套内衣……每个人都搞了一块布，用来围腰或裹头。一些德军士兵搞到了俄国式样的毛皮帽，但事实证明戴这种东西很危险，因为即使加上了醒目的识

1942年年初，东线德军的马拉炮兵部队。除了毛织手套、无檐绒线帽、竖起的大衣领子外，我们在照片中看不到其他针对冬季气候的应对措施。

别标志，戴这种帽子的人还是经常被友军当成敌人射击。

有时，德军需要用一些极端的手段才能获得苏联人的衣物。埃德蒙德·伯恩霍夫（Edmund Bonhoff）回忆说，因为几乎不可能从冻僵的尸体上脱下靴子，所以他们只能把尸体的腿锯下来"靠在火炉边，等腿解冻了，再把靴子脱下来烘干"。

苏联的宣传资料中有一个反映这种季节下的德军的人物形象——"冬季弗里茨"（这是一个滑稽可笑的角色。他不仅戴着偷来的手套，穿着古怪的女用衬裤，还在身上的制服里面填满了报纸）。这种"夸张的讽刺手法"蕴藏着真实的"内核"，因为通信军士赫尔穆特·帕布斯特（Helmut Pabst）在家书中写得很清楚：

摩托化部队的小伙子们管我们叫"饿鬼师"，因为我们总是没有后勤梯队，他

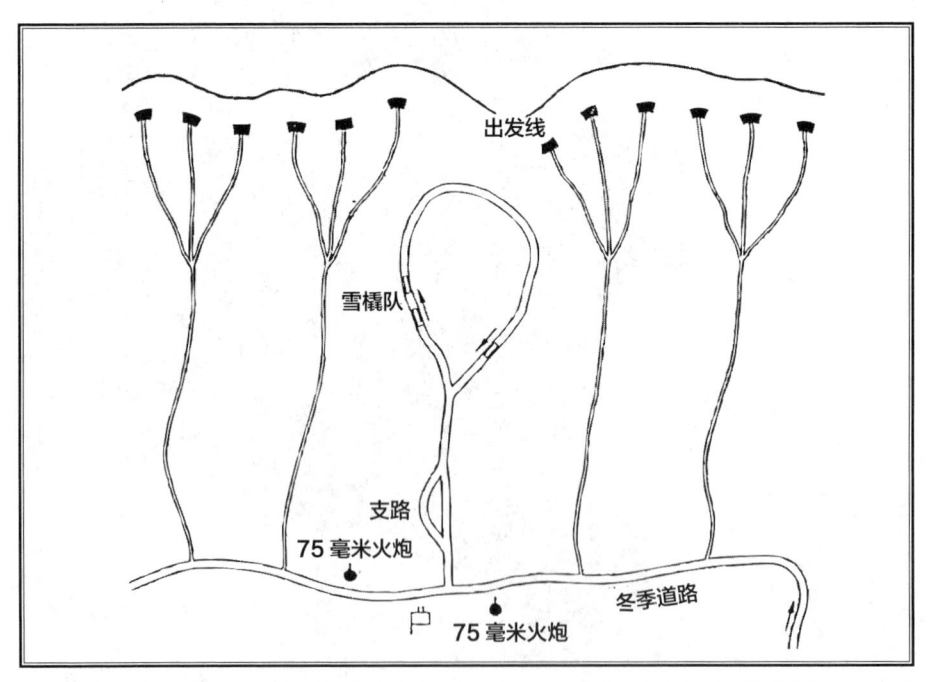

德军在冬季作战中的展开方法，摘自美军的《德军冬季战》（1943年）。部队首先沿一条"冬季道路"——可以是扫过雪的公路，也可以是通过将积雪压实而开辟的临时道路——前进，装备75毫米火炮的炮兵在路边"放列"。然后，巡逻队和雪橇队在这条道路旁开辟出一些通向出发线的小路。雪橇队还会开辟出一条环形穿梭路线（含支路）。在发起进攻前，步兵要沿小路徒步前进（或滑雪前进），移动到尽可能靠近出发线的位置。

们经常见到我们师被打散或掉队的人……我们的旧靴子或旧衬衫穿破以后没有新的可换；我们穿着俄国人的裤子和俄国人的衬衣。当靴子不能再穿时，我们只能穿上鞋子和俄国人的裹脚布——还有人把裹脚布做成护耳……步兵们想尽办法，用毛皮手套、毛织帽和棉裤来保护自己……我又搞到了一件大衣，（但是）它很旧，已经撑过了两次战役。这件大衣的衣领油腻腻的，口袋也破得不成样子。这件大衣很适合俄国的环境，适合想把双手深深地插进口袋，嘴里还叼着烟斗的人……我们用破布包裹自己的靴子，并注意观察彼此的鼻子。如果鼻尖变成白色，就得赶紧做点什么了。弗朗茨和我骑马跟着先遣队行动。弗朗茨因为靴子上包的破布太厚，脚伸不进马镫里。他只好脱掉手套，解开捆住破布的钢丝。结果，他的两根手指被冻掉了。

此时，苏军开始了反击。劳斯将军回忆道：

寒潮降低了人员和武器的作战效率。在1941年12月初，第6装甲师距离莫斯科只有9英里，距离克里姆林宫也不过15英里，就在此时，气温骤降……再加上西伯利亚部队的突然袭击，粉碎了这个师对苏联首都发动的攻势。被冻僵的德国士兵没法用步枪瞄准射击，枪机也在冬中被卡死……机枪上覆盖了一层冰壳，火炮的制退液被冻住，弹药也完全不够用。在厚厚的积雪中爆炸的迫击炮炮弹，只能产生一声无害的闷响……地雷也变得不再可靠。10辆德国坦克中只有一辆能挺过泥泞地带。即便如此，还能作战的坦克也因为履带太窄，而无法在雪地里机动。起初，我们还能靠手榴弹来延缓俄国人的攻势。但是几天以后，我们在村落和农舍中的预设阵地就被俄国人包围或突破了。

《冬季战袖珍手册》（1942年）

虽然此前德军已经考虑过各种零散的专家建议，但"决定性的手册"《冬季战袖珍手册》（Taschenbuch für den Winterkrieg。美军情报部门在1943年的晚些时候翻译了该手册，并在略加修改之后发行了《德军冬季战》）直到1942年8月才出现。德军下发该手册，是在为东线的第二个冬天做准备。这本袖珍手册面面俱到、简单易懂，并配有插图。虽然该手册的结构松散，但"研究水平很高"。和许多同类手册一样，种种迹象表明《冬季战袖珍手册》中的内容是德军根据新获得的经验和应急措施拼凑而成的，其中蕴含的要素提取自苏军的相关条令，而后者又源于芬军的做法。

原版《冬季战袖珍手册》在开篇部分就论述了冬季对作战的影响，在冬季作战的准备工作，在东线战场被烂泥包围的时期的作战方法，以及一般的冬季作战方法。对士兵个人而言，如果他想要在寒冷的冬季取得成功，不仅需要适应当地气候、进行训练和"强化"，还需要拥有顽强的意志。因此，《冬季战袖珍手册》建议德军通过"合理安排空闲时间"的方式来鼓舞士气，以防止军中怨气积累、谣言盛行或发生纪律问题。此外，《冬季战袖珍手册》还建议优先考虑前线士兵的"福利"，比如：及时前送补给物资；要尽可能为部队提供比较实用的物品和报纸；要尽可能为部队提供战地图书馆，乃至"可以给士兵鼓劲打气的巡回表演"。

供人员歇息的雪坑剖面图——摘自《冬季战袖珍手册》。雪坑的坑壁较为竖直，根据积雪厚度的不同，这样的雪坑可以供多名人员躺下，或者供一两个人坐着休息。雪坑的顶棚——使用滑雪板、滑雪杖或树枝搭成，并覆盖帐篷布和冰雪——最好朝一端倾斜。

德国人预计每年"十月中旬前后",随着泥泞期(Schlammperiode)的开始,自然环境就会变得恶劣。而且要等到来年春季,随着三月起自南向北的春季解冻和随之而来的又一次泥泞期乃至"大洪水"结束,情况才会好转。有趣的是,俄语单词"rasputitsa"和芬兰语单词"rospuutto"都有道路泥泞或"无路可走"的含义。泥泞期的影响从地理上来看是分布不均的,其具体情况取决于气温和地面条件:在多沙的地区,降水会被排走;在"重壤土"地区,例如乌克兰的黑土带,会形成很厚且往往无法通行的烂泥层;有时道路可能只在夜间被冻硬,到了白天又会化冻。第11装甲师师长赫尔曼·巴尔克(Hermann Balck)将军发现,地面条件的差异可能会导致"一支部队寸步难行,而另一支部队仍能照常机动",从而让整个师行动缓慢且缺乏协同。海因茨·古德里安(Heinz Guderian)将军注意到,在他的行军路线上,有些地方在下雪后会出现"最糟糕的泥泞":

> 冬季的第一场雪落下。积雪很快就融化了……和往常一样,道路很快就变成了深不可测的"烂泥河",我军的车辆只能以蜗牛般的速度前行,而且发动机的磨损也大大增加……接下来的几个星期都是"烂泥当道"。轮式车辆只有依靠履带式车辆牵引才能前进,而后者因为不得不承担原本不属于它们设计用途的任务,很快就会抛锚……

《冬季战袖珍手册》毫不含糊地指出:在这种泥泞期,非铺装道路"无法供轮式和履带式车辆通行",虽然铺装良好的道路仍能发挥作用,但位于低洼地带的路段和战壕一样,都可能被积水淹没。唯一的补救办法是把工事做成"防泥泞"的,而且不要尝试在未干透的非铺装道路上行军。但实际上,大部分改善此类道路的尝试都是徒劳的,需要花费的时间和精力比绕过最糟糕的地段开辟新路还多。

泥泞期在冬季过后必然会来临。据《冬季战袖珍手册》称,各地积雪的"存在"时间从乌克兰的四个月左右到极北之地阿尔汉格尔斯克的七个月不等。在苏联的森林地带,冬季的积雪分布得比较均匀,其深度从南方的4英寸到北方的3英尺不等。在苏联中部和北部的旷野,有些地方的积雪可能深达10英尺。

装在滑雪板上的 37 毫米反坦克炮（上）和装在用树干制成的重型滑橇上的 105 毫米榴弹炮（下）。这类"滑雪装置"可由部队自行制造，从而使笨重的装备能够机动。它们的缺点是太宽了，不能沿着已被普通雪橇压实的小路行进。本图摘自美军根据《冬季战袖珍手册》翻译而成的《德军冬季战》。

雪情——战术教训

《冬季战袖珍手册》宣称，实际上"在冬季的作战行动中没有特别的战术"，只不过深厚的积雪对于使用普通装备的部队来说会成为"妨碍因素"，而滑雪部队和雪橇要承担通常被分配给骑兵、摩托化部队和自行车部队的任务。该手册建议：

在冬天为部队留出的部署时间应该是夏天所需时间的两倍以上……要锻炼士兵的吃苦精神，让他们能够在简单的露营地（往往需要他们自己动手搭建）生活。要为他们提供专门训练，使他们学会防寒、防雪，学会滑雪，学会构筑特殊的防御工事，以及学会在严寒和大雪条件下射击与战斗。必须保持行动自由，让部队设法……以一切可能的方式去攻击敌人，破坏敌方设施和消灭敌方人员。即使在士兵的数量上处于劣势，部队依靠战场上的机动能力、欺骗和智谋，也能获得优势。在冬季，行军能力可能是在战斗中获胜的基础。只要有可能，就应该出其不意地攻击敌人，如果部队避开公路和大路，穿越被敌人认为无法通行的地方进行机动，就更有可能达成奇袭效果……

在积雪深厚的情况下，即使有滑雪部队，正面进攻的难度也非常大，但部队最好还是要实施连续进攻，不给敌人喘息或取暖的机会，并迫使他们频繁发动反击。要尽可能通过切断交通线的方式来孤立敌人。因此，即使兵力较弱，部队也必须始终保持一支机动力量，它可以是专门组建的分队、巡逻队或突击队。

另一方面，部队要做好构筑工事的准备，在进入武器有效射程后就快速构筑工事。如果长时间暴露在开阔地形中，士兵就会在敌方火力和严寒天气下伤亡惨重。要建立可靠的防御，既需要花费时间构筑工事，也需要在通向作战地域的道路沿途部署预备队。必须形成"连绵的防线"才能起到有效的防御作用，避免敌军在能见度较差的时候进行渗透。准备实施防御的部队必须明白，沼泽和江河之类的在夏季难以通行的地形，在冬季就会失去阻碍敌人行军的作用。苏军很喜欢利用山谷和沟壑接近我们，因此必须在其中设置障碍，并用足够多的兵力把守它们。要通过积极的侦察和"攻击性"巡逻来保护静态的防线。在苏军攻击得手后，要趁其立足未稳，立刻发动反击，因为他们"在雪中挖掘工事的速度非常快"。

机动与确定方向

《冬季战袖珍手册》认为，在冬季行军前必须及早进行全面侦察，要特别注意积雪的深度、道路的类型和路况、雪崩和落石的危险、避风地段、可以绕过障碍的路线，以及结冰带来的影响。为了做好机动准备，要禁止士兵刮脸，并给他们分发防冻伤的用品。行军口粮要包裹起来贴身携带，要对枪机之类的关键武器零件做好防雪和防湿措施，并鼓励士兵把步枪背在身上，双手插在口袋中行军。车辆需要配备用于脱困的牵引绳和木板，而单人摩托车最好装在雪橇上移动。在行军纵队中，必须组织专门的道路清理和牵引分队，或者将这些分队部署在沿途的要点附近。如有可能，还应提供野战厨房和宿营地。

行军纵队要严格避免在严寒条件下，尤其是在大风天气下持续机动和"闲站"。指挥官要派一支特遣队到队尾收容抛锚车辆和筋疲力尽的掉队者。部队在进行远距离机动时，中途歇息是不可避免的，但最好将休息时间控制在5—10分钟。而且，歇息地点应该有可以为士兵提供掩护的地形，或者有雪堆或树林为他们挡风。如果必须长时间停留，士兵应该支起帐篷或挖掘"雪洞"来挡风。此时，士兵应该穿上所有的衣物，或者用帐篷布或毯子来包住自己。此外，士兵还要给马盖上布料，并让它们聚在一起取暖。尤其重要的是，指挥官必须安排哨兵——其不仅要警戒敌情，还要每隔一段时间就叫醒所有人，以防止他们被冻僵。同时，车辆的发动机也需要定期运转。

在雪地中确定方向并非易事，因此领队必须特别注意山岭、树林和电话线等高过雪面的物体，反复查看罗盘，并观察太阳和阴影的方向。虽然浓雾几乎可以遮蔽所有东西，但声音和气味也许能透露许多信息，因此领队需要经常停下来倾听（建议领队只戴软帽，而不要戴钢盔），并注意空气中新伐树木、工厂和马厩的气味。狗寻找道路、发现住宅和火堆的本领比人强。一些回忆录曾提到过"战壕犬"，例如阿明·沙伊德尔鲍尔（Armin Scheiderbauer）少尉的小队就在战争后期领到了一条"有点小、长得像狼的杂种犬"，它能提醒士兵们注意"战壕里的外来事物"。此外，还有一种确定方向的办法——"芬兰法"，也就是派出由精干人员率领的"定向小队"。无论如何，迷路的风险都是始终存在的，一旦遇到此类情况，士兵一定要保持冷静，再慢慢回想自己所走的道路，切勿匆忙采取欠考虑的行动。如果主力部队迷失了方向，则应该原地停留，并让士兵躲到可避开

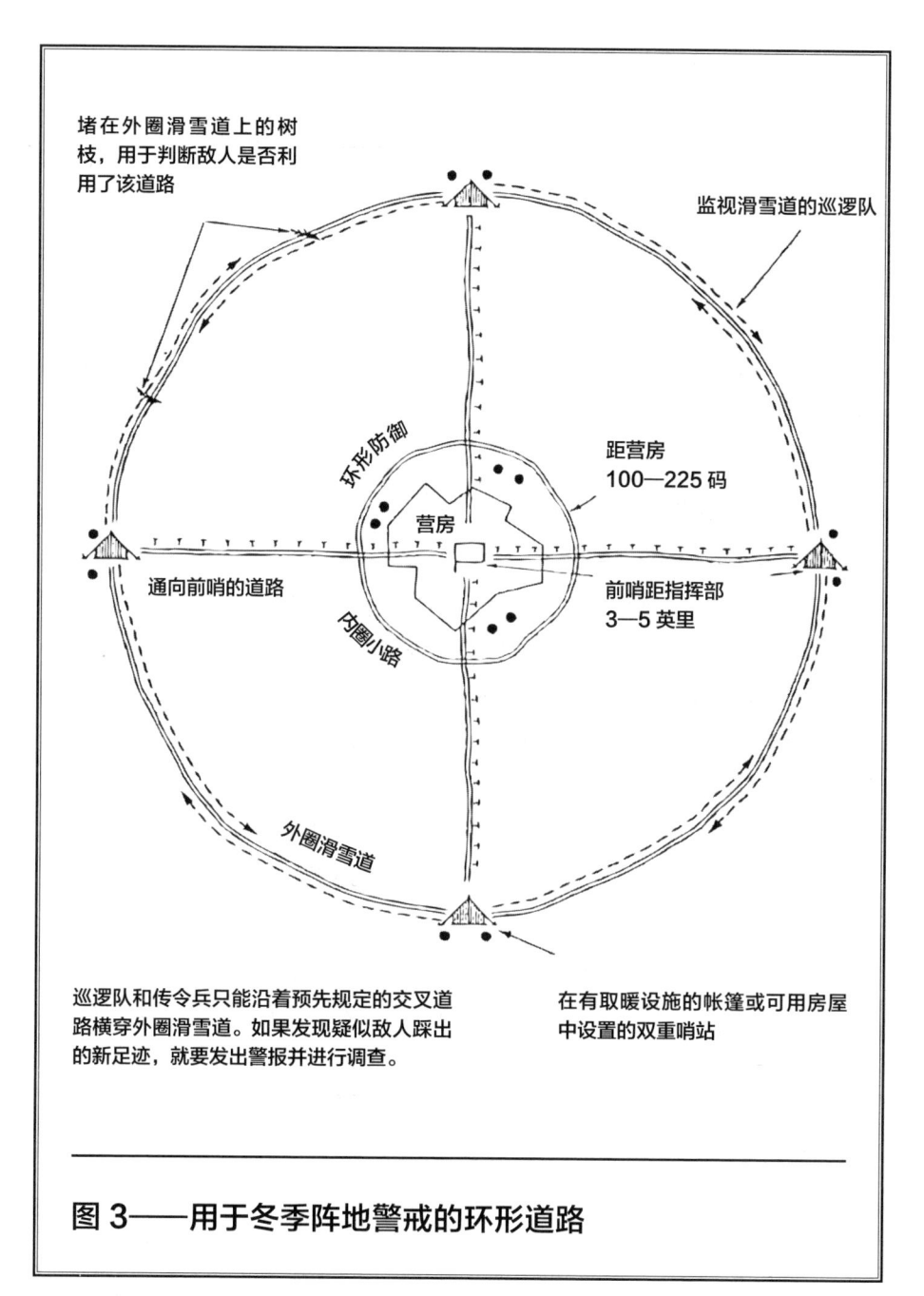

图 3——用于冬季阵地警戒的环形道路

这张摘自《冬季战袖珍手册》的示意图，显示了在冬季用于保护阵地的环形道路。巡逻队沿着距离营房 100—225 码的内圈小路巡逻，并通过滑雪的方式在 3—5 英里外的前哨之间巡逻。

59

风雪的地方，然后再派出巡逻队系统地寻找道路。

清理道路

在冬季，开辟道路不应该被单纯视作工兵部队的事，而应该是所有兵种的责任。在通常情况下，应先让滑雪部队开道，然后再让筑路分队跟进——他们开辟的道路会穿越平坦的地形，可能会沿着封冻的河流、电线杆或栅栏延伸，避开容易形成"吹积雪"的地方、未封冻的沼泽和类似的"障碍"。

在很多时候，最好的开路方法就是让部队里的士兵用双脚和雪橇把雪压实，而其他替代手段包括使用马拉的简易木制扫雪车和木制滚筒来开路。德国人从芬兰人那里学来了一个方法：在雪橇上装一个木制水槽，水槽里装满烧热的石头和水。当这个雪橇前进时，水槽里面的水会通过一些小洞洒出来，这些水一碰到地面就会结冰，从而形成一条硬质的冰路。一般来说，负责侦察道路的部队要报告相关路况，并根据天气条件、路面状况和道路车容量来打分（0分表示最适合通行，而分数越高就代表问题越多），例如：侦察队报告"443"，就表示这是一条硬质路面的单车道公路，而且它还带有支路，适合坦克和马拉车辆通行；侦察队报告"846"，则表示这是一条路况特别糟糕的双车道公路，而且它已经完全被积雪掩埋了，所有车辆都无法通行。

理想情况下，部队还应该在路旁设置防雪栅栏，以免风吹动积雪掩埋道路。此外，在最初的几场降雪后，部队就应该立即动用大量人力来清扫道路。

如果道路需要穿过封冻的水面，部队就必须根据冰层的厚度来确定行军间隔和车辆载重。《冬季战袖珍手册》提供了一张很方便的参考表格，该表格显示：4厘米厚的冰层足以承载以5米间隔行进的步兵和滑雪兵；如果冰层的厚度达到15厘米，则可以支撑拥有大批步兵或骑兵的行军纵队，以及牵引式轻型野战炮通行（前提是保持15米的间隔）；三号和四号坦克只要保持40米的间距，就可以在40厘米厚的冰面上行驶，但为了安全起见，更重的坦克和火炮需要在60厘米厚的冰层上行驶。

《冬季战袖珍手册》认为，部队最好在第一场降雪之前就做好路标——将2.5米高的长杆、石堆或旗帜，设置在离道路至少一米远的地方，"以免被车流撞倒"。下过大雪后，部队还可以使用"雪人"（用雪堆出至少一米高的立柱，最好在行军

在冬天，任何履带式自行火炮都是"宝贵的财富"。它通常可以穿过积雪不深的地面并爬上斜坡，而且不需要长时间准备就能投入战斗。照片中的这辆 Panzerwerfer 42 是安装在欧宝"骡子"SdKfz 4/1 底盘上的 150 毫米火箭炮。1944 年，该火箭炮在一支武装党卫队火箭炮部队中服役。

路线沿途按一定间隔设置）来充当路标——最好在"雪人"上放一块用于反光的冰，并将雪人染成醒目的颜色（可以使用咖啡渣或干脆在"雪人"上小便）。如果时间不够，部队还可以使用木板、纸张或者油漆在树上做记号，或者将滑雪杖插在雪地里充当临时路标。

不过，在斯大林格勒外围作战时，德军甚至连上述简易方法都放弃了，据约阿希姆·魏德尔（Joachim Wieder）回忆：

一匹匹冻硬的死马半埋在雪地里，形成了某种路标，它们身上染血的红色伤口表明，饥肠辘辘的士兵曾经用匕首和刺刀切走了他们渴求的大块马肉。

铁路

在冬季，因为越野机动和公路机动的难度大增，所以铁路就显得尤为重要了。不过，火车需要经过准备才能上路，因为：苏联铁路的轨距与中欧地区铁路的轨距不一样；某些型号的德国火车头外露的蒸汽管道很容易被冻结；货运车厢和所有未配备暖炉的客运车厢中的人员，在运输途中可能会被冻死。《冬季战袖珍手册》建议：

使用纸和稻草来封堵车厢的缝隙，并搭建容纳高射炮炮手和野战厨房人员的木制隔舱。车辆在通过铁路运输时可以卸下蓄电池，并盖住散热器。需要为暖炉供应燃料，在紧急情况下甚至可以动用火车的燃料。需要制定严格的禁令，以防止士兵焚烧家具和装备，或者盗窃火车上的暖炉（上述情况似乎经常发生）。要尽可能在火车站提供热饮，如果火车需要长时间停留，还应该命令士兵下车"做柔软体操"。

被服

根据《冬季战袖珍手册》的说法，理想的冬季服装不用"太暖和"，但必须有防风功能，且"能让穿着者活动自如"，最好还要配备干爽的毡靴和白色迷彩。但该手册紧接着就用一段详细的建议"证明了这种乌托邦式的理想无法普及"：

为了抵御寒冷，应该穿上额外的衬衣和短上衣。毯子的保暖作用好于大衣。如

虽然供山地兵使用的 Windbluse 雪地伪装服从 1938 年起就被下发给了这些专业部队，但它并不是一般陆军部队能拥有的装备。从 1942 年起，德军又生产了第二种可正反两面穿的雪地伪装服，这种衣服的外面是白色的，里面是橄榄褐色的。照片中的这些山地兵的山地帽上还套着带有松紧带的白色罩布，另外请注意士兵背包上的白色帆布盖——这些细微改进也是在 1942 年出现的。

果衬衣被弄湿了,又没有机会弄干它,就必须把它穿在额外的干衬衣和短上衣外面。否则把湿掉的衬衣脱下来以后,它就会被冻硬。必须强制要求士兵定期更换衬衣。多层衣服套穿的保暖作用要优于只穿一件厚衣服。必须把衣服上所有紧身部分都改成宽松的。把破布和报纸叠成几层塞进裤子和短上衣里(尤其是胸部、腹部和腰部附近)可以起到很好的保暖作用。耳罩、针织毛线帽、围巾、外套和手套都是野营制服的配套物品。在极端寒冷的天气下,换过袜子后,必须重新穿上鞋子,以防皮革被冻硬。夜里可以使用干粮袋作为脚袋来暖脚。

虽然要尽一切努力来下发"额外的被服",但可以预见,士兵们将不得不使用各种"权宜之计":他们需要把船形便帽套在针织羊毛无檐帽外面,再将帽耳翻下来盖住耳朵和后颈,然后把军便服套在普通毛衣和短上衣外面;摩托车手还需要再加一件毛衣;穿上足够长的野战短外套,以保护腰部和肾脏;不穿太紧身的马裤,以免妨碍血液循环或膝盖运动;"打开"大衣后背的褶子;选择"长而宽松"的风衣和罩衣;在最恶劣的天气里,可以在套上针织羊毛无檐帽和船形帽后,再戴上钢盔;选择足够大的鞋子,以便让他们在加了鞋垫且穿了两层袜子后,仍能活动脚尖。

《冬季战袖珍手册》以"应急措施"为题,又推荐了一些做法:把"旧毡帽的顶部"、手帕或叠起来的报纸塞进钢盔里来充当衬里;在靴子里塞上稻草、破布或纸来充当衬里;在靴子外面套上袜子、毛皮或当地人编制的稻草靴套;不要把裤脚塞进靴子里面;骑马的人可以在普通的鞋子外面套上用布料、皮革或毛皮制作的保护套。

当时,德军士兵对纸张的利用被提升到了"艺术层次":有人"发明了"用报纸制作的兜帽、用皱纹纸制作的面罩,以及纸背心(Papierweste,在报纸上剪出一个洞,从头上套进去,然后用细绳把报纸束在身上)。人的生殖器尤其容易被冻伤,因此《冬季战袖珍手册》建议在内裤之外再套上"短裤",或者在长裤和内裤之间填几层纸。尽管如此,根据古德里安将军记录,还是有许多人在"履行自然功能时"死去。《冬季战袖珍手册》认为,除纸张外,还应该给部队提供裹脚布、睡袋和被单。在暴风雪中,拥有毛皮大衣的人会反穿大衣,并在大衣外面裹上一块帐篷布。在填塞了如此多的"保暖用品"之后,"人的身体可能会臃肿到不可思

1942年12月，萨尔布吕肯（Saarbrücken）：身着新式絮棉冬装的德军士兵。这种已在芬兰做过测试的新式絮棉冬装，是于1942年4月获批投产的。一开始，这种两件式制服的外面是"不同深度的灰色"，但士兵通常会反穿它，以露出里面的白色。直到1943年，德军才订购了100万套"可反穿的冬季迷彩服"——外面是白色的，里面是迷彩色。

议的程度"：据阿明·沙伊德尔鲍尔叙述，有一块小弹片击穿了他的冬季大衣和32页的地图册，最后嵌在他的冬装和短上衣之间，没有造成任何伤害。

《冬季战袖珍手册》要求"广泛使用"白布来进行雪地伪装，还提到要给部队下发两件式制服和白色斗篷。但是在1942年，德军发现这种要求超出了其后勤能力，只能优先给滑雪部队、哨兵和类似人员配发上述装备。除了白布之外，《冬季战袖珍手册》还要求为士兵配发"旧内衣、被单和其他旧衣服"，并让士兵将这些东西当成斗篷披在身上。

德国人认为，如果有白色的手套，还可以进一步提高伪装效果，透明的纱布面罩可以戴在兜帽上，而装具则应该穿在白色斗篷下面。可以想象，在冬季作战时每个人的模样看起来都差不多。因此《冬季战袖珍手册》规定了一套黑红两色的识别臂章——可用扣子固定在左侧或右侧袖管的上部。每种颜色的臂章都有两种样式和两种佩戴方式（佩戴位置不同），所以这套臂章共有八种组合方式，可以像口令一样更换。为了方便从空中识别友军，将旗帜平放是德军的标准做法，不过把一面大型"卐字旗"钉在雪地里也是简单的应急措施。

为了使被服保持良好状态，《冬季战袖珍手册》建议指派士官监督被服的清洗和修补工作，并推荐利用民间洗衣房或野战洗衣房：

为了避免皮革破裂，洗过的皮鞋要填塞纸张或破布，让其慢慢晾干，然后涂上油脂防潮。橡胶鞋的供应量很少，不能用于在铺装路面上行军，也不能使用尖锐的设备清洗。可在休息或行军间歇修理橡胶鞋。伤员的衣服要"收集起来，无一例外地上交"。内衣要利用一切可能的机会清洗，这样做不光是为了保持干净和去除虱子，更是因为"洁净的内衣可以使士兵更暖和"。要尽量让部队每周洗一次热水澡，洗完澡后用冷水快速冲一下身体，并用凡士林、硼酸油膏或冷霜涂抹面部和手部。

装备

在装备方面，《冬季战袖珍手册》也提出了一些建议，比如：装备要漆成或刷成白色，将粉笔或生石灰溶于水就能得到简易涂料（有时可以加些胶水，以增加黏性）；轻武器不要刷漆；必须小心存放任何用于伪装的白色布条，以免干扰武器

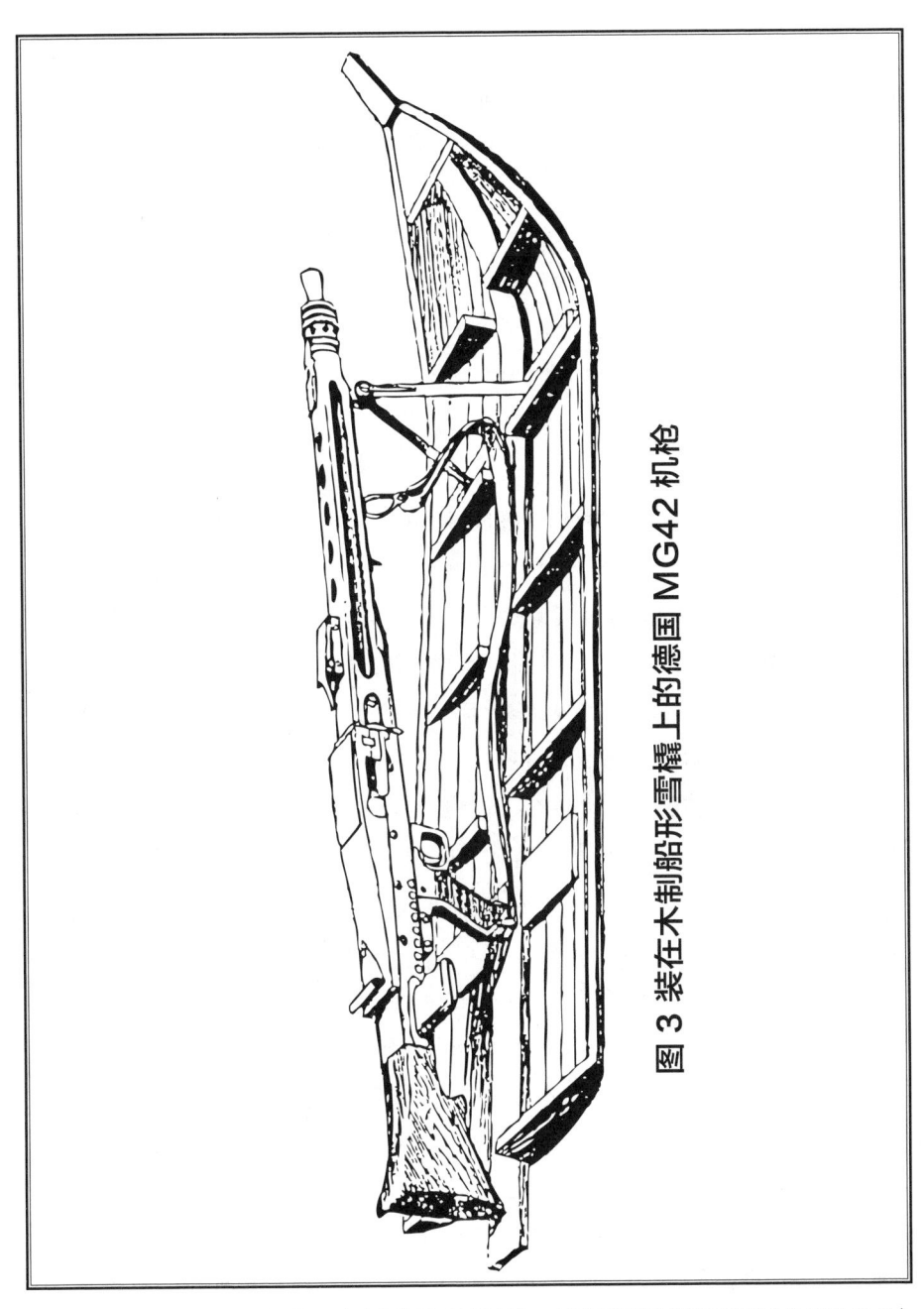

图 3 装在木制船形雪橇上的德国 MG42 机枪

装在拉普兰地区的木制船形雪橇（pulk）上的德国 MG42 机枪，本图摘自美军《情报通报》（1943 年 10 月）。除了弹药和备件之外，士兵还可以在雪橇上放一块垫子，以防止弹链沾到雪。光学瞄准具不能长时间装在枪上，而是应该放在袋子里，由机枪组成员贴身携带。

"运行";重武器需要使用防寒制退液;在最恶劣的情况下,所有武器都需要使用防霜清洗油和润滑油;维护轻武器弹夹的最好的办法是在其中装填干燥且没有上油的子弹,而且最好每天清空一次弹夹,在检查之后再重新装填子弹;要经常检查机枪弹链,以防油脂凝结、灰尘积聚或结冰;在暴风雪中,要把枪支包裹起来,并频繁操作枪机,之后还要清洗枪支并重新上油;在深厚的积雪中使用重武器时,需要使用雪地板,以防止武器陷入雪中。虽然《冬季战袖珍手册》没有提及,但德国步兵的K98k步枪还有一种限量供应的"冬季扳机"——这种扳机部件的尺寸做得特别大,可以让射手不必脱下手套就能开火。

食宿

德军在食宿方面借鉴了很多芬军和苏军的做法,包括搭建圆形胶合板棚屋、芬兰式圆形帐篷、土屋、锥形树枝棚屋,以及在冷杉树下围绕树干构筑小屋。一种很有德国特色的改造——通过拼接16顶帐篷,搭成一个占地约25平方米的"金字塔"[改造成果是一种可容纳16人的"房屋帐篷"(Hauszelt)]。为了提高搭建速度和提升保暖效果,士兵可以把帐篷布缝在一起,并增加一个通过落地管道排烟的火炉,使"房屋"内部变得更温暖一些。

在天寒地冻的情况下,简易住宿设施包括用锯出的干硬雪砖搭建的圆顶小屋(可容纳4—50人),以及"雪屋""雪坑"和"雪洞"。"雪屋"的侧墙以雪砖砌成,屋顶以木棍、帐篷布和树枝搭成,并且整体覆盖了冰雪以起到隔热和伪装作用;"雪坑"的结构与"雪屋"类似,但其"墙壁"是"在雪中挖出的大坑的坑壁"。在深厚的积雪中挖出的小型"雪坑"可以容纳几个坐下的人(可以用他们的滑雪板、滑雪杖再加上几根木桩搭成屋顶)。士兵还可以在"雪洞"的侧面挖出斜坡和弯道,并用松散的冰雪封住"雪洞"后面的入口。在集体住宿时,德军建议士兵别穿太多衣服,但应使用毯子和地席。帐篷或棚屋的地面最好不是裸露的泥土,但如果没有条件遮盖地面,可以先生火使地面解冻。

虽然后勤补给在冬季经常会被迫中断,但《冬季战袖珍手册》还是建议指挥官通过野战厨房分发比夏季更多的热食和热饮(尤其是要富含油脂)。该手册还指出,虽然某些食品在寒冷天气下营养价值会下降,但大多数食品在寒冷天气下可以储存更长时间而不变质。当时,德军官方认为:肉和鱼被冻住之后,可以保存很长时间，只要将其劈开或刮下一些薄片就可快速烹饪；如果天气回暖，还可以将肉切成薄片，放在铁皮上，用火炉烘干并腌制，从而方便长期保存；至于罐头和瓶装食品，则需要避免其被冻住，士兵可以在装食品的箱子里填上稻草来保暖；要给士兵们分发适量的军用口粮，包括磨成粉的咖啡和茶叶，但不能发得太多，以免他们因为负重过重而丢弃宝贵的食品。但是，许多德国老兵都有挨饿的记忆，并记得没有烧开的汤很快就会在饭盒里结冰。有一个德国士兵表示，他曾亲眼看见斧子"砍在冻硬的马肉上之后，像砍到石头上一样被弹开"，而且黄油"需要用锯子锯开"。

德军的滑雪训练与战术，1942—1944 年

在苏联度过的第一个冬天，虽然德军暴露出了巨大缺陷，但其战术中"至少有一个方面为士兵提供了乐观的底气"。德国从 1941 年开始着手满足军队对滑雪器材的庞大需求，不仅征用了挪威所有新出厂的滑雪板，还下了生产 40 多万副滑雪板的订单。1942 年，德军通过接受捐赠和采购等方式，在德国获得了大约 90 万副滑雪板。

在二战中期，德国重要的军用滑雪战术手册是《滑雪部队训练与战术暂行规定》(*Vorläufige Richtlinien für Ausbildung und Kampf von Skitruppen*，于 1942 年发布，它取代了德国"在 1941 年那个灾难性的冬天下发的不够完善的文件")。这本手册中的新规定是基于"东线的突袭队、滑雪营和'临时滑雪连'总结的经验"及"从芬兰军队中获得的知识"编写的，旨在提供一套普遍适用的规则。《滑雪部队训练与战术暂行规定》的编者认为，若受训的战士学完该手册，便能够掌握"北欧式"滑雪（即越野滑雪）的基本功，并对各版本《步兵训练规定》(*Ausbildungsvorschrift für die Infanterie*) 中的战术有一定程度的了解。就这样，滑雪训练和战斗训练实现了"同步"。

使用滑雪板进行移动的基本方式是"长滑步"，因此士兵必须合理安排个人装备，使双臂能够自由活动，他最好将背包压得尽可能扁平，并合理安排背包里物品以降低重心。面包袋、刺刀和其他任何"累赘"都应该挂在腰带的后部，只有弹药包应该挂在身前。武器的携行方式取决于士兵当前的戒备等级：在未与敌人接触的情况下，应该将枪支悬挂在背后，有时可以加上第二条背带，以确保将武器牢牢固定在背包的一侧；如果接到"紧急战斗警报"，则应该用右手持枪，用左手握持两根滑雪杖。

听到"Hinlegen!"（卧倒！）命令时，士兵应该转为基本的匍匐姿态，此时他可以分开双腿让滑雪板向外展开，也可以让滑雪板偏向身体一侧。在采取站姿或跪姿时，士兵可以用滑雪杖来充当简易的步枪支架。但只要有可能，士兵都应该在进入战斗前脱掉滑雪板，穿着滑雪板战斗被认为是仅适用于遭遇战的应急措施。在匍匐姿态下，士兵可以根据情况采用多种不同的方式机动。脱掉滑雪板后，他可以转为徒步机动，将滑雪板拖在身后。如果敌人离得不远，他可以用蹲伏姿

这张多少有点古怪的照片,展示了德军步兵如何在夏季的草地滑道上学习越野滑雪的基本技巧。在学习越野滑雪的基本技巧时,士兵可以不使用滑雪杖。

态前进，或者推着滑雪板前进（用滑雪板来充当滑动平台），以免自己陷入雪中。如果需要突然快速前冲，士兵可以用左膝作为支撑，一手持枪，另一手用滑雪杖推动自己前进。虽然在战斗中要"尽量保持低矮的姿势"，最好把整个身子都埋进雪里，但在遇到高高的雪堆或凹凸不平的地形时，士兵可能还是需要用跪姿乃至站姿射击。

在极端情况下，士兵可以投掷手榴弹——此时比较适合使用长柄手榴弹，因为它们不容易像卵形手榴弹一样乱滚。在雪地中投掷手榴弹时，士兵要考虑到身上厚重的衣服和脚下不够坚实的地面都可能"对投掷距离产生不良影响"，而厚厚的积雪也会削弱弹片的杀伤效果。因为以匍匐姿态投弹需要进行长期练习，所以最好的办法是暂时起身，左臂撑在滑雪杖上，右手高举过肩投弹——这样做可以"在给手榴弹提供动能的同时，尽量降低自己被敌军火力杀伤的概率"。

训练中的德军士兵——这显然是一群步兵，而不是山地兵——以教科书般的姿势将滑雪板扛在左肩上行军。

滑雪部队的其他武器和弹药是通过芬兰式或拉普兰式的akja携带的：

akja有两种形式：船式akja和武器akja。船式akja用于运输弹药和装备。如果铺上毯子，它还可以用来运输伤病员。武器akja上安装了武器，可直接开火。轻机枪、重机枪、轻型迫击炮和反坦克枪是最适合装在akja上的武器。武器akja的后部是敞开的，以便射手在匍匐姿态下操作武器。除了船式akja和武器akja，部队可能还会使用自制的简易雪橇。

在下雪时，如果士兵估计自己不会与敌人相遇，他可以将武器和弹药裹在帐篷布里"以使其免受风雪侵袭"——注意，一定要将最重的东西放在雪橇后部（通常来说，雪橇的载重量不应该超过132磅）。以这样的方式装载物品时，雪橇会与雪面形成合适的"攻角"，两三名滑雪者就可以拖动它。在通过崎岖的地形时，需要另一名滑雪者从后方通过制动绳或滑雪杖来控制雪橇。如果有雪橇犬可用，那么需要注意以下几点：

雪橇的载重量不应该超过雪橇犬的总重量。在有可能发生战斗的情况下，要随时做好从雪橇上开火或将武器从雪橇上卸下来的准备。射手可以躺在雪橇上，用自己的双脚顶住雪地。在转移阵地时，可以让同队的其他士兵拖着雪橇进行短距离机动……

战术组织和机动

在滑雪作战时，建议将一个班的规模扩充为12人（含班长），以便有额外的人手操纵雪橇。此时，一个班的理想的武器配置是一挺轻机枪、两支冲锋枪、两支半自动步枪、一支带瞄准镜的狙击步枪和六支普通步枪。在增加自动武器的同时，排属轻型迫击炮被认为是可有可无的武器，因为"在雪地里它们的战斗效能会下降"。同时，由于班里的人数变多了，一个排会只下辖三个班。常见的战斗展开方式是全班士兵脱掉滑雪板，排成散兵线（轻机枪位于散兵线的一端）。在排成散兵线前进时，应由班长来充当尖兵，机枪手应在班长附近用雪橇拖着轻机枪前进，而步枪手则应在班长左侧或右侧散开。如果这个班还配置了第二具雪橇，那么这具雪橇"应由副班长指挥，在班长后方20米左右的位置跟进"。考虑到士兵在雪地里开辟滑道要消耗额外的体力，"这种（展开横队）队形应该仅用于准备开火的情况下"。

普通的点到点机动应以各种纵队队形进行，但排以上规模的纵队在深厚的积雪中进行长距离行军时，需要使用"开路分队"。"开路分队"通常是由6—10人组成的小队，小队中的每个人都被分配了特定的任务。担任尖兵的通常是警惕性很高的侦察兵（他需要携带钢丝钳），"方向观察员"（其携带的装备包括指南针、双筒望远镜和短柄斧头）应跟在尖兵身后前进（保持约30米的间距）。方向观察员身后是"道路改善员"和班长（他要携带指南针、双筒望远镜和地图），班长后面是班里的其他士兵——他们的任务就是使用铲子、砍刀和标记设备为后续部队"修整和标记道路"。在某些情况下，"开路分队"应该采用敌人不易察觉的标记，但通常情况下他们最好使用带有一些色彩元素的醒目标记。"开路分队"应该尽可能选择滑雪技术不佳的士兵也能轻松机动的道路，并避开障碍物和急转弯（尤其是在上坡路段），为雪橇创造通行条件。为了维持前进速度，"开路分队"需要经常轮换。

因为滑雪部队经常要脱离主力部队独立行动，所以掌握巡逻技能至关重要。此外，"警惕性高的哨兵"也必不可少。"固定哨"必须有良好伪装，而"游动哨"则要利用"安全道路"，以至少一千米的半径围绕阵地进行环形巡逻。为了进一步提高安全性，滑雪部队可在道路上布雷，给哨兵分发在紧急情况下使用的信号枪，并建立内部安全道路网。在极寒条件下，必须考虑让哨兵"有机会通过剧烈运动来取暖"，并提高轮换频率。

火力战

在滑雪作战时，哪怕是规模很小的部队，如果能够快速实施各种机动并在各种情况下欺骗敌军，也能大大增强其自身的打击力。为了独立完成任务，班和排经常要进行特别编组，并加强重武器和通信及工兵设备。必须注意的是，不能因此削弱部队的机动性。必须把可能减缓机动速度的装备留在后方，或者在接敌行军过程中将其存放在选定的地点。士兵应该在能见度较低的时候接近敌人。巧妙而无声地接近敌人具有决定性的意义……

班、排内部必须保持密切接触。每个分队不仅要与右侧和前方的分队保持接触，也要与左侧和后方的分队保持接触。

在进攻和追击过程中，指挥官一定要利用机动性来设法包围敌人，应该仅在正面留少量兵力来迷惑和牵制敌人。有时候，指挥官可以临时将一个班的轻机枪从侧翼调到正面。如果攻击分队在即将到达目标时受阻于冰雪地形，就会遭受严重的伤亡。此时，指挥官必须尽快作出决断，并尽量坚持作战。指挥官在选择攻击方向时，必须明白"通过难以通行的地形发起进攻达成奇袭的可能性往往较大"。在近战中，胜负往往取决于士兵对轻武器和手榴弹的应用。应该尽可能以奇袭的方式发起近战——如果使用滑雪板，可以通过快速下坡滑行的方式来打响战斗。在某些情况下，更好的方法可能不是与敌人进行肉搏，而是"在最有效的射程内实施火力战"。

在滑雪作战时，步兵火力战非常重要。在滑雪作战时，能见度往往较好，而支援武器（例如火炮）的威力往往较弱。此时，步兵应多使用带有瞄准镜的步枪——它们不仅可用于远距离狙击，也可用于集中火力精确打击重要目标。不过，"补给问题使节约弹药变得至关重要"。

在极寒环境下，士兵不能用裸露的手触摸轻武器，他必须戴上手套，但手套有时会降低射速和射击精度。此外，在极寒环境下，头几次射击的弹着点会偏近——在武器经过预热后才会恢复正常。枪口冲击波可能会吹飞和熏黑积雪，从而暴露射击者的位置。

美军在《战术技术趋势》（1942年11月）中进行的评估显示，德军每个营里都有一个接受过滑雪训练的连，每两个营还会额外增加一个滑雪排。不过，这似乎只是"一种美好的愿望"：当时，德军的这套制度"并未贯彻实施，因为德军中会滑雪的人数量稀少，且训练水平低下"。这并不是因为德军缺乏对这个问题的认知，而只是因为"训练和人手总是不足"。

臻于完善的技术，1943—1945 年

到了 1943 年年末，各主要交战国都已经完善或照搬了"在冬季与山地作战的战术及装备的主要元素"。苏军在其战斗部队中广泛推行了冬季战术，只不过有时这些战术尚显粗糙。德军也做了同样的努力，但苦于物资短缺，连絮棉冬装这样的基本装备也不能做到人手一件。

苏格兰的格伦科（Glencoe），英军第 1 突击队的一名士官背着汤姆逊冲锋枪演示徒手攀岩。有时候，突击队也会在康沃尔郡的海岸开展这类"悬崖突击"训练。有时候，会由一名攀岩高手背着一个装有绳索的柳条筐率先攀登悬崖。

人员　　　　　　　　　　　　　　　　　雪橇

一种"人力挽具"的示意图。这种"人力挽具"使用了一条宽腰带和两条肩带。下方的小示意图表明，应该用四个滑雪者来拉动一具雪橇。此图摘自英军于 1941 年发布的《寒冷气候下的必需被服与装备》。

英国和美国最终成立了整编的山地师，但始终没让其从事本职工作。英国第52（山地）师在苏格兰接受了挪威教官的山地作战训练后，又于1944年8月改为接受空降作战训练。最终，英军认为该师更适合用来补充在欧洲西北部遭受惨重伤亡的步兵。于是，第52(山地)师在1944年11月被送进了大水泛滥的荷兰战场。美军的第10轻装"高山"师在1944年被更名为"山地"师，但该师是美军最后一个在欧洲参战的师，直到1945年年初才抵达北意大利前线。虽然该师在当年春天突入波河河谷（Po Valley）时，确实"打了一些山地战"，但此时这支部队已经丢弃了大部分专用的被服和装备。我们可以通过上述两个例子得出这样的结论：盟军高层认为，为了等待适合山地部队发挥其特长的机会，而把这些耗费巨资训练和装备起来的部队留在后方，已经不再是合理的选择。

愈打愈烈的战斗要求交战各国发展新的战术和采用新式训练方法，英国和美国的军队在这方面受到了北欧军队的启发，并在很大程度上汲取了以往的山地作战经验。在山地作战的技术和在寒冷地区作战的技术，一向是密不可分的。美军在《德国军事力量手册》（1945年3月）中表示："德军的许多冬季作战技术都是从山地部队的作战技术发展而来的，后者稍加改动就可用于在极寒环境下的作战。"德国山地兵实际上在"拉普兰集团军"中占了很大比例，该部队在极北之地一直战斗到1944年下半年。

英国

英国在山地和极寒地区作战的技术可能要到1943年下半年才成熟，其标志就是《雪地与山地作战》手册的发行。有趣的是，《雪地与山地作战》的作者只是表示要让该手册作为"通常方法"的改造"基础"，而不是想要制定一套"新的战术条令"。

不过，该手册的题材很广泛，并且其作者也乐观地宣称："俄国军队在过去几个冬季里的作战已经证明，冰雪和严寒可以成为重要的盟友，只要解决其带来的组织和管理问题即可。"这本手册中的主要观点似乎是借鉴了芬军、苏军和德军的战例，以及剑桥大学的极地研究。在简要介绍了机动、能见度、天气和寒冷方面的问题后，该书就开始讨论工程、工事、雪橇、伪装、医务、滑雪和装备保养等方面的问题。

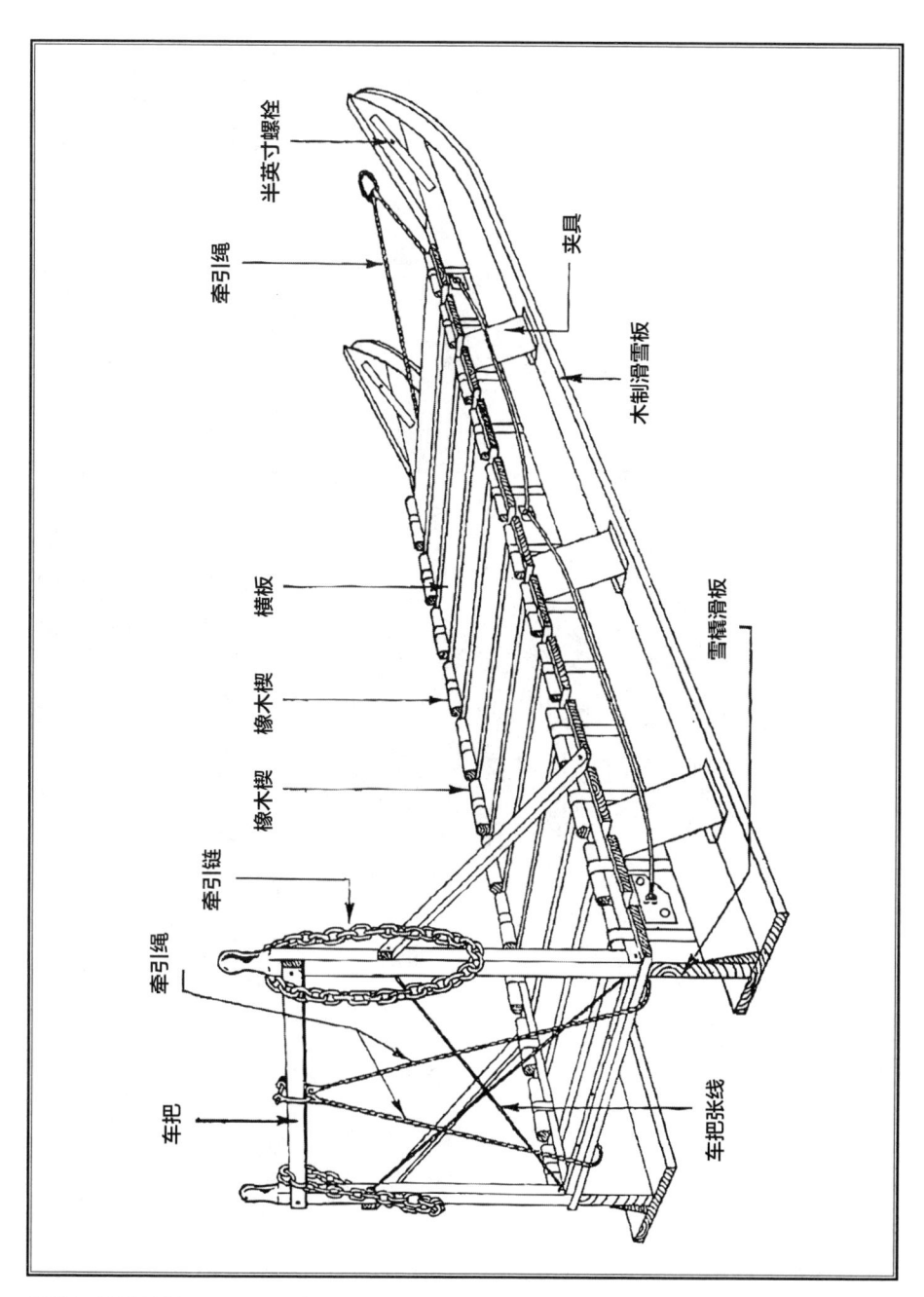

《雪地与山地作战》（1943年12月）中的大型"格陵兰雪橇"示意图。"格陵兰雪橇"有两种长度：10英尺（标准长度）和15英尺。该雪橇以桦木制成，其滑板上包裹了金属片。根据计算，这种由牵引车拖曳的雪橇在崎岖地形中每英尺长度的有效载重量是112磅，在平滑雪面上每英尺长度的有效载重量是224磅。

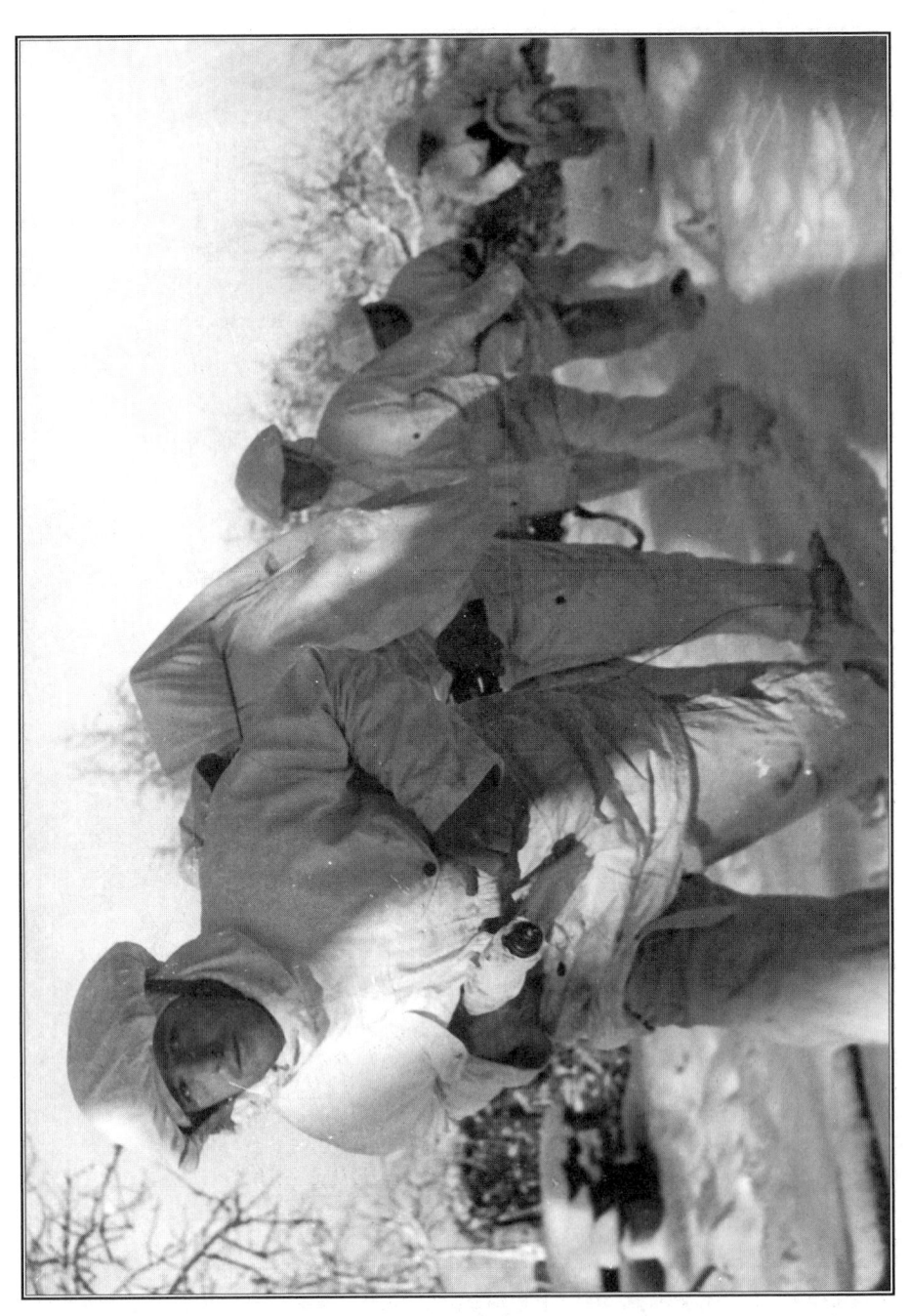

德国，1945年1月：戴着雪地迷彩盔罩，穿着两件式雪地伪装服的英军侦察兵。侦察队队长和他的报务员（几乎完全被队长挡住了）还给斯登冲锋枪和电台背包套上了白色伪装布。

1945 年 2 月，意大利卡索拉－瓦尔塞尼奥（Casola Valserio）：皇家炮兵第 85 山炮团的士兵正在从骡子背上的驮篮里取出炮弹。一发轻型榴弹炮的炮弹重约 20 磅，如果运输距离较远，一头健壮的骡子一次只能携带八发这种炮弹。值得一提的是，驮畜还需要携带自己的饲料，它们每天需要 6—12 磅重的饲料（最好是燕麦片和草料饼）。

　　作为一本通用手册，《雪地与山地作战》的内容详尽，例如它不仅介绍了平地滑雪的"缓步""拄杖""三步""芬兰式"和"滑行"动作，还介绍了上坡和下坡的方法，以及滑雪转弯的各种变化。而且，该手册还介绍了驾驶雪橇及驯养雪橇犬的方法。说实话，指望所有士兵都能掌握这些技术确实是太贪心了。因此，虽然这本 190 页的手册被普遍发给了"相关部队的所有兵种"，但它最重要的"应用对象"还是第52（山地）师和一些专业特种部队。

在战术方面，《雪地与山地作战》仍然认为无须改变基本原则，但为了适应气候特点，必须做一些"改进"：

在主要进攻轴线上，滑雪部队应该被用于为正面及侧翼部队（后者尤其重要）提供早期预警；在进攻中，主要目标很可能是横跨进攻轴线的敌人，而装备了滑雪板和雪地鞋的部队可以负责切断敌军退路；正面进攻要始终与侧面进攻相结合；进攻的目标最好不要太多；应该尽可能在夜间进行进攻准备（如果不是在夜间发起进攻的话）；胜利在很大程度上取决于能否将重武器及时送到前方，而这极有可能需要步兵、工兵和炮兵密切合作；虽然大部分兵种在雪地中的机动速度都会减慢，但受过充分训练的滑雪部队有望在平地上达到4英里/小时的速度，在下坡时达到10英里/小时的速度。要达到这样的速度，士兵必须是年轻人，年龄最好在30岁以下，体能达到"普通医学类别A1"以上；"雪前"训练包括在草地上练习、体能训练、观看影片和参加讲座，士兵只有在完成"雪前"训练后，才能到雪地上接受训练（包括机动、巡逻和战术演练）。

此外，《雪地与山地作战》认为滑雪部队里的士兵应该穿白色的两件式雪地伪装服作战。但有趣的是，该手册中的一幅插图显示，在地面没有被积雪完全覆盖的情况下，带黑色斑点的迷彩图案的伪装效果更好。

《雪地与山地作战》中有许多可以在德军和其他军队的手册里找到的内容，有趣的是，该手册的作者仍然宣称自己借鉴了"印度西北边疆区域的经验"。不过，《雪地与山地作战》中也有一些创新内容，其中之一就是提倡在条件允许的情况下分四个"波次"实施小规模进攻。《雪地与山地作战》认为机动性至关重要，进攻部队应该轻装上阵，每一个进攻波次的人员和武器装备如下：

1. 仅携带手榴弹的投弹手率先发起突击。
2. 仅携带步枪和刺刀的步枪手，开始进攻敌人。
3. 携带轻机枪和冲锋枪的士兵，开始进攻敌人。
4. 携带备用轻机枪和弹药的预备队，开始进入战场。

《雪地与山地作战》建议,在这样的突击结束时,投弹手和步枪手应该负责"构筑防御",并运来更多弹药和补给。

《德军山地作战》(美国,1944年2月)

1944年2月,美国情报机关在研究了敌军新发布的手册[《山地技术》(Alpin Technik)]之后,结合其他文档,出版了最新的综合手册——《德军山地作战》。美军发现:德军的山地作战训练自1939年起有所减少,但与此同时,德军也认识到了并非所有山地兵都必须成为登山专家。

德军将训练分为两个层面:面向精锐的陆军登山向导(Heeresbergführer)的"精通课程"和面向其余山地兵的"入门课程"。不过,德军认为即便是普通的山地兵,也应该先完成常规地形条件下的基本步兵训练,然后再在山地中接受长期训练。在此期间,除了其他技术外,山地兵还需要学习穿普通鞋和雪地鞋在雪地中机动。德军的"入门课程"还包括20天的高山训练,其中有模拟实战条件下的武器射击科目。因此虽然专业程度不一,但德国山地兵还是被视作特种部队,在接受专业训练期间,通常不需要参加阅兵和执行普通勤务。

在训练课程中,德军将山地地形分为5个级别。受训人员需要循序渐进地锻炼体力,并克服困难。由于存在滑落悬崖的危险,士兵在登山途中要避免坐下来休息。在雪面、冰面和岩石上行进时,士兵要"沿之字形路线短途跃进",如果遇到陡峭的冰面,他们还要踢出、凿出或砍出落脚点。

美国情报机关在《德军山地作战》中对德军的相关训练进行了深入研究:

虽然冰爪、冰斧、登山鞋、岩钉和雪地鞋都已被普遍应用,但为了适应地形和任务,德军会严格限制每个人的负重。绳索是关键的登山器材,标准的带绿色斑点的麻绳长30—40米。攀登时可以两个人共用一条绳索,训练时可以三个人共用一条绳索。一般来说,会由一名陆军登山向导来担任绳长。两个人共用一条绳索攀登时,一套典型的登山器材包括:一把岩钉锤;三根用于水平岩缝的岩钉、一根用于垂直岩缝的岩钉、一根环首岩钉和一根薄片岩钉;四个岩钉钢环;两双登山鞋;两种不同长度的升降索套(各三副);两个小型急救包;一个帆布背包;指南针、地图、手电筒和高度计。士兵需要学习的技术包括:系绳、索降(因为可能需要从悬空的岩石上下降），以及在攀登过程中用冰斧来充当辅助移动工具——比如用来踏脚或制动。在训练中，士兵还需要在岩脊上露营，了解并避开落石和雪崩，以及预测天气状况。

陆军登山向导的候选者通常是在进行了初步雪地训练之后被挑选出来的，这些精通滑雪并有登山天赋的人将组成专门的小队接受严酷训练。他们需要精通路线选择，在登山过程中担任绳长，并在滑雪时带着越来越重的负重通过斜坡。定向越野、地图判读、救援技术和对雪崩等危险的识别都是"精通课程"的重要组成部分。根据训练教员的推荐及教官的报告，合格的陆军登山向导将被授予可佩戴在左胸的特别徽章。在作战时，他们将被任命为向导和非专业军官的顾问。1942年和1943年，德军用这类人员组成了规模为四个营的高山部队——高山猎兵（Hochgebirgsjäger）。虽然作为登山专家，他们并不会得到更高的军衔或额外的薪水，但其获得晋升的机会很大。

山地兵的基本战术单位是加强山地步兵营。按照1944年1月的编制，这样的营下辖三个山地步兵连，外加一个机枪连、一个重武器连和营部，其武器包括42挺轻机枪、12挺重机枪、六门80毫米迫击炮和四门120毫米迫击炮。加强山地步兵营的上级团和师里也有一些专业的分队（如侦察连、山炮连、工兵连、通信连、医务连、面包连和屠宰连），这些分队会根据需要被配属到营级部队。

对于二战末期的德军的战术，美军在《德国军事力量手册》中简明总结如下：

德军将他们的部队分成许多行军队——通常包括一个加强步兵连、一个炮兵连和一个工兵排。德军通过这种方式来应对被敌军伏击的危险，因为每一个行军队都能独立作战。德军的工兵分队会与前锋一起行动，以便整修道路。德军意识到小股敌军就有可能迟滞大队人马前进，因此他们将一些火炮单独靠前部署，还会组织静态和游动的巡逻队来保护侧翼……德军在山地作战中广泛使用高弹道武器，但也会使用反坦克炮和重机枪掩护路障。

美军认为，德军的山地进攻通常是为了"保护主攻部队的侧翼，绕至敌军后方或为主攻部队提供侧射火力"而发起的。为此，德军会尝试夺取制高点和山口。

德军进攻部队的集结地会尽可能靠近敌人，以缩短突击距离。一般来说，德军的支援武器会配属到连，如有可能还会下放到排。防守时，德军会将前沿阵地布置在正斜面，但是"配有支援重武器的主阵地"会位于反斜面（通常这里还会部署大量预备队）。这样的战术要求防御正面相对较窄，但有利于发动反击。由于后勤补给问题，节约弹药尤其是节约重武器弹药至关重要。美军《情报通报》于1944年3月评论道：

德军的原则是减少武器数量，增加弹药数量……由于在山地作战时的弹药供应是一个难题，德军通常的做法是仅根据命令开火。炮兵每发射一发炮弹都会极其谨慎地瞄准，既要考虑杀伤效果，也要考虑节约弹药。

结　　论

在1939年的欧洲，只有北欧国家的军队发展出了高度成熟的冬季作战技能。英法两国缺乏综合的冬季作战学说或许情有可原，因为这两个国家的军队不需要进行长期的冬季作战。苏联红军和德国国防军——考虑到现实的地理和气候条件，以及这两支军队发动征服战争的渴望——对冬季作战的"忽视"和因此而造成的重大灾难，让人觉得不可思议。虽然苏军在1939—1940年的冬季战争中，最终击败了数量远少于自己的芬兰守军，但其在此过程中付出的重大代价和时常暴露的无能使许多国家对寒冷气候下的战术重新产生了兴趣。从此战获得的经验教训既影响了训练与装备的发展，也影响了战争本身的进程——一方面，让德国观察者产生了苏联不堪一击的印象；另一方面，让苏军意识到了自身的战法需要立即进行全面改革。

在1939年，山地作战技能也是只属于少数人的稀缺技能，不过几个大国的军队里都有一些发展出先进战法的精英，尤其是法国的阿尔卑斯猎兵，以及英美军队中的少数人（例如在印度边境和美洲山地有过实战经验的军官）。不过，在这个领域处于领先地位的无疑是德军：长期以来巴伐利亚都是山地运动的中心，而于1938年吞并了奥地利之后，德国国防军更是拥有了"整师的山地兵"。尽管如此，山地作战和冬季作战技术依然被视作只有特定部队才需要关注的专业技能。

德军于1941年年末至1942年年初在东线获得的经验，"明显改变了其自鸣得意的观点"。德国第12集团军参谋长冯·格赖芬堡（von Greiffenburg）将军表示："俄国气候的影响是，在春秋两季使泥泞地带无法通行，在夏季带来难以忍受的酷热，在严冬使作战无法进行。俄国的气候就是一连串的自然灾害。"

常有人说，在冬季作战战术方面，苏联红军远超德国国防军——这种说法的主要依据就是"1941年年末至1942年年初的相关战役"。虽然此说法确实反映了不少事实，而且苏军显然吸取了很多经验教训（尤其是从芬军身上），但依然值得商榷。德军在1941年的冬季作战准备、装备和学说诚然少得可怜，但最精锐的德国和奥地利滑雪士兵已经胜过了他们的苏联对手，苏军在战斗中的人员损失往往大于其敌人。苏军的滑雪战术有一定的缺陷，而士兵的数量优势也并不能决定一切。

由于各国军队的人数众多，即使到了战争后期，专用冬装也总是供不应求。前线常有人抱怨，自己更需要的物品往往留在后方人员手中。在这张拍摄于突出部战役期间的照片上，美国第 2 装甲师的一名士官为了保暖，在他带衬里的坦克兵上衣和带前围兜的套裤外面又套了一件方格厚毛呢短大衣，并自制了一副面罩来抵御 12 月的刺骨寒风。

例如在 1942 年，根据劳斯将军的记录，苏军的一个滑雪旅在白天通过一个斜坡发起犹如"冬季运动表演"般的进攻，结果该旅在德军机枪火力和突击炮的侧翼攻击下被打得"一败涂地"。苏军在此战中共损失了 550 多人——其中包括在近卫第 39 集团军里负责滑雪训练的参谋军官。

到了 1943 年，虽然德军冬季作战的技战术水平已获得了很大提升，但已不可能再对战争产生决定性影响了。有趣的是，就在同一年，芬兰陆军元帅曼纳林拐弯抹角地恭维了他的德国同行，他告诉后者，苏军不仅从冬季战争中吸取了教训，还从德国国防军身上学了不少通用战术，例如大胆而勇猛地实施进攻和包围。但无论如何，经过 1941 年年末到 1942 年年初的第一次冬季会战后，人们的心态已经发生变化。正如苏军步兵排排长阿纳托利·切尔尼亚耶夫（Anatolij Tschernjajew）所言，曾经不可一世的敌人暴露出了缺乏准备的问题，他们"在莫斯科城下处境悲惨，缺吃少穿"。这种出人意料的情况对苏军士气起到的振奋作用绝不会被德军后来的改进所抵消。

实际上，直到 1942 年夏天，德军官方仍然认为冬季作战战术没有什么特别之处。虽然在被服和装备的供应上有所改善，但在随之而来的冬天里，德军还是不得不广泛实施"因陋就简的装备改造工作"。与此同时，在德军中，对苏军能力和抵抗意志的误导性评价依然流行（有时还是作为宣传故意散布的）。哈尔德将军指出德军有低估敌人的"长期倾向"，而劳斯将军的说法或许也印证了这一点：劳斯宣称，德军的关键优势之一是"睿智的德国士兵希望知道自己作战的目的，以及自己所属部队担负的任务的意义……他是独立的、信奉个人主义的战士，他觉得自己远胜于为集体事业而受训的俄国士兵"。

然而，在 1942 年年末至 1943 年年初的"斯大林格勒之冬"之后，德军的审查机构向戈培尔报告说，有 57% 的书信对高层在这场战争中的指挥表现持怀疑或贬低态度，有 33% 的书信对此不置可否，只有很小一部分书信完全支持高层的战争决策。正如哈尔德将军所言，无论是对纳粹政权还是对德国军队而言，这都会带来严重不良影响。

可以说，在二战初期，西方盟军与德国和苏联的同行一样，都犯过许多错误，以英国为例，挪威的沦陷就是因为疏漏而造成的悲剧。幸运的是，两大西方盟国直到 1943 年年末至 1944 年年初的冬季才在意大利被卷入山地战，直到 1944 年

阿登战役后期，这些身处比利时森林的美国士兵大多穿着两件套连帽雪地服（靠前襟的绑带系紧——估计这是因为戴了手套，不方便扣纽扣）。这些士兵在操作用于运输物资和伤病员的轻型雪橇。请注意在大风影响下的积雪的深度。

在德国山地师的山地炮兵部队中列装的 75 毫米 gebG 36 山地榴弹炮,拥有不同寻常的炮口制退器。在高山地带,火炮通常都是单炮作战,因此它们的作战效能取决于精心选择的观测所和各个单炮阵地之间可靠的通信。

年末才在欧洲西北部进行长期冬季战斗。此时，英军和美军已经从早期的失败中吸取了主要教训，而其尚未补全的短板也不会对战争的结局造成多大影响。但是，冬季作战战术的发展确实显著影响了二战的进程（尤其是对斯堪的纳维亚和东线战事的影响），不可否认，这是一个值得深入研究的课题。

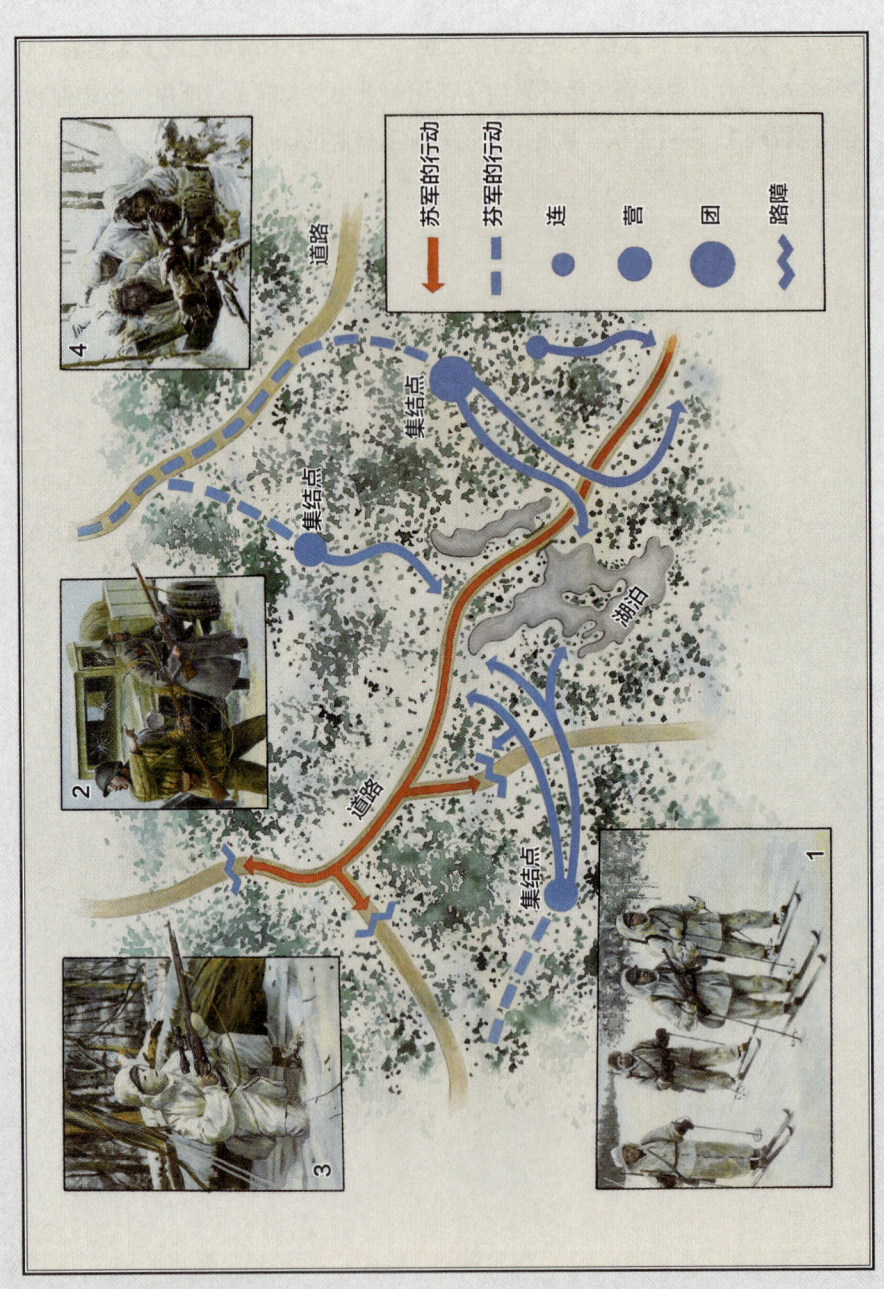

芬兰的柴堆战术，1939—1940年。

芬兰的柴堆战术，1939—1940年

这张图展示了冬季战争中，"芬军对苏军某师的进攻高潮"：我们根据1949年美国步兵学校的一本季刊中的图表绘制了此图。

起初芬军放任苏军沿道路推进，仅仅通过侦察来确定其兵力和进攻方向。然后芬军出动规模中等的滑雪巡逻队（小插图1）进行骚扰，拖住苏军部队。这支苏军必须"与其交通线保持联系"，而其作为摩托化部队又缺乏滑雪装备，因此被困在了主要道路上（小插图2）。相反，芬军可以凭借更胜一筹的机动性穿山越岭。聚在一起的目标极易遭到狙击手（小插图3）攻击，尤其是在夜间点起篝火时，或者士兵们聚在野战厨房周围领取维系生命的热食时。

芬军小队从路障侧翼发起攻击（小插图4），诱使苏军实施代价高昂的反击。困住敌军之后，芬军就在敌军视野之外集结部队（可达团级规模），进入可对道路实施侧击的阵地。然后他们会利用地形和黑暗掩护接近敌人，从多个不同方向发起进攻。找出敌军的弱点后，这些进攻部队会把敌军纵队进一步分割成小块——用芬军的俚语来讲就是"Motti"——然后逐一孤立和歼灭。如果苏军的抵抗意志坚定，战斗就会发展为小规模的包围战，寒冷和缺乏补给将不断削弱苏军的实力。

英军的冬季和山地装备，1940—1943年。

❈ 英军的冬季和山地装备，1940—1943 年

除了"值班大衣"和羊毛织物之外，英军在 1939 年为冬季作战所做的准备基本上可以忽略。厚重的值班大衣是发给在严寒天气下——尤其是在夜间——站岗的哨兵用的，最晚从 18 世纪中叶开始就是英国陆军的常用装备，但它对于必须做战术动作的士兵而言非常不实用。羊毛织成的巴拉克拉瓦盔式帽、开襟衫和另一些能让人回忆起克里米亚战争的"舒适用品"往往需要官兵们自掏腰包购买。在吸取了挪威战役的惨痛教训后，英军立即开始试验专用的军服和装具，但直到 1942—1943 年间，其冬季作战服装和战术才趋于成熟。

1. 1940 年，挪威远征军防空哨兵

此人戴的羊皮冬帽，很可能来自皇家海军的仓库。和这顶帽子一同下发的还有一些"重磅白色高翻领海军针织衫"。这名哨兵在他的羊毛哔叽"战斗服"外面裹了一件"特罗帕尔"大衣——起初，这种大衣带部分羊皮和哔叽衬里，通过金属弹簧夹紧固。在某些部队里，有一部分人领到了从市场上采购的短筒系带式橡胶底靴子，但大部分英军士兵都只能靠标准的皮制"弹药靴"来为双脚抵御严寒。这名哨兵以"警戒"姿态携带着防毒面具包，还用带子把卷起来的防毒斗篷系在背后。本图是根据《军用物品》杂志第 117 期（1995 年 4 月）中马丁·布雷利（Martin Brayley）与理查德·英格拉姆（Richard Ingram）所撰文章里的照片绘制的，该照片是布雷利拍摄的。

2. 1942 年，冰岛，皇家工兵队军官

盟军占领冰岛的目的是防止这个控制着关键航道的北大西洋"基地"落入德军之手。最初守卫冰岛的是英军，后来守卫冰岛的是美军。这位皇家工兵队军官显然是在当地的夏季执行一次相当轻松的巡逻任务，他的着装代表了英军当时在很大程度上要靠临时拼凑的寒带衣物度日。他穿着制式的战斗

服、军官棕色皮靴和"网织短袜",以及几件附加衣物。他戴的"帽子"实际上是军队发放的一条环状羊毛织物,它既可以当短围巾使用(以老式术语来说,就是"围巾"),也可以卷起来当帽子使用。这顶"帽子"是根据《军人的针织舒适用品》杂志上的照片绘制的。这名军官身上的不同寻常的正反两面穿毛皮上衣(无领,长度及腰,用木扣子和绳环系紧),是普雷斯顿(Preston)的 F.P.W. 卡特莱特(F.P.W.Cartwright)在冰岛当地购买并使用的物品——它至今仍是兰开夏郡博物馆中的藏品。

3.1943 年,英国,第 52(山地)师二等兵

　　这名接受训练的士兵隶属于改编后的苏格兰第 52(低地)师,他戴着一顶护耳和护颈向上翻折的滑雪帽。这种帽子是从 1943 年开始装备部队的,其长长的帽舌底部采用了黑色衬里以预防雪盲症。此时,英军开始理解寒带衣物的"多层套穿"原则。轻便的棕黄色连帽防风罩衫是于 1942 年开始装备部队的,它配有用于束紧兜帽和下摆的拉绳,以及四个大贴袋。虽然当时英军还生产了山地马裤(可搭配长筒袜和踝部裹腿穿),但是图上这名士兵穿的是战斗服套装里的裤子。这名士兵穿了一双结实耐用的棕色反毛皮山地靴——靴尖周围和沉重的鞋底两侧都有钢制防滑钉。地上的这款大容量的"卑尔根"帆布背包配有外置口袋、金属支撑框架和皮革背带。

　　与图中衣物和装具类似的装备,于 1944—1945 年随其他部队在意大利"参与实战",并在特种部队中列装。值得一提的是,第 52(山地)师从未被部署到山地战场。

英军的冬季和山地装备，1940—1943 年。

✦ 基本山地作战战术，挪威，1940 年

1. 挪威陆军步兵

虽然从外观上来看，这套束腰制服的款式较老，但它穿起来既温暖又舒适，而且配有不少根据"在挪威地形和气候条件下进行日常户外活动"的经验设计的实用功能部件。最明显的例子就是带帽舌和翻折护耳的山地帽，以及带由皮带固定的"护脚"、可防止雪进入靴子的长护腿。在雪地上，士兵还可穿上白色伪装服。在这套制服中，用皮革制成的腰带和装具是这一时期许多欧洲国家的军队使用的标准装备，但如此"奢侈"并无必要。不过，这名士兵的背包的性能和通用性，优于大多数国家的同类装备。这名士兵携带的步枪是早在 1894 年就已问世的老旧枪械——克拉格-约根森 6.5 毫米侧装弹匣栓动步枪。

2. 山间公路上的伏击防御

这张插图是根据奥斯陆国防博物馆中展示的场景绘制的，表现了 1940 年挪军用于对抗德军的战法（其实这种战法的适用范围很广）。伏击可以预先布置，也可以由撤退中的部队在公路或铁路旁面向进攻方布置。防守方（蓝色）利用陡坡上的"发卡弯"，控制或截断了公路。等到敌方（红色）进入伏击阵地下方的那段公路，侧翼暴露后，防守方就会在敌军纵队前锋到达最佳位置（红线）时开火。此时进攻方往往不得不立即撤退，否则他们就只能冒着侧射火力继续沿公路前进或离开公路，尝试爬上或退下陡坡。

3. 挪军机枪组

虽然挪军步兵拥有丹麦设计的 6.5 毫米麦德森 M1914 和 M1918 轻机枪，但他们装备的重型武器就少得可怜了。这挺水冷式 M29 机枪与柯尔特 Colt M28B 机枪很相似——基本上沿用了 1917 年勃朗宁的设计方案，采用 250 发帆布弹链供弹。此外，该机枪还配有平射和高射枪架。

4. 步兵排向上攻击

　　这张插图是根据德方文献中记录的战法绘制的，图中的这种战法有很广的适用范围。一开始，进攻部队会先对敌军阵地（红色）进行侦察（最好借助昏暗光线或恶劣天气的掩护）。接下来，一个轻机枪组前出进入合适的阵地并开火（蓝色）。此时步兵排的其余人员会在轻机枪超越射击的火力掩护下，进入敌方火力的死角位置，然后再向前进入下一个死角位置，逐步推进。如果因地形条件制约而无法实施这种战术，轻机枪组就需要从侧翼提供火力掩护，或者利用进攻部队特意让开的火力通道实施火力掩护。

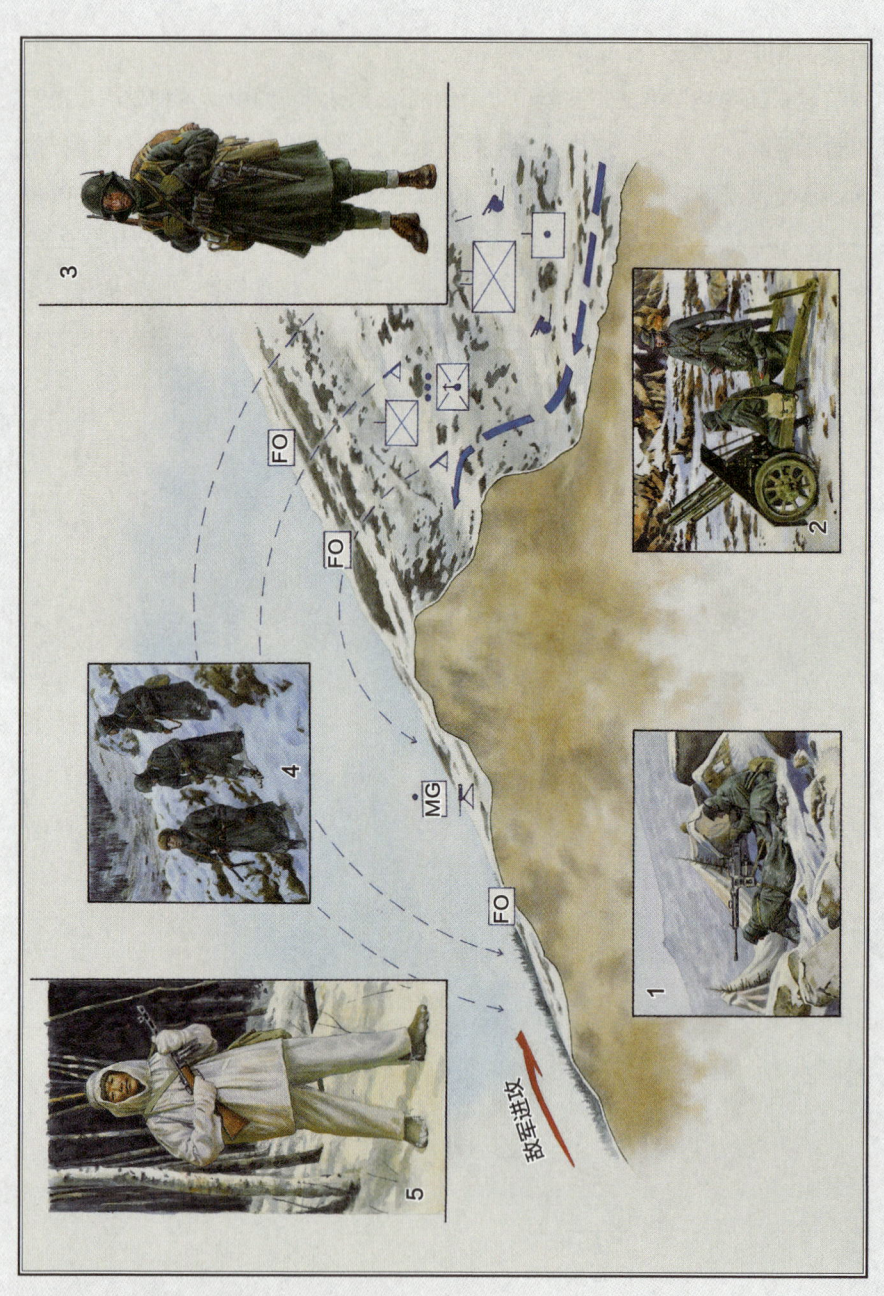

山地防御，1941—1945 年。

✡ 山地防御，1941—1945年

　　这幅插图是根据英军《山地作战手册》（1943年）中的内容绘制的，但图中所介绍的战术的基本原则在一战期间就已被"提炼"出来，并得到了广泛应用（在20世纪30年代后期发布的德国文献中，可以找到类似的说明）。在这张图里，我们展示了"意大利俄罗斯远征军"中的山地部队对这些基本原则的运用。意大利俄罗斯远征军中有三个山地师：第2山地师"特里丹蒂纳"、第3山地师"尤里亚"和第4山地师"库内奥人"，每个山地师下辖两个山地兵团和一个山炮团。图中的守军在山上构筑了阵地（在为己方提供安全的观测哨所的同时，还以火力控制了周边区域），以阻止敌军通过道路和山口。在山坡的正斜面，守军只布置了前进观察员（FO）、狙击手、机枪班（MG）和小型侦察巡逻队。机枪（小插图1，8毫米菲亚特-雷韦利M35）所在的位置既能对沟壑和山谷进行正面射击，也能横跨前沿阵地对敌军的散兵线实施纵射。机枪不是架设在半埋掩体中，就是架设在可免遭敌人俯射的位置上。守军的主力（在本图中是一个步兵营和一个炮兵连）位于反斜面的掩体中，随时准备实施反击或增援山脊和前沿阵地。迫击炮能够对防线前方或前沿阵地进行居高临下的打击，支援炮兵所使用的山炮（小插图2，75/18 M34山炮）的射程更远，能从主要预备队区域越过山脊打击敌军交通节点和路线，侦察巡逻队（小插图4）事先标定的敌军潜在出发阵地，以及意外出现的目标。守军利用便道或经过修整的道路连通了前沿阵地和后方阵地，以便提供补给（蓝色箭头），人员和物资都可通过这些道路实施快速机动。

山地兵军士长（小插图3）

　　虽然意军在东线唯一的滑雪营（"切尔维诺峰"滑雪营）领到了雪地伪装服和白色帆布织物装具，但大部分山地兵都只有统一配给的制服。图中的山地兵军士长的制服与普通步兵只有几点不同：马裤、两双长筒袜和山地靴，以及为方便机动而裁短的大衣。"帽子上的乌鸦羽毛是意大利山地兵引以为傲的标志"，

他们甚至会将其固定在钢盔上。用于固定乌鸦羽毛的凸耳有三种颜色——红色、白色或绿色，它们分别代表每个团的三个营。意军的山地部队曾被部署到法国和巴尔干半岛，但后来这些部队在南斯拉夫和苏联伤亡惨重。

苏联红军侦察兵，1942年（小插图5）

这名冲锋枪手穿着"精良的专用冬季服装"。苏联红军吸取了冬季战争的教训，而从西伯利亚前线西调的部队（与其对峙的日军并不活跃）尤其适应在冬季作战。图中的这名士兵穿着絮棉冬季上衣和裤子，头戴羊皮帽，脚踩厚毡靴，其衣服外面还套了一件轻薄宽松的白色雪地伪装服。除了一个充当多用途挎包的防毒面具袋（当他置身于树林中时，这个袋子实际上有助于改变他的轮廓）之外，他所有的装具都穿在雪地伪装服里面。

德军滑雪部队的小技巧，1942—1944 年。

✥ 德军滑雪部队的小技巧，1942—1944年

这些从战术手册上摘取的示意图经过了部分修改，以体现德国山地轻步兵的制服和装备。

1. 滑雪时用两条背带固定步枪的方法

除了图中展示的方法外，还有另一种携带步枪的方式——将步枪斜挎在背后。不过，在携带山地部队帆布背包时用两条背带来固定步枪更方便。需要注意的是，一条背带要放到最长，而另一条背带则保持束紧状态。

图中这名士兵穿着白色的雪地迷彩连帽上衣和与之相配的长裤。因为苏军也使用了白色的雪地服，所以德军会通过在袖子上套不同颜色的布制臂箍的方式，来快速识别敌我。

2. 跪姿投掷手榴弹

这张图片展示了如何以跪姿投掷手榴弹：左膝在前，朝着投掷方向，同时右膝着地起到稳定作用；左手不仅要握持步枪，还要拉动手榴弹的拉火环。

3. 使用两根滑雪杖作为枪架

这张图片展示了如何用两根滑雪杖充当枪架：将两根滑雪杖交叉固定在地面上，把一根滑雪杖的腕带套在另一根滑雪杖上，然后用左手将它们一起握住。

4. 用一根滑雪杖作为枪架

这张图片展示了如何用一根滑雪杖充当枪架：把滑雪杖的腕带套在左手上，然后再把滑雪杖当成单脚架来使用。

图中这名士兵在他的山地帽上套了一个相当难看的白色弹性帽套——德军下发这种帽套的目的，是让士兵不必为了伪装而成天戴着影响视觉和听觉的兜帽。

5. 跪姿使用两根滑雪杖作为枪架

士兵在跪姿射击时，如果不脱掉滑雪板，就需要有技巧地将腿向侧面伸展。

6. 匍匐射击

图中这名士兵使用的是MG34机枪。请注意，机枪的两脚架被拴在一只雪地木绳套鞋（这种鞋子是部队配发的）上，以防止其陷入雪中。

侧视图　俯视图

敌军进攻

德军防御阵地，苏联，1941—1942年。

106

德军防御阵地，苏联，1941—1942 年

1. 营阵地

　　这是《冬季战袖珍手册》中记录的典型防御布局。因为德军部队往往缺乏足够建立连续防线的兵力，所以其"防御体系"大多由一系列独立阵地组成。德军常在铁路线两侧，以及附近有村舍的地方（以便士兵在后方有房屋可住）构筑阵地。这样的阵地可能会形成纵深梯次配置，以便相互支援，并制造"难以靠一次攻击突破的防御地带"。本图中靠之字形壕沟连接起来的一系列坚固据点（蓝色圆点）形成了"全方位防御体系"，德军会在其外围根据积雪的深度来架设带刺铁丝网。只有部分守军会被部署在前沿阵地，而强大的预备队（R）则会留在后方掩体内，以躲避敌人的攻击和风雪。除了主干道外，守军还修建了支线道路网（浅褐色线条），以便补给物资和让预备队快速前出。守军通过这些道路，"可以比进攻的敌军更快获得生力军增援"。

2. 带刺铁丝网

　　在冻土上打桩是一件很艰难的事，所以守军通常只能把防御用的带刺铁丝网固定在积雪上。本图中的这种靠木制三脚支架撑起来的"围裙式铁丝网"障碍（2a），可以预先大量制作，然后再根据需要从后方运到前线。安装时，可以先将三脚架放平，然后在上面钉上一整段带刺铁丝网，最后再将其支起来——较长的斜桩朝着敌人的方向。

　　用木制框架撑起来的"蛇腹形铁丝网"（2b）比"刀架式"（Knife Rests）铁丝网更为适合在雪地上使用，因为前者对地面的压力较小，不容易陷进积雪里。

3. 德军士兵，1941—1942 年

　　众所周知，德国国防军未能在 1941 年年末的降雪开始前为士兵提供足够的冬装，图中这名士兵在标准制服之外添加的物品基本上都是临时拼凑的。

毛织的头套（Kopfschutze）是官方下发的物品——这个人拿到了两件，他把它们叠在一起套在他的野战军帽上。能搞到制式军大衣的人都会选择比自己体型大两号的大衣，以便在大衣下面多穿几层针织套衫，并用绳子将报纸"保温层"捆扎在身上——德军的手册里还配有"说明具体捆法的示意图"。为了保暖，图中这名士兵还用布条将大衣的下摆牢牢捆在腿上。与此相似的是，德军士兵还会尽可能穿超大号的制式行军靴，以便在靴子里塞进"俄国式的裹脚布"和更多报纸或稻草。因为执行的是静态勤务，所以图中这名士兵穿着当地人用稻草编制的船形套靴。请注意，图中的一只靴子有高帮，一只靴子没有高帮，它们显然不是"一对"——这是根据真实照片绘制的。

4. 德国哨兵，1942年

图中这名士兵的装备，得到了一定的改进。他获得了一顶毛皮帽（Pelzmütze），这顶帽子带有保暖衬里、附加的带毛皮衬里的帽檐，以及护耳和护颈。和大多数帽子一样，这种帽子很适合套在士兵的薄无檐帽外面。这名士兵身上的哨兵大衣（Übermantel）实际上早在1934年11月就列装了德国陆军，但在苏德之战的第一个冬天里，其数量不足以普遍配发。这种大衣比制式军大衣更长，剪裁得也更宽松，它不仅有额外的衬里、更大的翻领，还在胸腹位置增设了"暖手"口袋（系上武装带后，就不能使用这些口袋了）。此外，这种哨兵大衣的衣领后面还有一个用纽扣固定的折叠兜帽——其材质是轻薄的斜纹布，在严寒气候下毫无用处。图中为执行静态勤务的人员配发的套靴，是以棕色毛毡和黑色皮革制成的，有横跨脚背的固定皮带，木制鞋底厚达3厘米。这名士兵身上的灰色针织羊毛手套也是制式物品。

5. 带雪地滑板的MG34

在德军的任何防御体系中都有一样关键性武器，那就是性能出众的MG34机枪——它的理论射速达到了每分钟800发（通过金属可散弹链或较小的50发弹链盒供弹），可以快速转移阵地，支援防线上受到威胁的地段。

为了避免MG34机枪在寒冷天气下被冻住,在不使用它时,德军会尽可能将其包裹起来并保持干燥。虽然在机枪的扳机上滴几滴煤油就可以使其变得活络,但如果想要给整挺机枪上油,就必须先通过射击来进行预热。这张图上的机枪的两脚架支在一块简易的雪地滑板(就是在一副被截短的滑雪板上钉了一块胶合板)上。这块雪地滑板可以分散机枪的重量,防止两脚架陷进雪里,方便机动。机枪组最好经常转移阵地,因为枪口前方的积雪会因为射击而变色,变得非常显眼。

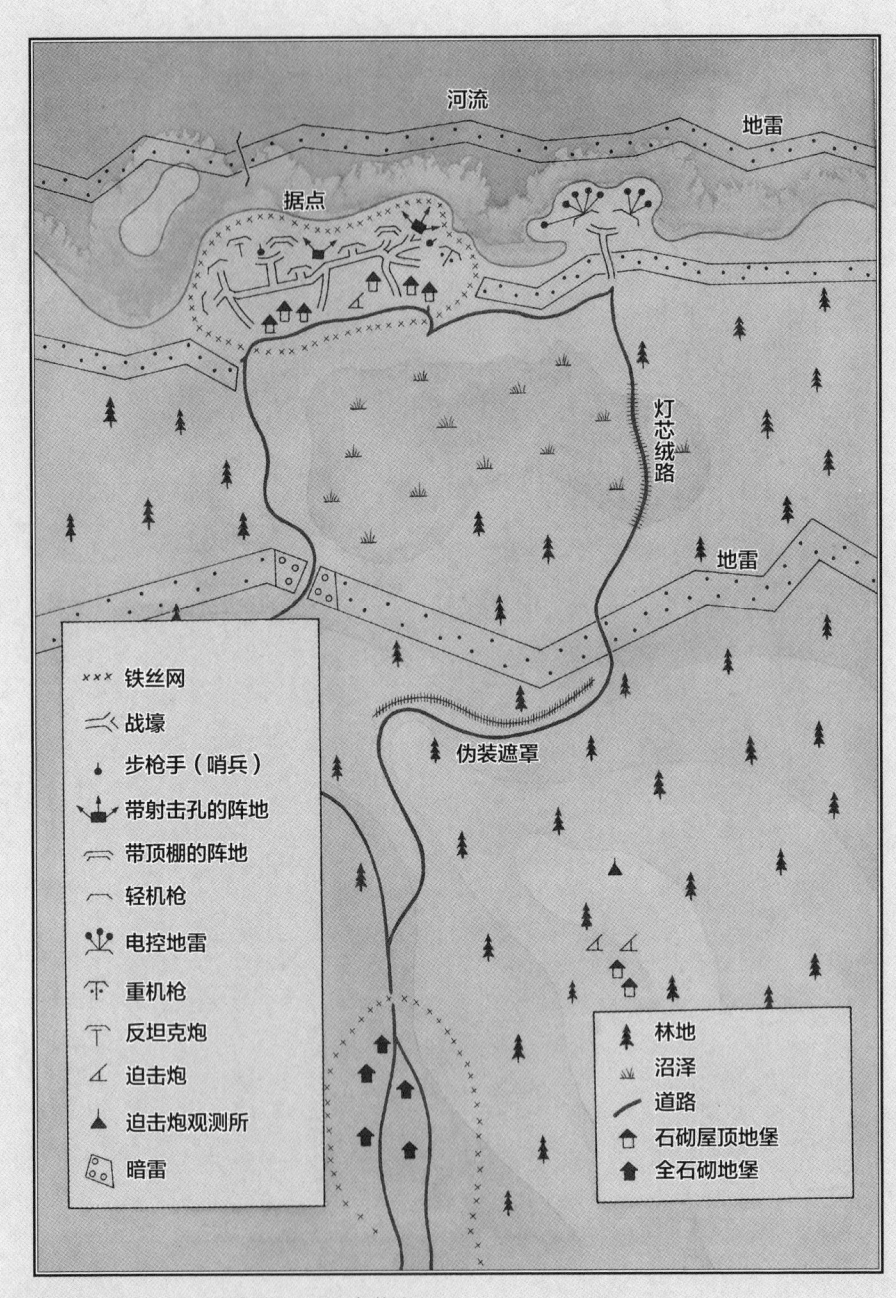

德军的冬季防御阵地，卡累利阿，1943年前后。

图例：
- ××× 铁丝网
- 战壕
- 步枪手（哨兵）
- 带射击孔的阵地
- 带顶棚的阵地
- 轻机枪
- 电控地雷
- 重机枪
- 反坦克炮
- 迫击炮
- 迫击炮观测所
- 暗雷
- 林地
- 沼泽
- 道路
- 石砌屋顶地堡
- 全石砌地堡

地图标注：河流、地雷、据点、灯芯绒路、伪装遮罩

德军的冬季防御阵地，卡累利阿，1943年前后

　　1941年6月德国入侵苏联前夕，由迪特尔（Dietl）将军指挥的德国"挪威山地军"被调动到挪威北部。几天后，这支部队发起铂狐行动，进攻摩尔曼斯克（Murmansk）。虽然得到了芬军援助，但这次行动还是以失败而告终。拼死防守的苏军曾放火点燃森林，还曾从海上登陆，包抄轴心国部队的侧翼。这条北方战线在许多地方陷入僵持状态，德军——此时这支部队的番号已改为第20山地集团军——随后建立了防御阵地，顶住了苏军在1942年发起的攻势。迪特尔将军于1944年6月死于空难，同年9月，受到巨大压力的芬军宣布退出合作，命令德军撤出芬兰领土，并在当月月底开始进攻"先前的战友"。

　　本图中的这个典型的战斗阵地是根据美军情报文献绘制的，德军构筑此阵地的目的是防御北方的敌人对河岸的攻击。冰封的河面和岸边被白雪覆盖的地面，为守军提供了良好的射界。前沿阵地上主要的坚固据点都配有铁丝网和雷区，形成了全方位防御。战斗阵地（见图例）得到了常规地雷和电控地雷的保护。这些雷区极有可能被经验丰富的侦察兵发现。在后方某处，供轮换人员和增援部队通行的道路也做了伪装，其两翼埋设了特别隐蔽的暗雷。可直接投入战斗的预备队住在据点后方有石砌屋顶的地堡内。在战地纵深处的另一条雷区后方，还有81毫米迫击炮和被铁丝网包围的坚固全向防御地堡。连接前沿阵地和后方阵地的道路包括一条穿过沼泽，用木头铺成的"灯芯绒路"。另外，还有一段道路上的车流和人流被一道伪装遮罩遮蔽了起来。

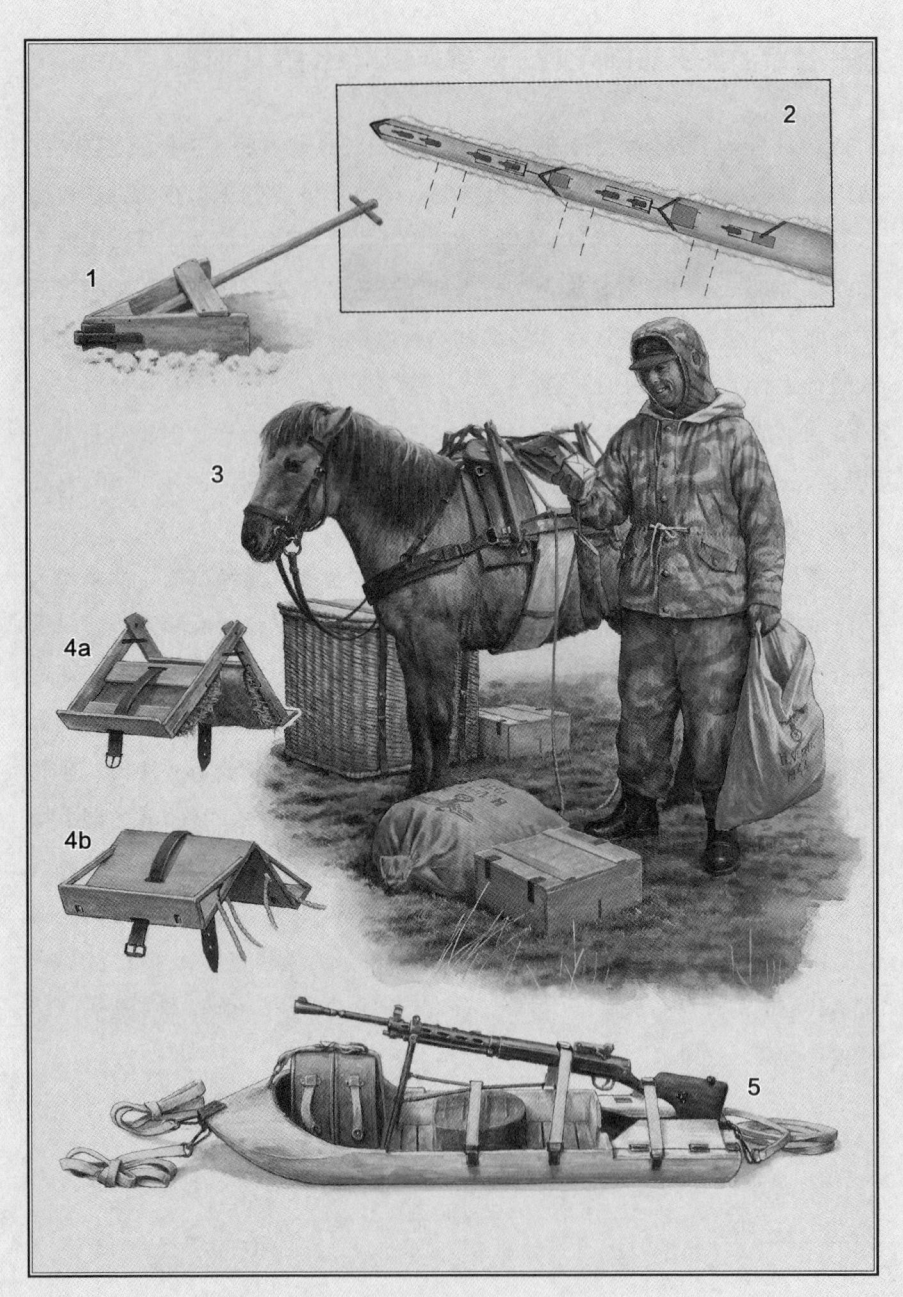

雪地运输，1942—1945 年。

112

❈ 雪地运输，1942—1945 年

在冬季作战和山地作战的困难条件下，为前线补充弹药和口粮等必需品始终是个大问题，各国军队为此都不得不动用大量人力、畜力和时间来建立和维持补给线。

1. 德军的简易雪犁

本图是根据 1942 年版《冬季战袖珍手册》绘制的。图中这种简易的雪犁是用木头制作的，它的前面带有一个角铁犁头，适合清扫深度不超过 50 厘米的积雪。

2. 使用雪犁

道路上的第一具雪犁是由两匹马一起推动，而不是拉动的。在其后方约 100 码处（红线标注），是两具各由两匹马拉动的雪犁，其中一具雪犁负责压实路面，一具雪犁负责拓宽路面。最后，是一具由一匹马拉动的单侧犁——负责将剩下的积雪扫到一边。

3. 德军的驮马，1943—1944 年

德军"专业山地师"的官兵全都受过使用骡子和小型哈夫林格马的训练。例如，每个 175 人制的山地炮兵连的编制内都有 68 头牲畜，用于驮载全连的 4 门 75 毫米炮（这种炮可拆分成 8 个部件来进行运输，每门炮都配有 40 发待发弹）。

苏联的秋雨、冬雪和春季解冻都会限制机动车的运输能力，东线的所有德军部队都不得不学会使用当地的潘吉马来牵引雪橇。图上这个在巴尔干半岛或苏联作战的士兵，正在从一匹当地的小矮马身上卸货。请注意这匹马身上的制式 M23 驮鞍（Tragegestell），这种通用的金属框架上配有钩、环、夹具和架子，可以搭载各种货物和容器，包括被广泛用于装载一般货物的大型

柳条筐。此外，M23 驮鞍还有各种专用配件，几乎任何东西都可以通过绳索拴在这种驮鞍上。M23 驮鞍的自重并不轻，但是据德国人估计，一头骡子装备了该驮鞍后还可以运输约 100 千克重的货物，一匹小矮马装备了该驮鞍后可以运输约 80 千克重的货物。

图中的这名士兵正在卸载一些冬季生活用品，例如干汤料或巧克力饮料——它们被装在一个饲料袋里，和一箱手榴弹一起被运到了前线。图中展示的冬装（从 1942 年年末至 1943 年年初的冬季开始发放的）的质量，远好于以往型号的冬装。这种冬装的正面印有陆军的迷彩印花图案，反面则是白色的（可用于雪地伪装）。这名士兵穿着絮棉连帽冬季大衣和配套的裤子，大衣里面还有一件宽松的带兜帽的斗篷。请注意与服装搭配的连指手套，"有些手套会特地分出一指用于扣扳机"。这名士兵把裤脚塞进了由皮革和毛毡制成的冬靴里——这种靴子是为了替代行军靴而设计的，不适合套穿。

4. 简易的驮鞍

本图中的"4a"和"4b"是两种简易的驮鞍。因为 M23 驮鞍通常只会配发山地部队，所以德军在《冬季战袖珍手册》中用插图的形式介绍了一些简单的替代品——部队可以用废木头来制作，再配上皮革或帆布带并填充稻草。德国国防军大部分非机械化部队的编制内都有数以千计的挽马，但是这些部队在苏联境内过冬后，如何补充损失的挽马始终是一个难题。

5. 苏军的"雪地舟"

苏军主要使用两种小型的"雪地舟"（Volokusha。这类通用货运平台可以由滑雪者或雪橇犬牵引，携带中等重量的货物通过积雪深厚的地区或沼泽地）：一种小型"雪地舟"是用胶合板制作的尖头雪橇，配有用于固定牵引绳和捆扎绳的环首螺栓及搭扣，其后部还有带铰链的隔舱盖；另一种小型"雪地舟"也是用木板制作的，其两头都是尖头，操作起来更方便。

1941 年，苏军在相关作战手册中用插图的方式介绍了一些"雪地舟"的使用方法，包括像本图所展示的这样，在"雪地舟"上安装一挺DP轻机枪及其弹药箱。另有一些插图显示，士兵还可以匍匐在"雪地舟"上面或侧面，在不卸下轻机枪的情况下作战。

注释

1. 另外,也可参考鱼鹰出版社出版的《二战步兵战术:班和排》(精英系列 105)和《二战步兵战术:连和营》(精英系列 122)。

2. 有关美国轻步兵师理念的发展,可参考《美国第 10 山地师第 482 步兵团》。

3. 可参考鱼鹰出版社出版的《芬兰战争,1939—1945 年》(精英系列 141)和《曼纳海姆防线,1920—1939 年》(堡垒系列 88)。

4. 参加了战斗的法军步兵只有贝图阿尔(Béthouart)将军指挥的第 1 轻猎兵师的 9 个营 [阿尔卑斯猎兵第 27 半旅、外籍军团第 13 半旅和希什科(Szusko)将军的自由波兰第 2 半旅和第 14 半旅]。阿尔卑斯猎兵第 5 半旅在纳姆索斯登陆,未经一战便撤退回国。阿尔卑斯猎兵拥有山地专用的滑雪衫、靴子和护腿,外籍军团和波兰的战士则领到了混杂着装甲兵夹克与短羊皮大衣的临时应急装备,不过登山背包和雪地鞋还是人人都有的。

5. 可参考《二战期间的美国第 10 山地师》和《第一特种部队,1942—1944 年》。

参考书目

Anon:

German Ski Training and Tactics (US Military Intelligence; Washington,1944)

Military Improvisations during the Russian Campaign (Center for Military History, ashington; report series, r/p 1983)

Mountain Warfare (US Field Artillery School; Special Bibliography 62, 1979)

Taschenbuch für den Winterkrieg (OKH Nr 2300, August 1942)

Armstrong, R.N., & Welsh, J.G. (eds), *Winter Warfare: Red Army Orders and Experiences*(London, 1997)

Békési, László, & György Török, *Stalin' s War: Soviet Uniforms and Militaria 1941-45 in Colour Photographs* (Ramsbury, Wilts, 2006)

Brayley, Martin, & Richard Ingram, 'Le Corps Expéditionnaire Britannique en Norvège, 1940' in *Militaria* No.117 (Paris, April 1995)

Brayley, Martin, & Richard Ingram, *The World War II Tommy: British Army Uniforms European Theatre 1939-45 in Colour Photographs*(Ramsbury, Wilts, 1998)

Krawczyk, Wade, *German Army Uniforms of World War II in Colour Photographs* (Ramsbury,Wilts, 1995)

Krawczyk, Wade, & Bart Jansen, *The German Army Mountain Soldier of World War II* (Ramsbury, Wilts, 2009)

Pabst, H., *The Outermost Frontier* (London, 1957)

Rottman, Gordon L., *The US 10th Mountain Division in World War II*,Men-at-Arms 482 (Oxford, 2012)

Shelton, P., *Climb to Conquer* (New York, 2003)

Trotter, W.R., *Frozen Hell: The Russo-Finnish War of 1939-40* (Chapel Hill, r/p 2000)

Tsouras, P.G. (ed), *Fighting in Hell: The German Ordeal on the Eastern Front* (New York, 1995)

Vauvillier, Francois, 'Des Soldats Francais en Norvège' in *De Bello* No.3(Paris, Spring 1974)

二战步兵反坦克战术

第二部分

世界上第一种专用反坦克武器：德国于1918年生产的大型13.2毫米单发栓动毛瑟反坦克枪（T-Gewehr）。该枪位于前护木末端的枪管箍上，还可以安装一个两脚架作为支撑。

引　言

无论是在进攻中，还是在综合反坦克防御战中，步兵与坦克都不可分开。几乎是在坦克刚刚投入实战的时候，这一理念就已被大众所认同，并成为坦克战和反坦克战的基本准则：

没有步兵伴随的坦克无法取得决定性的胜利。坦克必须得到步兵的支援，只有步兵才能肃清并守住攻占的阵地……如果防线被（敌方）坦克突破，（己方）步兵必须坚守阵地，集中全力阻击敌方步兵，而敌方坦克则由我方火炮应对。因此在所有的反坦克防御计划中，必须优先考虑击退敌人的步兵。

这段表述来自美国陆军的《反坦克防御战指南》（Instructions for Anti-tank Defence），出自一份英国官方文件。除了所用的专门反坦克武器不同外，这些理念在整个二战期间也未曾变过。

在二战爆发时，多数参战国家的军队都有一套基本完整的反坦克学说。其中致命的缺陷是，没有充分认识坦克在大规模合成化部队中能发挥的作用。法国人完全寄希望于其部署在纵深的、穿甲能力不足的反坦克炮。1940年，德军以七个装甲师出乎法国人意料地突破了防守薄弱的阿登地区，瓦解了法国的防御体系。在实现突破之后，德军深入到法军后方，完全打乱了法军的部署。此时法国人仍然把坦克视作步兵的支援武器，没有把坦克集中起来并为之提供其他兵种的支援，以机动对抗德军的突破。

德军于1940年发动的"闪电战"也令其他国家的军队感到恐慌，随后大西洋两岸都在寻找与之抗衡的办法。实际上，这种恐慌被夸大了，以至于有人相信步兵部队面对坦克只能坐以待毙。这些军队的规划委员会通常只关注坦克本身，而没有考虑到德国军事学说中有关诸兵种联合的方面——成功的坦克防御战必须通过多兵种联合作战来实现。

反坦克武器与战术在整个二战期间都处于不断演变的状态，坦克性能的改进、装甲战术的进化、新领域的革新，以及多兵种联合作战战术的全面发展都推动了这一进程。反坦克武器发生了巨大变化：人们需要不断寻找更致命、更精准、射程更远，以及结构更紧凑和更轻便的武器。虽然坦克设计的改进和装甲防护的增强极大地影响了反坦克武器的发展,但其他因素也在其中起到了重要作用。

坦克的威胁

从 1916 年 9 月英国军队首次在欧洲西线战场使用坦克以来，步兵就视坦克为一种能令人崩溃、令防线瓦解的"恐怖"武器。考虑到当时并无有效的反坦克武器，这种想法是可以理解的。

要了解反坦克武器和战术的用途与局限性，就要先熟悉坦克的用途与缺陷。在二战期间，坦克的设计飞速发展，各个型号的坦克的特征差异大到了令各方都很难进行统一归纳的程度。在进行任何有关坦克的总体优势和缺点的讨论时，我们都必须注意，这些优势和缺点在某些细节或某种程度上并不适用于所有坦克。

二战期间，不同坦克的设计与性能千差万别。1941 年，德国的这辆四号坦克 Ausf F 型是当时典型的中型坦克。它最厚的装甲（50 毫米厚）位于车身和炮塔正面及炮盾处，其炮塔侧面和后面的装甲厚度为 30 毫米，车身正面倾斜装甲的厚度为 25 毫米，车身侧面和后面的装甲厚度为 20 毫米，车身顶部的装甲厚度为 15 毫米，炮塔顶部的装甲厚度为 10 毫米。在二战初期，它使用专为支援步兵而设计的主炮——7.5 厘米短管炮，这种炮通常被用于摧毁野战防御工事。到 1943 年，它的定位发生改变，开始换装长身管高初速主炮，用于对抗苏联以 T-34 为主的新一代坦克。

侧视图

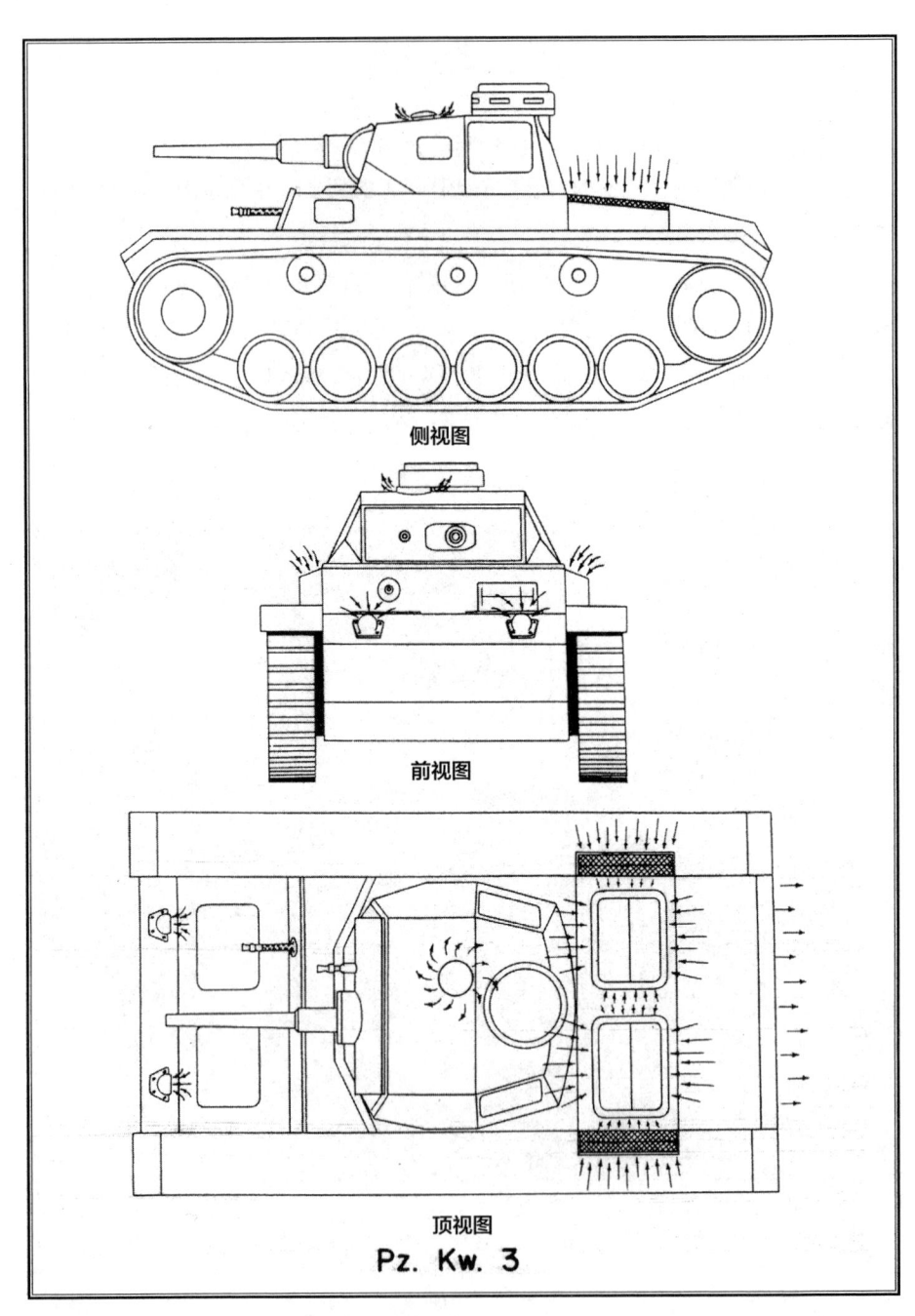

前视图

顶视图

Pz. Kw. 3

除了直接击穿坦克装甲，还可用其他方式来攻击坦克的某些弱点。这张来自美国的情报图片，显示了德国三号坦克车组人员的位置、发动机的通气口和排气口。这些开口容易成为燃烧弹、烟幕弹和毒气弹的攻击目标。

在二战爆发时，轻型坦克是最常见的坦克类型。轻型坦克重6—15吨，装甲相对较薄（容易被1939—1941年间的一般反坦克炮击穿），它们一般有2—4名车组成员，通常会装备一门37毫米主炮（有的也会只装备机枪）。而使用双人车组的"小型坦克"——重2—6吨，只装备了机枪，容易被穿甲弹和手榴弹击穿——被迅速淘汰，只有日本和意大利军队一直在使用。

轻型坦克的主要用途是侦察，并担任重型坦克的"轻骑兵护卫"。然而在不太富裕的国家里，轻型坦克是其军队主要的作战坦克。随着二战的进行，轻型坦克因为容易损失而地位下降，但因为具有较高的机动性和速度，因此其在执行侦察任务方面依然地位稳固。一些轻型坦克被转去执行次要任务，但也有新的"轻型坦克"投入实战，不过这些坦克实际上拥有等同于二战初期中型坦克的性能。

中型坦克拥有更厚的装甲，通常能无视轻型反坦克炮的攻击，在某些情况下甚至能抵御中口径反坦克炮的攻击——至少它们的正面装甲可以。中型坦克一般重15—30吨，装备了口径为47—76毫米的主炮，车组成员为4—5人。中型坦克经常被视为一种支援坦克，以更大口径、更远射程的主炮来为轻型坦克提供支援。二战初期，中型坦克相比于其他坦克而言，速度较慢。

中型坦克被认为具有最全面的能力，能在一定程度上抵御反坦克炮，能机动作战，能提供火力支援，也能与其他坦克交战。因此在二战期间，得到各国关注的中型坦克的性能又逐步得到了升级——在装甲与速度获得提升的同时，尽管中型坦克主炮的口径很少超过76毫米，但其射程和穿深却有了很大提升。而在二战后期，以"通用坦克"为特点的中型坦克，在数量上已经远远超过了其他类型的坦克。

中型坦克的一个细分类别是"步兵坦克"，这是两派对立学说的斗争产物。有些装备规划者认为，应该为军队提供两种不同的坦克：一种用于对抗其他坦克（在英国术语中，称其为"巡洋坦克"），另一种用于支援步兵推进。后者需要更厚的装甲，且需要安装一门用于摧毁敌军阵地的主炮。另外，步兵坦克的速度很慢，因为它们只需要能跟得上步兵前进的速度即可。

尽管在二战初期某些重型坦克已经出现，但它们的战术用途却未经过成熟的考虑。它们安装了多门火炮，装甲厚重，速度很慢，而更有战斗力的重型坦克在二战中期才出现。当时的坦克设计师为了给88—122毫米的重型高速火炮设计一个机动平台而绞尽脑汁，他们希望重型坦克能在远距离击毁任何坦克，同时拥有可以无视任何中型坦克主炮和步兵反坦克武器的装甲。重型坦克通常十分沉重（55—77吨），其越野能力甚至公路机动能力都相对有限，且无法通过大多数桥梁。重型坦克在战场上出现的数量不会很多，但是在技能熟练的部队手中，重型坦克也能发挥关键性作用，有时甚至还能发挥决定性作用。

除坦克外，步兵部队会遇到的其他类型的装甲战斗车辆（如装甲侦察车、装甲巡逻车、半履带人员输送车和坦克歼击车等"轻型装甲车辆"），大多数都经不起轻型反坦克武器的攻击。两种能对坦克造成相当大的威胁的装甲战斗车辆——突击炮和坦克歼击车——都是在坦克的底盘上制造的，因此它们具有和坦克相同的机动性。突击炮没有可旋转的炮塔，其主炮（一些身管更长、具备反坦克能力的火炮）被安装在车身上层的重装甲结构中，这导致其射界受到了较大限制。有的坦克歼击车拥有可旋转的炮塔，但这种炮塔经常没有顶部装甲，再加上坦克歼击车的装甲也比坦克的装甲薄，所以它们主要依靠速度或隐蔽来确保自身的生存。

任何坦克只要被敌人发现，他们就能找到合适的武器将其击中并摧毁。这张照片中的德国"黑豹"坦克45毫米厚的侧面装甲被一门75毫米火炮打了一个洞，其车组成员可能都已被杀死了。请注意这辆坦克炮塔侧面挂着的履带和车身侧面悬挂的裙板，它们是用来提前引爆火箭弹以保护主装甲的。

坦克的履带和悬挂很容易被地雷和其他无法击穿车身的武器破坏。损坏的悬挂部件通常需要车组成员自己更换（如果他们在战斗中幸存，并且无须遗弃坦克的话）。很显然，这项工作无法在战场上进行。这张照片是在诺曼底拍摄的，照片中的英军车组成员正在为一辆谢尔曼坦克更换负重轮。在更换好负重轮之后，车组成员还需要进行更长时间的繁重工作——更换履带节和调整履带张紧度。（帝国战争博物馆）

坦克的基本特性

坦克是一种进攻性武器，被设计用于成群地投入战斗，以发挥其装甲防护、火力和机动性的优势。坦克能够在最低限度上保护车组成员免受机枪和轻武器、炮弹碎片和人员杀伤地雷的伤害。对于来自反坦克炮、其他坦克、迫击炮和火炮炮弹的伤害，坦克也能为车组成员提供不同程度的防护。坦克能够穿越崎岖地形和密林地区，也能突破反人员及反轻型车辆的障碍物和城镇地区的废墟。但是任何优点的另一面都是某种缺点。

尽管坦克能对身处开阔地的步兵造成巨大的心理压力，但它们并不是那种不可战胜、不可阻挡的喷火怪物。如果某些条件对步兵有利，如果步兵指挥官做出一系列正

无论坦克的装甲有多厚，坦克车组成员都会竭力增强其针对反坦克火力的防护。在这张照片中，美军的一辆斯图亚特 M5A1 轻型坦克的车身正面绑有履带节、沙袋和一个负重轮，其炮塔侧面还绑上了更多的履带节。车身正面的锯齿状附件是美军的战地自制铲刀，用来劈开诺曼底地区的树篱土坝。请注意这辆坦克履带的外缘加装了"掘地齿"，这样的改装可加宽履带并减小对地面的压力。

确的评估和决定，如果步兵拥有必要的机敏与决心，以及如果形势有利于步兵利用多变的地形和不断变化的战术态势，那么可以说，坦克浑身都是弱点。

坦克体积庞大，动静也很大，因此难以隐蔽。不管采用了哪种有效的迷彩涂装，或者覆盖了多少的植物，坦克一旦动起来（尤其是在容易扬起灰尘的干燥土地上）就会留下显眼的痕迹。甚至在密林中，坦克都很难躲过空中侦察，因为它通过时留下的履带痕迹很容易被发现。

在战区集合或重新部署坦克并不容易，即便是使用重型公路运输车或列车长途转移坦克也需要耗费相当多的资源。如果由坦克自己进行长距离履带行军，那么即便对通行道路进行过升级，也有较大可能导致坦克在参加战斗之前发生大量的机械故障。而且坦克作战需要庞大的后勤支持，包括为其提供专业的维修人员、备件、野战维修设施、回收车辆，以及燃料与弹药供给保障。

坦克的防护和缺陷

军队设计坦克的初衷，是为了给某些武器及其操作人员提供一种带有装甲防护，能在敌军火力之下越过障碍物的工具，因此装甲是坦克的决定性优势之一。

坦克的装甲不是统一厚度的。通常，坦克上装甲最厚的地方是炮盾（为炮塔上用于安装火炮的开口提供防护的部件）、炮塔正面的其他部分，以及车身正面。坦克车身正面的装甲厚度存在很大差异：首上装甲——车身正面向下倾斜的部分——比正面下方的首下装甲厚；厚度其次的是炮塔的侧面装甲，再次是车身侧面的前部和中部装甲，尤其是履带以上的部分；履带"后面"或"内侧"的下半部分的装甲会更薄一些（由于位置较低，这里很难被击中，而且履带、负重轮和托带轮也提供了一定程度的防护）。炮塔后方的装甲比炮塔前方的装甲薄，但它仍比车身侧面大部分地方的装甲厚。坦克的腹部，除了最前面的部分，都相对较薄。坦克的发动机舱顶部有重型装甲格栅提供保护，但这种装甲格栅不太能防得住炸药包和燃烧弹的攻击。

坦克装甲的构造也是影响防护性能的因素之一。均质装甲在整个厚度上保持一致，而表面硬化装甲的表层比其内部更硬。坦克车身和炮塔可以用装甲板铆接或焊接起来，也可进行整体铸造。螺栓连接和铆钉连接的效果最差，因为炮弹的撞击会使装甲板弯曲并松动，在撞击时"弹出"的铆钉会跟子弹一样致命。焊接装甲的效果较好，但也不如铸造装甲。二战时期，很多坦克开始装备倾斜装甲，其目的是让来袭的反坦克炮弹发生偏转。倾斜装甲大幅提高了坦克的防护效能，降低了装甲的厚度，减轻了坦克的重量。此外，坦克的外形设计也受到了更多关注，比如各国都在尽量减少炮塔上的过于凸出的部分和"窝弹区"。

南非第6装甲师的一辆谢尔曼坦克正在渡过意大利的一条河流。坦克的涉水深度是有限的（很少能超过3英尺）。在加装了防水和涉水套件后，坦克可以应付更深的水障，但安装相应套件要耗费较长的时间。坦克一旦涉水，某些舱口和开口就不能打开，而且炮塔往往也无法转动，火炮更无法俯видеть。水障的阻挡效果不仅取决于水是否够深，河两岸是否够陡峭，还取决于河床是由泥土还是由岩石构成的，河两岸是否毗邻沼泽地——这些因素的存在都能让较浅的水障变得无法穿越。

除了坦克本身的装甲外，坦克车组成员还经常设法为坦克增加额外的防护，包括在炮塔和车体外部安放备用履带和负重轮，在车身上固定一些沙袋，在车身侧面加装金属网或金属裙板（用于削弱空心装药炮弹的攻击效果），以及加装用于对付磁性反坦克雷的木板。

不管装甲的厚度、结构与外形如何，一辆坦克总归要为乘员出入、武器安装、瞄准、观察、通风，以及外部配件、发动机和其他机械部件设置开口。也就是说，至少驾驶员位置上方需要一个舱门，炮塔内的乘员也需要一到两个舱门。

这些舱门大多在炮塔侧面或后面、履带上方或后方，有时候坦克底部也会加装逃生舱门——二战后期，坦克底部的逃生舱门经常被省略掉，因为在底部加装舱门容易削弱坦克对地雷的防护力。有些坦克的炮塔尾部或侧面，会留有一个用于装载弹药或抛掉弹壳的小舱门；有些坦克会在炮塔侧面设置可供手枪、冲锋枪射击的射击口，并在炮塔顶部设置供信号枪射击的开口。早期的坦克还在车长的指挥塔、炮塔侧面和其他位置开了几道观察缝，并为驾驶员提供了一个百叶窗式的观察口，但这些地方都容易受到轻武器的集火攻击。敌人甚至可以用信号枪朝这些观察口射击，从而令坦克车组成员"变成盲人"。随着时间的推移，坦克开始广泛使用潜望镜和加装了防弹玻璃的观察口，不过它们同样容易被炮火破坏。

早期的坦克设置了足够多的小型开口（主要用于通风），但这些地方容易受到火焰、烟雾和催泪瓦斯（这些都是早期常见的"反坦克工具"）的影响。后来，各国都对这些小型开口进行了改良，为坦克提供了更好的防护，比如为通风口加装防护设施——通常还会一并安装强制通风系统（可用于进气和排气）。

机动性的限制

尽管坦克具有较强的越野机动性，能应付崎岖地形和障碍物，但这也是有限度的。坦克的弱点之一就来自于它的一个重要特点：它的履带是一条"柔性带子"（履带板之间是用销子连接起来的），极度不平的地面和剧烈的机动可能会使履带从导向轮上脱落，而地雷、炮弹或特殊障碍物甚至会破坏坦克履带。

许多坦克的动力相对不足，这对它们的速度、机动性及面对障碍物和崎岖地形时的越野能力造成了较大影响。二战时期，大多数坦克的最高速度为每小时12—15英里。在驱动坦克高速行进时，发动机经常会过热。而且，磨蚀性、堵塞性灰尘造成的发动机损伤也是一个持续存在的问题。因此，坦克发动机的寿命较短，需要频繁维护和更换。坦克发动机的油耗是以"每英里多少加仑"而非"每加仑多少英里"来计算的，高油耗是限制坦克作战范围的因素之一。坦克使用汽油或柴油作为燃料。汽油发动机需要进行的维护工作较少，但却因需要频繁补充燃料，而较容易发生事故。柴油发动机虽然造价较高，但其在添加燃料时不容易发生事故，且功重比较大——同样体积的柴油能为坦克提供更广的作战范围。最主要的是，柴油比汽油便宜。

崎岖地形和障碍物造成的麻烦比人们通常认为的要大。陷入泥潭、沼泽地或流沙的坦克可能会被"淹没"。由于离地间隙较小，坦克容易因撞上树桩或巨石而被顶起，从而使部分履带无法抓地。坦克很容易在冰面、泥地、砾石和陡坡上失去抓地力。大多数早期坦克的履带相对较窄，这会造成每平方英寸的履带对地面的压力相对较大，从而削弱了坦克穿越松软地面的能力。使用更宽的履带，或者采用更常见的做法，即在履带外缘加装"掘地齿"（履齿），能减小坦克的对地压力。但更宽、更重的履带会降低坦克的行驶速度，增加油耗，并加快传动装置的磨损。

一辆坦克能翻越多高的人工或自然障碍物，取决于其履带和车身前部的设计。大多数坦克都无法翻越高度超过3英尺的墙壁。如果堑壕与沟渠的宽度超过了履带"接地"长度的三分之一，就能让坦克止步不前。密集的中等粗细的树木，也能阻碍坦克前进。大量缠绕在一起的铁丝网，以及其他碎片可能会卡住坦克的传动装置。长身管主炮在林地和建筑密集区会影响坦克的活动能力，有时甚至会导致坦克无法通行。

坦克歼击车并不是坦克，尽管它采用了坦克的底盘。坦克歼击车的装甲普遍较薄，其炮塔也缺乏顶部防护。坦克歼击车通常被用于猎杀坦克而并非支援步兵，虽然实际上它们也经常执行后一种任务——因为缺乏类似坦克同轴机枪和航向机枪的武器（如照片中的这辆M10），坦克歼击车在执行此类任务时较容易受到攻击。在城市中作战时，所有装甲战斗车辆都被俯仰角度不足的问题所困扰，这限制了其攻击位于高层建筑物中和房顶上的目标的能力。

坦克的武器装备

　　坦克的主炮安装于一个可 360 度旋转的炮塔内；坦克主炮的俯仰角度是有限的。理想情况下，坦克炮应该是一种长身管、高初速，可用于击毁其他坦克的武器。短身管、低初速火炮更常被用来支援步兵——大多数装备短身管火炮的坦克都无法被用来对付敌军坦克。许多军队都抗拒为坦克提供改进型火炮或者口径更大的火炮。虽然表面上有各种战术理由，但各国在坦克上使用低初速火炮的真正原因大多是为了降低制造成本或节约材料。有极少数坦克还安装了一门口径较小的副炮，但这样做带来的复杂性"抵消了多一门炮的优势"。不是所有坦克炮都配有陀螺稳定仪，这大幅削弱了它们在移动中与目标交战的能力。坦克需要停下来瞄准和开火，在此期间它们很容易遭受攻击。影响坦克主武器性能的其他因素还包括炮塔是否具有外部动力，以及瞄准系统的效率高低。

　　坦克的机枪经常被人忽视，但实际上机枪在坦克与敌军士兵和无装甲车辆交战时具有极高的价值。大多数坦克都在主炮炮盾上安装了一挺同轴机枪，有的坦克还在车身正面安装了一挺航向机枪，并在车长指挥塔外面安装了一挺可对空、对地攻击的机枪。偶尔我们还可以看到坦克的炮塔后部或其他不常见的位置也安装了机枪——这多见于苏联坦克和日本坦克。

　　英国和德国在一些装甲战斗车辆上安装了烟幕弹发射器，这种发射器看起来像是"长在炮塔外部的管状物"，能够把白磷烟幕弹抛射到 20—100 码处，以便在坦克撤退时或改变前进方向时迅速制造浓厚的烟幕来隐藏坦克（白磷烟幕弹会释放出燃烧的颗粒物，会给攻击坦克和掩护坦克的步兵带来危险）。

坦克的内部环境

　　坦克的最大战术缺陷是车组成员不仅视野十分有限，还听不到外面的任何声音。为了进行有效的战术协调，坦克之间的通信至关重要。在坦克出现的早期，人们使用手势和旗帜信号来传递信息，而当坦克处于敌人火力下，或者能见度低的时候（如夜间、下雨、下雪、起雾等），就无法使用这类信号。而且使用视觉信号时，坦克车长还要一直盯着指挥坦克以便及时收到命令。无线电的出现，为坦克带来了有效的通信手段。不过，大多数国家只给坦克部队基层单位指挥官的指挥坦克配备了双向电台。至于坦克与步兵之间的联系，则更加困难。在大多数军队里，连以下规模的部队中普遍缺乏便携式无线电设备。即便有的部队装备了便携式无线电设备,步兵与坦克使用的无线电频率又有所不同。因此,当时步兵和坦克车组成员主要通过手势、彩色烟幕弹、信号弹、曳光弹和有限的言语交流来进行协调。不过,步兵与坦克车组成员交流时,仅引起坦克车长注意这一点就很难做到。二战后期,盟军在某些坦克上安装了外部电话,以便坦克车组成员和步兵指挥官交流,但这也不是彻底的解决方案。

1942年2月,英国第5皇家坦克团一辆M3"格兰特"坦克的车长正在用旗语发信号。二战时期,大多数战场的条件并不适合使用视觉信号。而且,夜间和其他能见度欠佳的时候也不适合使用视觉信号。(帝国战争博物馆)

在那个时候，坦克车组成员不得不忍受车内的高温、发动机和传动装置发出的巨大噪音、发动机与火炮产生的令人眩晕的烟雾、因设备堆集而造成的狭小内部空间、坦克越野时的剧烈俯仰与颠簸、糟糕的视野，以及随时存在的十来种火灾隐患。

二战时期，坦克笨重的转向和离合系统常常让驾驶者筋疲力尽，有时候驾驶员和副驾驶员不得不每隔一段时间就轮流驾驶坦克。装填手需要在狭小的空间里搬运沉重的炮弹并时刻提防火炮危险的后坐力。炮手要集中精力寻找目标，操作主炮和同轴机枪，在一些空间较小的坦克中，炮手还要自己装填弹药。车长是最忙的，他要负责指挥坦克、确定路线、搜索目标与威胁、留意指挥坦克，以及协调车组成员的工作。在一些轻型坦克中，车长还要担任炮手和（或）装填手。而且，车长、装填手或副驾驶员（航向机枪手）还要负责操作无线电设备。

当坦克车组成员被迫放弃坦克时（如果坦克还没有被爆炸的弹药变成烤箱，车组成员动作足够麻利，以及他们足够走运的话），为了自卫，他们还需要带上随身武器。大多数坦克车组成员都配有手枪，坦克里还存放有一两支冲锋枪。为了击退敌军步兵的攻击，有些坦克车组成员还会带上一些手榴弹。弃车而逃的坦克车组成员是合法的攻击目标，他们常常会遭到敌军坦克与步兵的攻击。

地雷、敌军坦克、反坦克炮、步兵反坦克武器、火炮、对地攻击机和步兵的直接攻击是造成坦克损毁的主要原因。天然障碍物比人工障碍物更能阻挡坦克前进，频繁发生的机械故障也会对坦克造成很大的损失。尽管坦克具有种种局限性，但它们始终是令人生畏的武器——只要运用得当并获得有效支援，它们仍然是可以决定战斗胜负的武器，仍然可以给步兵带来严重威胁。因此，我们有必要简单介绍一下坦克部队的组织形式。

德国和苏联的坦克团下辖两到三个营。美国取消了大部分的坦克团，将团级装甲部队拆分为三个营，并纳入三个团级"战斗群"。不过，美军还是有两个师保留了"坦克团"这一编制。英联邦国家和日本的"坦克团"则为一个营的规模。大多数坦克营有三到四个连，这些连要么是装备了同一类型的坦克的连，要么偶尔为三个轻型坦克连加一个中型坦克连或两者反过来。一个坦克连通常下辖三到四个排，一个排拥有三到六辆坦克（一般是四到五辆坦克）。每个连指挥部都有一到三辆坦克。按照骑兵的传统，英联邦国家的军队将连级单位称为"中队"，将排级单位称为"小队"；

穿甲弹

炮弹在冲击力作用下穿透装甲板

炮弹穿透后在坦克内部爆炸

硬芯穿甲弹

底板和风帽损毁，穿甲核心击穿装甲

穿甲核心与装甲的碎片杀伤坦克车组成员与设备

空心装药破甲弹

装甲被爆炸产生的金属射流击穿

坦克车组成员与设备被金属射流、装甲碎片和超压杀伤

碎甲弹

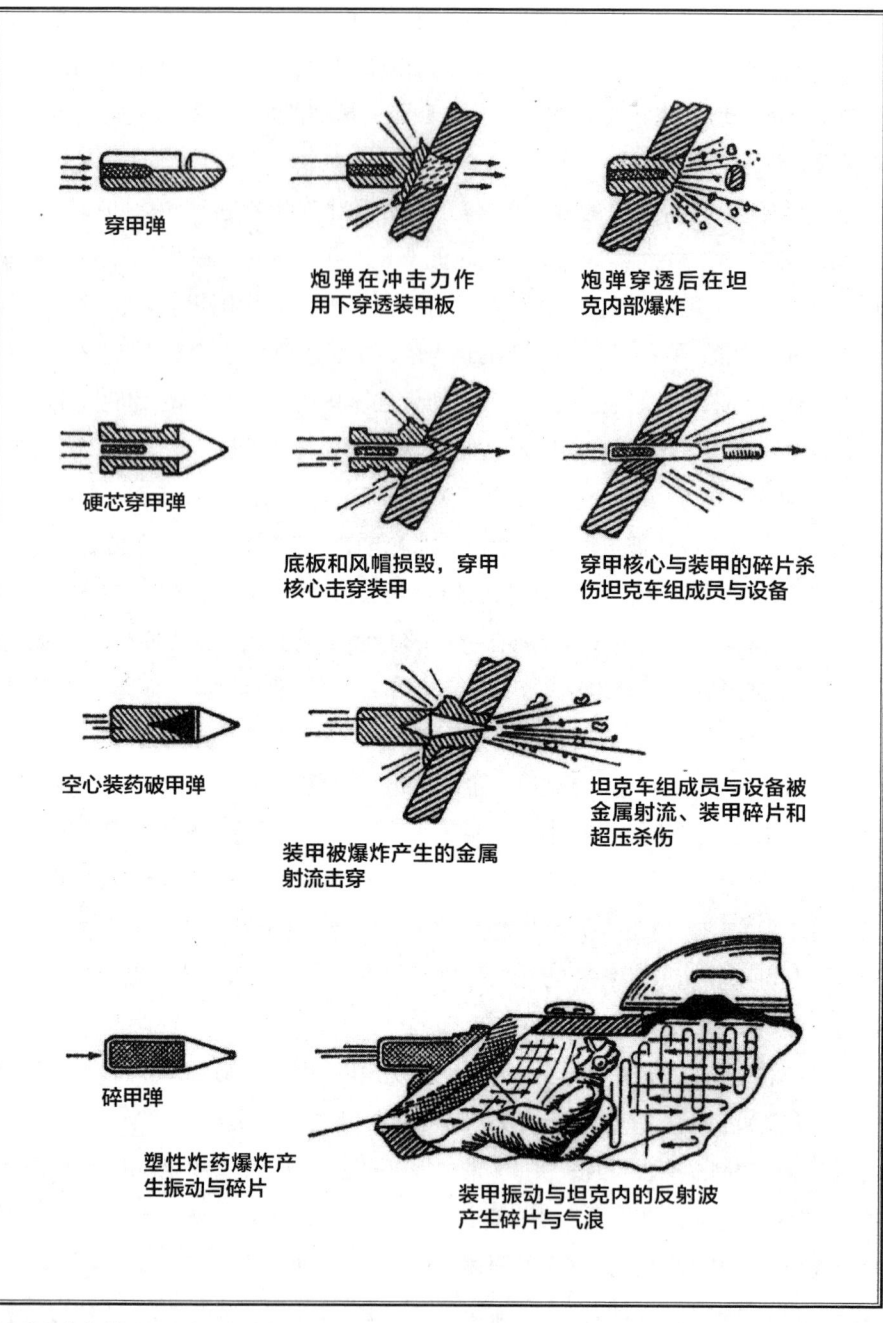

塑性炸药爆炸产生振动与碎片

装甲振动与坦克内的反射波产生碎片与气浪

上面这张从苏联相关手册中翻译过来的图片，描绘了1943年前后最常见的四种反坦克弹药，以及它们在300码的距离内的穿甲威力。

每个中队由四个拥有三辆坦克的小队组成。

不管一个连（中队）的坦克数量有多少，该连（中队）的坦克在战斗中很快就会因战斗损失和机械故障而减少。坦克车组成员们为了相互支援、增强火力和制造冲击效果，偏向以连级队形作战。排可以被视为是最小的坦克作战单位，但最少也需要两辆坦克一起作战。

同样重要的是，坦克需要步兵的伴随。步兵可负责侦察与清理路线，预警反坦克武器与步兵袭击，引导坦克绕过雷区与障碍物，识别目标并指引坦克射击。伴随步兵对于坦克免受近距离攻击而言至关重要，尤其是在封闭地形或建筑密集区内。坦克在没有步兵伴随的情况下投入战斗，或者因为敌人的行动而与步兵脱节，或者把步兵留在身后，都会使自己变得易遭袭击。

反坦克武器总览

二战爆发时，大多数参战国遵循了十分相似的反坦克理论，这些理论会因预期作战地区的地形、配发的反坦克武器类型与数量、假想敌坦克的性能而有所差别。反坦克作战的主要手段包括：分隔坦克与支援步兵；将坦克引入"猎杀区"；纵深部署反坦克武器；逼迫坦克关上所有舱门，使其更容易遭受攻击，且不便指挥和控制；集中反坦克火力；利用坦克不便行动的地形、人工障碍物或天然障碍物，以及雷区；使用烟幕干扰坦克观察，遮挡坦克视线。

本章节关于反坦克武器的讨论仅限于营级及更低的连级单位所使用的类型。大口径牵引式反坦克炮或自行反坦克炮等由专业部队操作的武器虽有少数例子，但其整体不在本章节的讨论范围内。

到1939年时，已经出现了众多种类的反坦克武器。在二战期间，出于对更高性能的需求，与其他类型的武器相比，反坦克武器在设计与研发方面经历了更多的变化，既有平庸的，又有创新的，更有怪异的。无论采取什么样的设计——高初速火炮、先进的火箭发射器，还是靠绝望的步兵扔在坦克表面的炸弹——任何反坦克武器的设计初衷都是"投射可穿透坦克装甲或以其他方式令坦克瘫痪的炮弹（或爆炸物）"。

穿甲弹

"动能是（物体）穿透坚硬材料的要素"，而高速则能赋予武器动能。最简单的例子就是穿甲弹：这是一种由硬化金属（通常是硬化钢）制成的实心弹，具有相对较钝的弹头，不过通常会装有流线型的"风帽"（其像箭头一样尖锐的顶端，在撞击硬质表面时会断裂）。穿甲弹依靠自身的速度与硬度来穿透装甲。二战时，大多数军队为步枪和机枪配发了穿甲弹。这类弹药其实比坦克更早出现在战场上——一战时，为了对付使用钢板作为护盾的狙击手，各国研发了穿甲弹。到二战时，步枪与机枪的穿甲弹只能对付最轻型的装甲战斗车辆，因为在100码范围内以适当的角度（如90度）击中目标时，它们仅能击穿6—10毫米厚的装甲。

一些体积较大的穿甲弹会在弹头底部装填高爆装药或燃烧装药，这类穿甲弹被称为穿甲榴弹（AP-HE）或穿甲燃烧弹（AP-I）——穿透装甲后，装药会被弹底爆炸引信引爆或点燃，产生碎片或散射的燃烧颗粒，点燃坦克内存放的燃料或弹药。被帽穿甲弹（APC）是一种带有软质金属被帽的穿甲弹,当它击中装甲表面后,弹头会"转向"（大约与装甲表面垂直）。穿甲弹的另一种变体是用较大的软金属弹头包裹一颗口径较小的硬化穿甲体——当它击中装甲表面时,较软的外部材料会被冲击力剥离,穿甲体则继续穿透装甲。如果没有额外增强功能,穿甲弹本身对坦克的伤害很小,只能打穿一个洞。大多数坦克车组成员的伤亡与坦克内部设备的损坏都是由"穿透的炮弹"和"装甲的碎片"造成的,它们会在坦克狭窄的内部破碎并弹跳,产生致命效果。如果穿甲弹直接穿透坦克从另一边飞出去,一般不会造成多大的伤害。

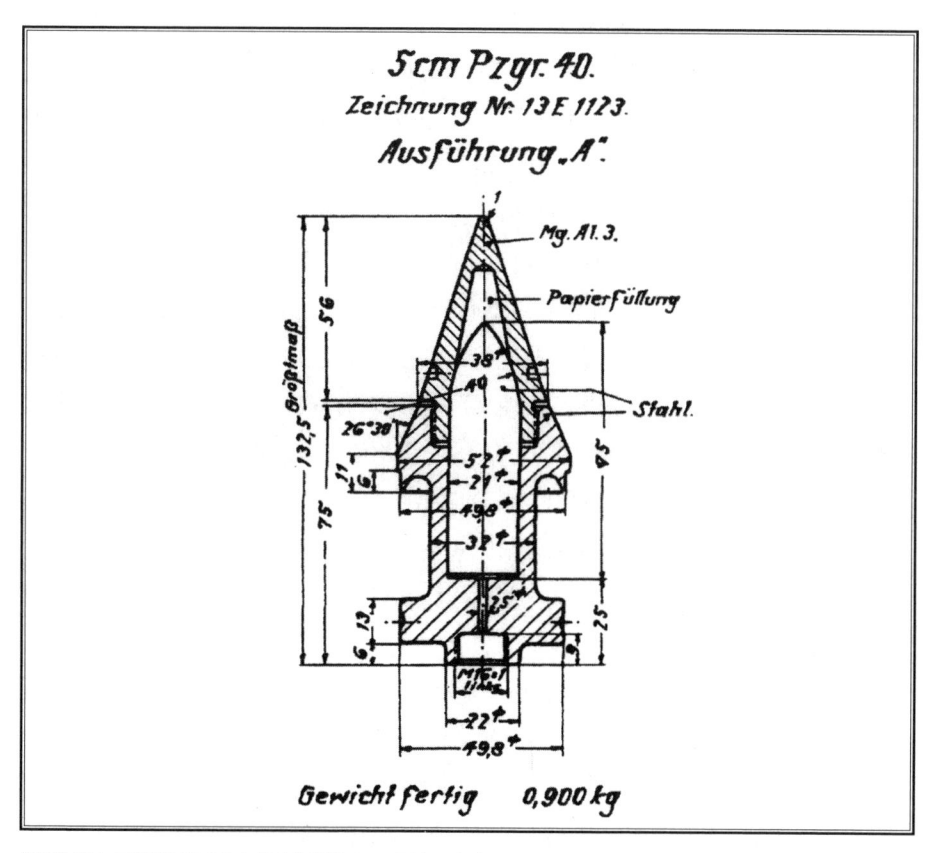

德国为所有口径的反坦克炮与坦克炮提供了 40 型穿甲弹（Panzergranatpatrone 40,简称 Pzgr 40,盟军称其为 AP40）。这张手绘图展示了一颗口径为 5 厘米的弹头。这种穿甲弹的初速比标准穿甲弹更快,拥有一个用软质钢弹托（Shoe）包裹着的,由硬化钨制成的小型穿甲弹芯,以及一个易碎的"风帽"（位于顶部）。就像很多穿甲弹一样,它的弹底也安装了曳光管。通过观察炮弹的曳光轨迹,炮手可在炮弹落地之前判断其是否能命中目标,从而决定是为下次射击进行校准或是寻找下一个目标。在坦克的交战中,零点几秒之差可能就会决定生死。

碎甲弹

碎甲弹（HEP 或 HESH）是一种把塑性炸药装入薄壳弹头，并在其底部安装引信的弹药。它借助击中坦克时产生的巨大冲击力把炸药"压扁"，然后引爆，可让坦克装甲的内侧产生碎片。如果敌军坦克的装甲较薄，碎甲弹甚至可以将其炸开一个洞或造成严重弯曲。这种弹药的优点是成本低，且适用于攻击轻防护车辆、一般防御工事和建筑物（它对混凝土和砌体的作用跟对钢铁的一样）。

"空心装药"弹药

"空心装药"或"成形装药"弹药利用了"聚能效应"原理，即当引爆带锥形空腔的炸药时，爆炸的威力会被集中于一点。早期的空心装药弹药仅有一个较浅的空腔。一战期间，一位德国工程师改进了这一设计，在空腔内部加上了薄金属垫，以进一步集中爆炸效果。1938 年，两名瑞士工程师将其进一步完善，并展示了其在弹药制造方面的用途。后来，一位英国军械工程师将这一设计应用到了他研发的第一种空心装药反坦克枪榴弹上——大多数国家首次使用空心装药就是用于制造此类弹药。

二战期间，很多国家都开始使用空心装药弹药——通常应用于手榴弹与枪榴弹、反坦克炮和坦克炮、反坦克火箭发射器、轻型野战炮，以及手动安放的爆炸物和地雷。虽然美国、英国和德国广泛使用了空心装药弹药，但苏联、日本和意大利使用得较少。空心装药弹药的优点之一是，它们不依赖速度或质量来穿透装甲。空心装药弹药在 500 码外和 50 码外发射都能达到一样的穿深，用手投掷与用高初速火炮发射对穿深也没影响。虽然因投射方式不同，而需要采用不同的设计，但是只要空心装药弹药具有相同的尺寸和内部结构，其穿深就是一样的。而且，空心装药弹药相对较轻，制造成本也相对较低。

空心装药弹药击中目标后，炮弹会被底部的引信引爆，锥形空腔的金属内衬在爆炸作用下变成熔融的"炽热实心弹"，以每秒 33000 英尺的速度穿透装甲。这一过程通常被描述为金属内衬"蒸发成等离子射流,瞬间烧穿装甲"。这种熔融的"金属弹丸"还会带着炮弹和装甲本身的碎片。炽热的弹丸和各种碎片将点燃坦克内部的弹药与燃料，并杀死或严重伤害其飞行路径上的任何人。空心装药弹药射入的孔洞非常小，这个孔的外径大于另一侧出口的直径。除了装甲外，空心装药弹药还可以穿透任何防护表面，如混凝土、砖石、木材甚至沙袋。

尾翼稳定空心装药弹在穿甲效能上要优于旋转稳定的同类弹——前者不会旋转，或者转速很低。赋予炮弹自旋稳定效果的高自旋速度（利用膛线实现）会因为离心力而使炮弹损失高达四分之三的穿甲能力。这就是火箭发射器和枪榴弹发射器发射的破甲弹比反坦克炮发射的同类破甲弹更有穿透力的原因。

如果想要削弱空心装药弹药的穿甲效果，可以通过"在离外部装甲一定距离的地方安装重型钢丝网或薄钢板"的方式来实现。这样做的原理是"让弹头在击中装甲之前被提前引爆，并分散等离子射流的威力，使其穿透力下降甚至失去穿透力"。

烟幕弹

各类化学弹药也可用于反坦克作战。炮射烟幕弹和发烟手榴弹具有双面性。白磷是最为有效的发烟剂，除了可以产生密集的白色烟雾外，它的燃烧颗粒还会在微小的爆炸作用下四散飞射，并以2760℃的高温顽固地燃烧。白磷颗粒雨点般地散落在开阔地上的人员身上时会将其点燃，并粘在它们接触到的任何表面上。其他类型的烟幕弹并没有杀伤效果。虽然白磷烟幕弹不会对坦克造成明显的损伤，但其产生的烟幕却是一种较为有用的辅助反坦克手段。在浓密烟幕的笼罩下，坦克很容易迷失方向，无法保持队形，且难以发现接近的步兵。不过，烟幕弹也可以用于遮蔽坦克的运动，隐藏坦克的位置，干扰敌军炮手进行有效的瞄准。战时，军队也会使用发烟罐、发烟烛和发烟手榴弹来制造烟幕。

反坦克炮

在众多为了反坦克而研发的武器中，使用最为广泛的一直都是反坦克炮。二战爆发时，大多数国家使用的是37毫米反坦克炮，它们具有十分相同的特点。由于坦克性能出现了显著的进步，反坦克炮也在20世纪30年代进行了大量改进。这类火炮大多安装在两轮炮架上，可由轻型卡车牵引——大多数国家已经认识到了有必要增强反坦克炮的机动性，以便其能够快速进入、撤出与转移阵地。当时，大多数反坦克炮都只有几百磅重，可以在短距离内使用人力转移。一般情况下，反坦克炮都有防盾，都使用了开脚式大架，都可以快速转动炮管。

轻型反坦克炮在1939年已经基本过时，到1941年时已完全无用。虽然一些国家一直到二战结束都不得不继续使用轻型反坦克炮，但大多仅将其用于执行辅助

执行"全连开火"命令的一门美国 57 毫米 M1 反坦克炮。M1 以类似传统火炮的手动曲柄来转动炮管,而不像它仿制的原版(英国 6 磅反坦克炮)那样使用的是肩托。不过,之后的 M1A2 反坦克炮配备了肩托,并在炮尾旁边增加了防护板,射手可以用自身的体重来转动炮管。M1 防盾的波浪形上沿继承自英国 6 磅反坦克炮,有助于降低防盾轮廓的识别度,提高隐蔽性。注意,这张照片中的反坦克炮露出地面的部分较少。

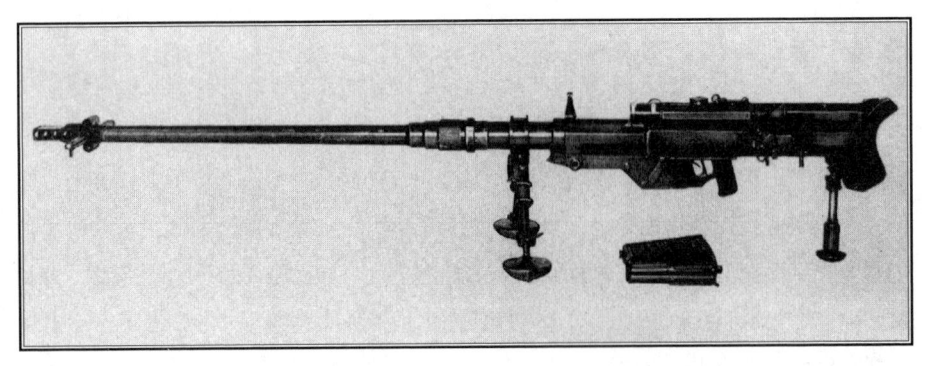

反坦克枪对于步兵来说过于沉重与笨拙,但在二战初期,它几乎是步兵仅有的反坦克武器。这张照片展示的是一款瑞典制造的 20 毫米索洛图恩 S18-1100。该枪重约 54.7 千克,长 2.16 米,使用 5 发弹匣供弹,可进行半自动射击。索洛图恩 S18-1100 可在 300 码外击穿 15 毫米厚的装甲。意大利、匈牙利、罗马尼亚和荷兰军队曾装备过该武器,德军也曾少量使用过该武器。

任务。所有反坦克炮都装配有高爆弹以攻击其他类型的目标。虽然使用新型弹药能为轻型反坦克炮争取到继续服役的机会，但是从根本上来说，小口径火炮还是无法应对已变得越来越厚重的坦克装甲。

二战之前，大多数国家都开始研发大口径反坦克炮，但很少有国家将其投入实战。口径45—57毫米的中口径反坦克炮很快问世，并大量取代了37毫米反坦克炮。其中的很多中口径反坦克炮只是轻型反坦克炮的放大版（单看口径可能会产生误会，例如日本和意大利的47毫米火炮因为发射药推力弱，性能无法与同时代的同类火炮相比）。尽管中口径反坦克炮也很快就过时了，但它仍被步兵部队继续使用。在那个年代，步兵的反坦克手段十分有限，因此许多军队会利用他们所能获得的所有武器来对抗坦克，包括缴获的武器和改为反坦克用途的老式轻型火炮。当时，尽管75毫米反坦克炮也已被研发了出来，但它们大多在师一级甚至更高级别的反坦克单位中列装，只有少部分会被配属给基层步兵单位。

英国的"磅"命名体系

二战时期，一些英国武器以"磅"而不是口径来命名。这是一种基于炮弹重量的传统命名体系，其历史可以追溯到"黑火药与实心弹的时代"；以这种方式命名的现代火炮，其名字与炮弹的实际重量并没有太大的关系。"磅"命名体系中的英国各种武器的公制和英制口径如下：

2磅反坦克炮	40毫米	1.57英寸
6磅反坦克炮	57毫米	2.24英寸
17磅反坦克炮	76.2毫米	3英寸
18磅野战炮	84毫米	3.33英寸
25磅榴弹炮	87.6毫米	3.46英寸

反坦克炮也有其局限性。即便是轻型反坦克炮也很重，虽然班组人员可以用人力将其转移进或转移出阵地，但这也并非易事。37毫米反坦克炮足够小，轮廓也很低，这使人们不仅能很容易地隐藏它，还能够时常利用现成的隐蔽物来隐藏它。随着反坦

克炮变得越来越大，它们就需要车辆来牵引到位了，也就更难被隐藏了——这对反坦克炮发挥作用与确保生存至关重要。为大型反坦克炮构筑工事需要耗费大量精力，而且它们很难快速撤出与转移阵地。二战末期出现的 8.8 厘米（德国）和 100 毫米（苏联）口径的庞然大物，几乎无法胜任反坦克任务。它们在杀伤力方面的优势被自身的体积与重量抵消掉了。反坦克炮的优点在于，它们使用了经过时间验证的技术，性能可靠，可在相对较远的距离内实施精确射击。

步兵部队建制内的反坦克炮由受过训练的步兵操作，而不是由炮兵或专业的反坦克炮炮兵操作。二战早期的步兵营通常下辖一个有 3—6 门 37 毫米反坦克炮的排，拥有多个营的步兵团或旅则下辖一个有 6—12 门反坦克炮的反坦克炮连。在二战后期，步兵营属反坦克炮排大多都被取消了（由连一级的各种其他反坦克武器代替）。在部分军队中，37 毫米反坦克炮被当作步兵火力支援武器继续留用。此时，步兵团或旅属反坦克炮连通常换装了更大口径的坦克炮。

其他类型的步兵反坦克武器与弹药

反坦克枪曾被广泛装备，但到 1939 年它就已经显得过时了。德国人在一战后期装备了 13.2 毫米反坦克枪，而反坦克枪又在 20 世纪 30 年代得到了快速发展。在二战爆发时，大多数参战国都装备了反坦克枪（美国是一个例外，该国军队使用的是 0.5 英寸重机枪）。反坦克枪的口径大多在 7.92—20 毫米之间。反坦克枪普遍很重（30—100 磅重或更重），操作起来十分麻烦，需要两个甚至三个人来运送武器和弹药。反坦克枪有 5 英尺到 7 英尺长，由两脚架提供支撑，其枪管也较长（有些型号的枪管可以拆卸）。实际上，反坦克枪比许多机枪更难搬运。体积太大和重量太重，是反坦克枪经常被士兵抱怨的原因。

与体积和重量不相称的是，反坦克枪的穿透能力很弱，在 200—300 码外只能击穿约半英寸厚的装甲。有些反坦克枪的表现稍好，比如口径为 14.5 毫米与 20 毫米的型号，但它们在面对 1939 年的坦克时也已显得十分无力。凭借自身重量，反坦克枪大多数没有过大的后坐力，但枪口冲击波仍然令人难以忍受。

反坦克枪的设计也千差万别，既有弹匣供弹的，也有单发装填的，既有半自动式的，也有栓动式的。1941 年至 1942 年，反坦克枪已基本被撤装（只有苏联红军仍在大量使用），大多数国家已经用更轻便的武器将其汰换了。

巴祖卡火箭筒——照片中的这名士兵携带的是一具 M1A1,1944 年 8 月时它仍然在服役。美军步兵都接受过使用巴祖卡的训练。战斗时,步兵排的指挥官会指定几个人使用巴祖卡。此外,请留意照片中的 M10 坦克歼击车。与原先设想的不同,坦克歼击车经常被用于支援步兵。

    类巴祖卡火箭筒的反坦克火箭筒的研发始于 1941 年。这类能由单人携行、肩扛发射的武器发射的是破甲弹。大多数反坦克火箭筒都具有可重复装填功能。德国革命性的武器——"铁拳"是一款单发反坦克武器(它实际上是一款反坦克榴弹发射器)。反坦克火箭筒可由步兵在战场上轻松携带,且可在后方被快速、低成本地大量生产。为破甲弹加装用于稳定的尾翼既可提升武器的效能,也能使弹头与发射器的适配性变得更好。而且,火箭弹在对付轻型防御工事时也有效果。

    肩扛式的反坦克火箭筒对于步兵来说是天赐之物,但其早期型号的确存在各种问题,比如射程短(不到 200 码,而且部分型号的实际有效射程甚至还不到 100 码);火箭弹的可靠性低——无论是在发射时,还是在击中目标后,都时常会出问题;早期火箭弹的弹头设计不够完善。而且,使用反坦克火箭筒还有一些战术限制(至今依然如此）。反坦克火箭筒的后方需要清空，以安全释放相当大的尾喷气流（发射火箭弹时所产生的烟尘也十分明显）。此外，士兵还不能在封闭的空间（例如某个房间里）内发射火箭弹，以防产生炮尾风超压。

二战时，各国较少使用无后坐力炮。德国人率先开发了这种轻型火炮。这种火炮利用尾喷气流来平衡后坐力，但其使用的是自带推进剂、有很多孔洞、从后膛装填的炮弹，而非能自行推进的火箭弹。在二战接近结束时，美军使用了少量无后坐力炮。

虽然美国和德国都列装了破甲弹，但是由于这些弹头都采用了尾翼稳定结构，因此只能用于非主流的反坦克武器。德国人设计的反坦克武器稍微高效一点，因为它们使用的是旋转速度较慢的标准火炮破甲弹。

一个步兵班会列装一个或几个枪榴弹发射器——不仅能发射反坦克枪榴弹，还能发射人员杀伤枪榴弹、烟幕弹和信号弹。枪榴弹发射系统有三种。杯形发射器是将一个用于容纳枪榴弹的杯形装置安装在步枪枪口上。这类发射器的缺点是安装了杯形装置之后，该装置会挡住步枪准星，使步枪无法进行常规射击。栓式发射器是将一根发射管连接到枪管上，其所用枪榴弹带有一根空心尾杆，可用来套住发射管。最后是起源于一战，但很快就被淘汰的杆式枪榴弹。这种枪榴弹带有一根很长的金属杆，需要直接从枪口插入。虽然发射这种枪榴弹不需要特殊的发射器，但却会损伤枪管内膛。大多数枪榴弹发射时需要把枪托抵在地上，以枪管的倾斜角度来调节射程。枪榴弹在发射时会产生巨大的后坐力，多次发射后会损坏步枪——如果使用者用枪托抵肩发射则会伤及肩膀。在某些需要直射反坦克枪榴弹的场合，射手通常会把枪托置于手臂下方，用肘部将其紧紧夹在躯干侧面。

反坦克手榴弹在二战前就已被研发出来，其本质上是一种"不成功则成仁"的武器。大多数反坦克手榴弹都是依靠爆炸效果来穿透坦克装甲或炸断坦克履带。由于反坦克手榴弹的体积不可能太大，因此其效果有限。尤其是在1941年之后，除了最轻型的坦克外，反坦克手榴弹已无法对任何其他类型的坦克造成比较大的伤害了。反坦克手榴弹在攻击坦克履带、炮塔顶部与发动机舱盖板等位置时比较有效。英国和苏联是二战时反坦克手榴弹的主要生产国，美国对这种武器并不上心，日本则在二战末期开发了一些效果很差的型号。投掷人员需要某些手段来确保反坦克手榴弹以正确的姿态击中目标，最大限度地发挥爆炸威力。反坦克手榴弹比标准手榴弹更大、更重，只能投掷20—30码的距离。

步枪准星

步枪枪管

图 1 杯形发射器

30 毫米反坦克枪榴弹

40 毫米反坦克枪榴弹

30 毫米高爆枪榴弹

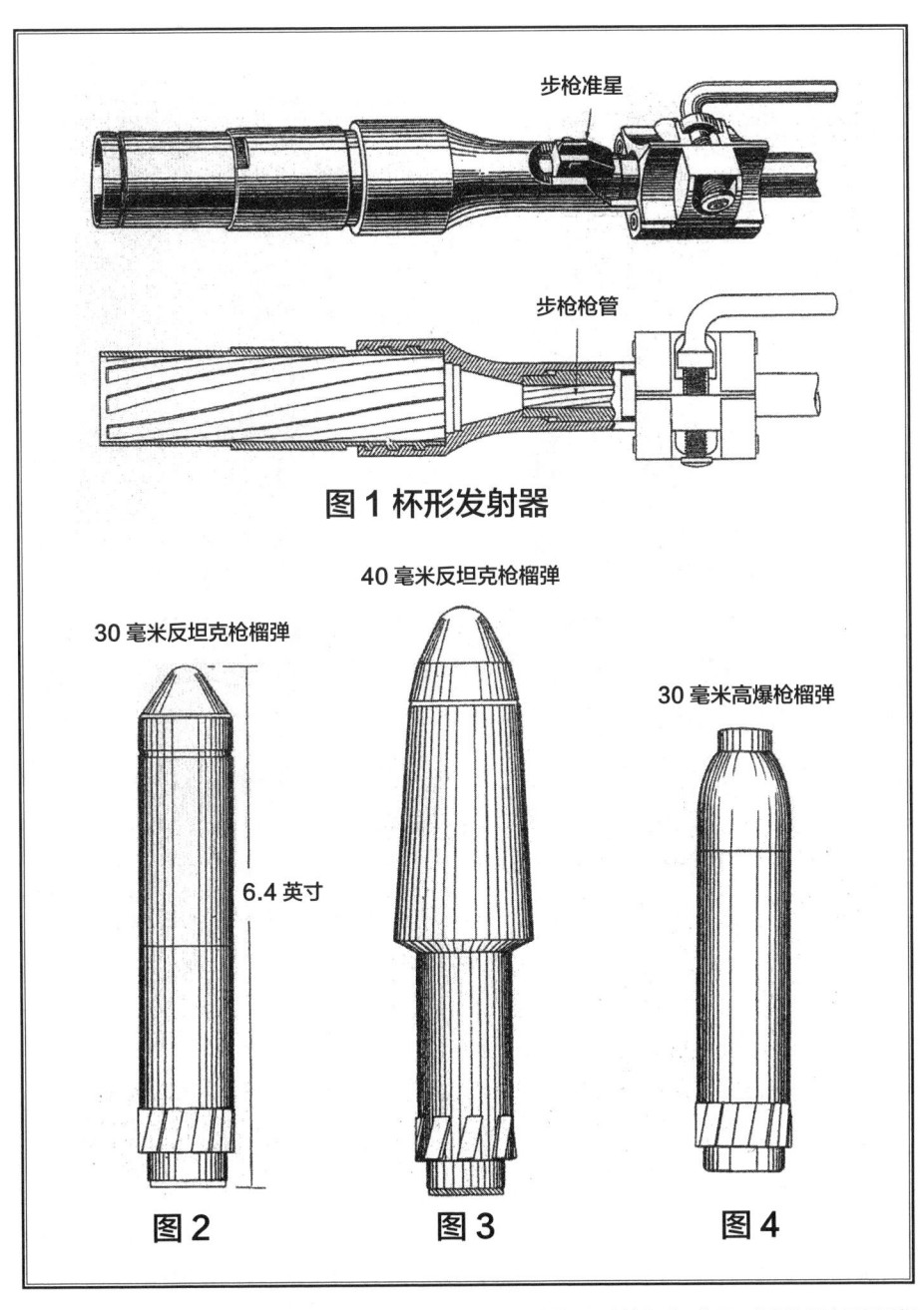

6.4 英寸

图 2　　图 3　　图 4

在 20 世纪 40 年代早期，大多数国家都采用了某些类型的空心装药反坦克枪榴弹。德国、英国和日本采用了杯形发射器。图 1 是德军于 1942 年列装的带膛线的杯形发射器，能够发射 30 毫米反坦克枪榴弹（图 2）、超口径 40 毫米反坦克枪榴弹（图 3）和 30 毫米高爆枪榴弹（图 4）。

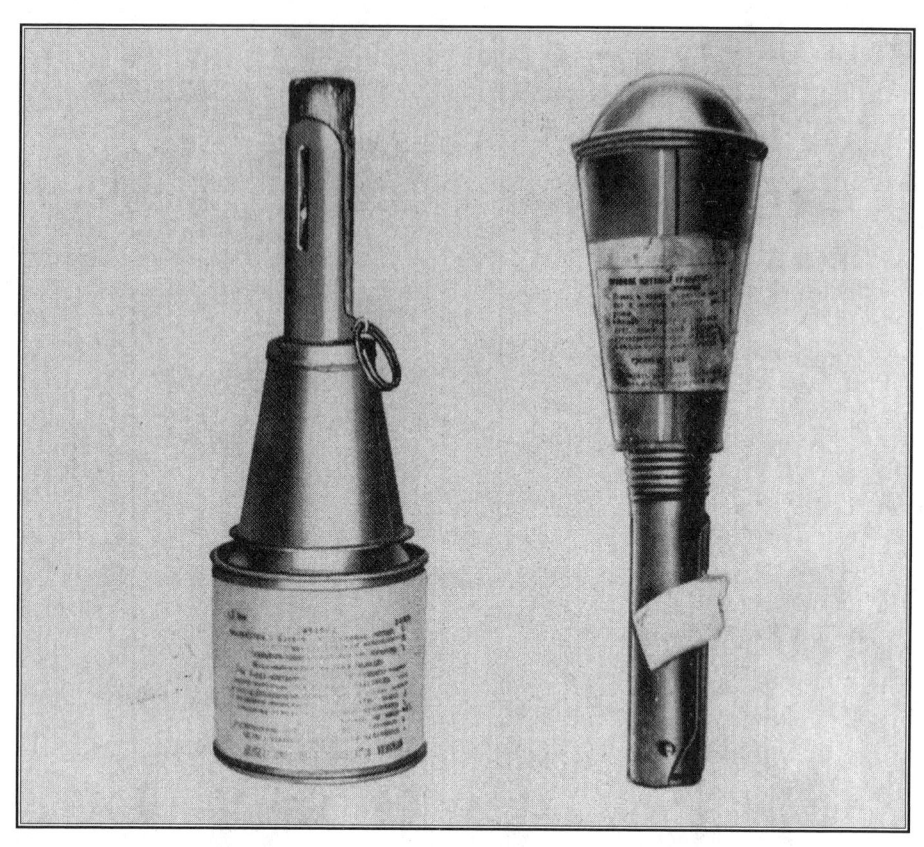

反坦克手榴弹因必须装填足够多的炸药而变得十分沉重，其投掷距离很短。照片中展示的是苏联的平头 RPG-42（左）和圆头 RPG-6（右）手榴弹，它们都使用了空心装药战斗部，分别可击穿 75 毫米与 100 毫米厚的装甲。为了保证手榴弹能以必要的角度击中目标，两者在被投掷出去后，尾部都会释放出用于保持稳定的布条。

反坦克手榴弹的更大型版本就是"手雷"。这是一种需要步兵凭借勇气手动安放到坦克上的大型爆炸装置——实际上跟自杀差不多。大多数"手雷"使用空心装药战斗部，可"利用自身磁性吸附于坦克上"。把"手雷"放到坦克上后，引信的延迟时间仅够步兵扑倒以寻找掩护。虽然有一些使用触发引信的"手雷"是可以投掷的，但其投掷距离只有10—15码（因为它们实在是太重了）。在封闭地形中，战斗意志坚定的士兵能用"手雷"造成巨大的威胁，迫使坦克车组成员采取更加极端的保护措施。

在化学武器中，发烟手榴弹、发烟烛和发烟罐曾被步兵用于近距离攻击坦克。二战早期，一些催泪弹也被当作反坦克弹药进行储备，人们设想的是用刺激性气体手榴弹猛轰坦克，而手榴弹产生的有毒烟雾会被坦克的通风系统吸入，并会使乘员失明或被迫弃车。日本人就曾开发过一种有毒气体手榴弹，并以此方式使用。事实上，烟幕弹和毒气弹对坦克影响不大，因为坦克只要驶离受有毒气体影响的一小块区域即可，在这段时间内坦克内部根本不会积累足以影响作战的气体。

反坦克地雷于一战期间首次出现时，实际上只是被埋到地里的炮弹。从20世纪20年代末到30年代初，专用的反坦克地雷得到了长足发展。二战期间，各国军队在各个战场共埋设了数百万颗地雷。由于缺乏天然的防御与屏障，北非战场的参战方都制造了巨大的雷区；随着战争的深入，日本人在太平洋战场也使用了很多的地雷。

通常，反坦克地雷是被坦克碾过时的压力引爆的，如果被人员踩到，它们通常不会爆炸。大多数反坦克地雷都只能炸断坦克履带，但更大型的反坦克地雷可能会造成严重损伤。雷区的布局，地雷的密度与位置千差万别。各国通常会混合布置人员杀伤地雷与反坦克地雷，以防止步兵和工兵为坦克扫清道路，而设置诡雷阻碍扫雷作业是很常见的做法。雷区会与天然障碍物相结合，布置在敌人可能来犯的通道上（还会采用迫使敌军坦克进入反坦克炮打击区的布置方式），而且混合使用真假雷区能成倍增加效果。[1]

与其他任何屏障一样，雷区——无论是埋在十字路口的几颗地雷，还是由数千颗地雷组成的多条阻隔带——如果无人监视或处在火力覆盖范围之外，则毫无价值。如果部署于要害位置，经过精心伪装并可被火力覆盖，雷区就可阻止或至少减缓坦克的推进。击溃防御者后，在其花费大量时间精力布设的雷区中开辟通道就变得相对简单了（不过依然经常造成伤亡）。因此在合理的地点布设少量地雷，再配合骚扰和拖延作战可以发挥出比布设大型雷区更好的效果。

二战时还出现了大量充满想象力的临时反坦克武器。不管这些"最后一击"武器看起来多么巧妙与实用，也不管使用者经过了多么全面的训练，一支军队只有处于绝望境地时才会使用这类武器。大多数这类武器，都需要士兵用其直接或至少在相当近的距离上攻击坦克，这会使士兵很容易暴露自己且很难脱身。为了确保成功率，袭击者需要鼓起勇气，精心选择路线，在隐蔽接近的同时利用掩护火力避开敌人的步兵，最后他们还需要一点运气。在1940年夏天的"入侵恐慌"时期，一本介绍这种战术的英国陆军手册将其中的风险直白地比喻为"徒步射杀老虎"。尽管如此，英国依然进行了大范围的认真培训，在1940—1941年，英国或苏联的步兵多数时候也只能如此。简易（临时）的反坦克武器包括：

北非，一名英国军械处理工程师与一颗德国"泰勒"反坦克地雷合影，这颗地雷与一颗 S 雷（S 型人员杀伤地雷，绰号"弹跳贝蒂"）连在了一起（为方便摄影师拍摄，英军用一根白绳将 S 雷绑在了反坦克地雷的提把上，简直令人难以置信），后者是为了杀伤扫雷人员。实际上，人员杀伤地雷是用一根短线连接在反坦克地雷底部的一个小坑里面的。TMi 35 型反坦克地雷内装有 11 磅重的 TNT，地雷中心的起爆压力为 420 磅，但边缘的起爆压力仅为 175 磅。

  炸药包。装有 10—20 磅重的炸药的背包，使用短时间引信。使用时要把炸药包扔到坦克发动机舱盖板上、履带上，或者塞到炮塔突出部分的下方。此外，还有一种安装在一根 4—6 英尺长的木杆一端，以便放在坦克要害部位的炸药包。

  集束手榴弹。将六颗手榴弹或小型爆炸物捆在一起，在中央插入一根雷管（多数时候也会加一根手柄）。集束手榴弹与炸药包的使用方式相同。此外，也可把单个手榴弹塞进敌军坦克的炮管中。

双联炸药。将两个爆炸物用铁丝连接起来,再扔向坦克炮管,使其挂在上面。有时士兵也会用发烟手榴弹来替换爆炸物,以影响坦克炮手观察外部环境。

反坦克地雷。徒手将一颗反坦克地雷放在坦克履带的正前方,或扔到履带上。

燃烧弹。在大型汽油罐(容量为5加仑或20升)上固定一颗燃烧手榴弹或发烟手榴弹作为引信,再将其抛到坦克的发动机舱上面。

"莫洛托夫鸡尾酒",即燃烧瓶。它就是一个装满了汽油的玻璃瓶,士兵还经常会往里面加入焦油、橡胶、磷等物品以增强效果,使其燃烧得更久,产生更大的热量和更容易附着在坦克上,或者产生更多浓烟以阻碍乘员观察外部环境。使用时,先点燃塞入瓶口的布条,再把燃烧瓶扔向坦克(最好是扔到观察口、舱门或发动机舱上面)。有些燃烧瓶还有自燃装置。燃烧瓶的效果通常令人失望,毕竟它只能装少量燃料,而二战后期的坦克的密封性也较好。另外一种办法是往坦克上摔多个燃料瓶,然后用照明弹、曳光弹或发烟手榴弹将瓶子碎掉后流出的燃料点燃。

"雏菊花环"。用绳子或木板把反坦克地雷连成一串,使用者埋伏在路边,等坦克靠近时,拉动绳子或木板把地雷拖到坦克前面。

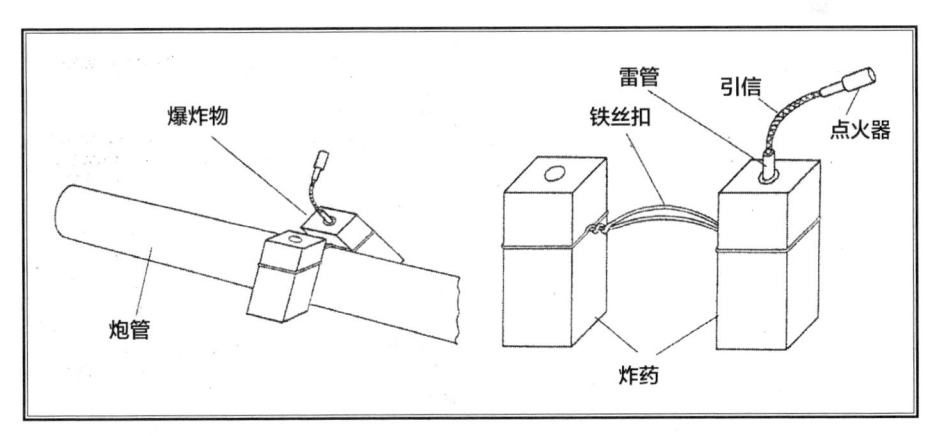

简易反坦克武器——士兵在战场上利用现有的弹药和材料制造的武器——有很多种形式。本图展示的是一种德军的双联炸药——由两个爆炸物(它们被一根铁丝连在了一起)、短延时引信和点火器组成。它被扔到坦克炮管上并爆炸后,能破坏坦克的主炮。大多数简易反坦克武器都需要其使用者在极危险的范围内发动近距离袭击。

此外,还有多种可用的机械手段。其中一些手段对一些二战早期的轻型坦克还有点用,但对更大型的坦克就基本无效了。比较推荐的方法是用一根金属棒、金属管、木头，或者一支步枪塞进坦克的行走装置以卡住坦克履带。而用撬棍去击打机枪的枪管，锤击坦克的观察口玻璃和潜望镜，往炮塔座圈塞东西，用撬棍强行撬开舱门，拿泥土去糊观察口和潜望镜，往坦克上扔点燃的毯子或大衣，诸如此类的手段都是到了万不得已时才会使用的。这类手段和简易的反坦克弹药一样，都来自西班牙内战时期（1936—1939年）的经验，但用来对付其后出现的更重型的坦克时就收效甚微，而且经常导致尝试使用这类攻击手段的人丧命。

野战炮和迫击炮通常被认为无法有效对付装甲部队。虽然远程间接火力对坦克的影响很小（很少能直接命中坦克），但确实可以有效分隔坦克与步兵，迫使装甲部队在行动之初就采用分散队形。近失弹只能对大部分坦克造成表面损伤（某些情况例外，例如在西西里岛和诺曼底登陆战中，盟军少数几次集中使用密集的海军炮火时）。然而，炮兵的集中火力仍可以摧毁轻型坦克，盟军几次与日本和意大利坦克的交战就证明了这点。炮兵还可以用火炮和迫击炮对敌军坦克编队施放烟幕，尽管这也会阻碍己方反坦克炮瞄准。不过，如果在使用烟幕弹时，只攻击位于敌军坦克编队偏后方的坦克，那么己方的反坦克炮仍可以瞄准位于该编队前方的坦克。

紧急情况下，105毫米以下口径的轻型野战炮都可以直射坦克，而且野战炮通常也配有穿甲弹和破甲弹。大多数火炮难以有效进行反坦克作战，主要是因为它们的瞄具不适合被用在这种作战中，以及其炮身转动速度较慢。步兵炮——由步兵操作的轻型简化火炮——被一些军队用作火力支援武器，其中一些步兵炮也配有破甲弹，但基于上述原因，它们并不适合充当反坦克武器。

大多数高射炮都配有穿甲弹，而其本身也具有高射速和高回转速度的特点。但高射炮的部署时间较长——尽管大多数高射炮在牵引状态下就可以向地面目标开火。大多数高射炮的体积与轮廓决定了其很难隐蔽，而这一点却是反坦克武器所必须做到的。一些20毫米、37毫米和40毫米高射炮能有效对付轻型坦克，而德国人将8.8厘米高射炮用于反坦克作战的行为更是早已广为人知。8.8厘米高射炮的炮弹对于坦克而言极为致命，而该炮在精度和射程方面的表现又十分优秀。不过，庞大的体积与费时费力的部署过程妨碍了8.8厘米高射炮在反坦克作战中发挥实力。除了苏联（该国普遍将85毫米高射炮用于反坦克作战）和德国，其他国家很少用大口径高射炮来攻击坦克。

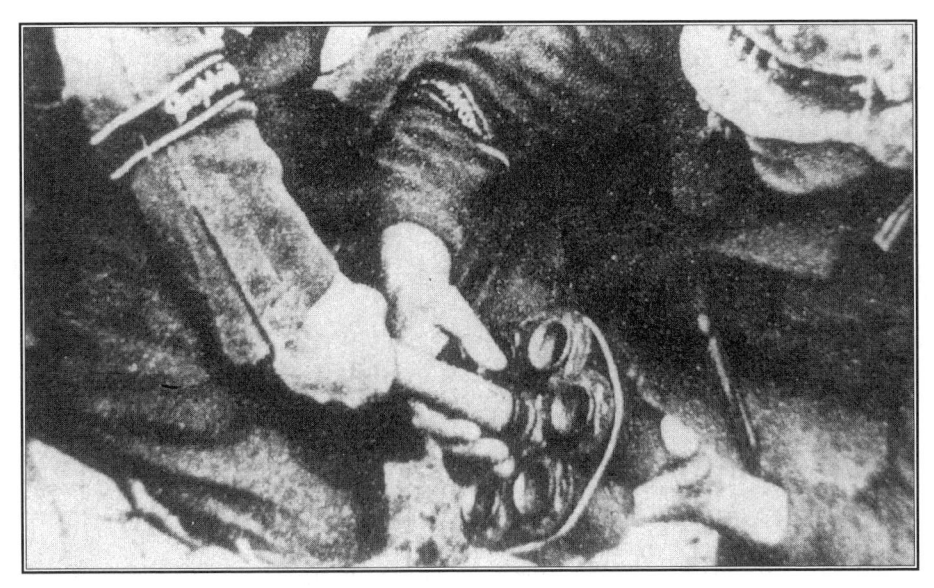

"大德意志"师的士兵正在用七根木柄手榴弹制作一个集束手榴弹。这样一个集束手榴弹能够炸断坦克的履带,如果将其扔到发动机舱上面还能炸毁发动机,如果将其扔在舱盖上方或者塞到炮塔突出部分下面,还能炸穿较薄的装甲。据称,一个集束手榴弹的爆炸造成的冲击足以让一辆坦克的车组成员暂时昏迷。

苏联的 76.2 毫米 ZiS-3 从 1942 年起成为标准的师属野战炮。苏联红军要求野战炮能够有效进行反坦克作战,而 ZiS-3 在实战中证明了自己能很好地承担这一任务——它常被认为更像是一门反坦克炮而不是野战炮。

反坦克战术的演进

1939—1942 年

1939 年,二战主要参战国的军队都遵循了大致相似的反坦克理论,而这些理论又大多未经过实战检验。二战之前少数动用了坦克的冲突(西班牙内战、意大利入侵埃塞尔比亚)几乎没有留下可供借鉴的经验,而在这两场冲突中,各方也只使用了少量轻型坦克与几乎没有反坦克武器的部队进行了较低级别的战斗。对于即将在二战登场的、由大规模合成化部队执行的大范围作战,这两场冲突完全起不了警示作用。和平时期的演习往往无法验证或推翻军事理论,因为演习很难准确反映敌方装甲部队的行动。

正如前文所述,关于如何运用装甲部队当时有两种理念:一种预见到了集中的合成化装甲部队可突破并深入敌人防线后方;另一种主张将坦克分散部署,用于支援步兵进攻。这两种理念当中都有正确的部分,但有些预算紧张的军队试图节约开支,并倾向于自我限制。例如,德军虽然支持在机动步兵与飞机的支援下,集中坦克部队进行纵深突击,但也明确要求四号坦克与步兵的距离不能超过 100 码,还要以机枪火力支援步兵。

虽然不同国家的军队在传授步兵反坦克战术时,因需要结合各自的国情而存在细节上的差异,但是"反坦克防御形式"大致可分为两种:

被动防御战术,包括:派出巡逻队与设置前哨,以提供预警;设置反坦克障碍物与雷区;在防御时利用天然障碍物,选择负责阻滞装甲部队的防区来加强防御,以及实施伪装措施。

主动防御,综合使用如下措施:精心挑选反坦克武器阵地和火力打击区;部署反坦克武器、坦克猎杀小队;使用反坦克预备队和反击部队。

由于坦克具有的机动性,以及步兵反坦克战术相对的静止性,上述两种战术通常被认为是防御性质的——"坦克占领,步兵守住"(约翰·富勒)。然而,早期的自行反坦克炮,即便大多利用了过时的坦克底盘或直接使用卡车底盘,也可以对装甲部队发动一定程度的进攻。仅能徒步行军的步兵,对装甲部队的进攻能力十分有限。机械化或摩托化步兵在这方面也没有多好的表现，因为他们的运输工具几乎没有装甲，越野性能也不如坦克，而且其几乎没有能与坦克进行远距离交战的武器。坦克猎杀小队也不被大众视为真正的攻击性部队——主要是其机动性有限，只能在很小的范围内作战（而且其参与的小规模战斗通常是在己方部队的防区内进行的），因此从本质上来看坦克猎杀小队仍属于防御性部队。

反坦克障碍物的种类繁多，为了发挥效果，其必须处于防守方的监视和火力打击范围内。在这张照片中，苏军设置的路障十分巧妙，它布置在坦克难以通行的密林地带。这个路障设置在高处，以防止坦克翻越或用其车体强行突破。因为刚好挡在主炮的位置上，它还能防止坦克向道路前方开火。而且，防守方能向坦克车体上装甲相对薄弱的地方射击，但敌军的伴随步兵却无法利用路障作为掩护。

接下来我们讨论的是一般情况。读者应该谨记：每个国家的战术都有一定的独特之处。下一章，我们将讨论这些差异。

一个国家的常规国防建设基本上都会考虑到对坦克的防御。敌军装甲部队的使用程度、已知的装甲战术、己方可用的反坦克武器数量与类型，以及地形都是决定性因素。一个步兵团（或英国及英联邦国家的旅），无论来自哪个国家，在防守时通常会将两个营部署在前沿，将一个营作为预备队。而一个营则会把两个连部署在前沿，让一个连充当预备队。以此类推，一个连的三个步兵排也是如此部署的。这意味着任何层级的部队都有三分之一处于预备位置，而这种纵深防御对反坦克防御战来说是至关重要的。反坦克武器的部署在很大程度上取决于反坦克部队所支援的步兵部队的行动与部署，双方需要高度的协调与合作。

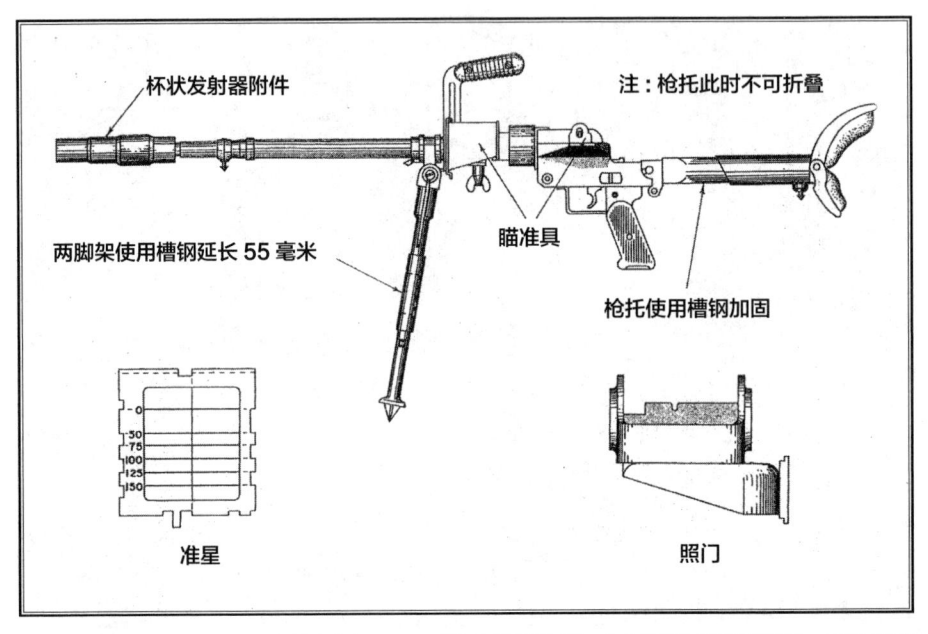

杯状发射器附件
注：枪托此时不可折叠
两脚架使用槽钢延长55毫米
瞄准具
枪托使用槽钢加固
准星
照门

德国 PzB 39 反坦克枪在 1943 年被改装为 GrB 39 反坦克榴弹发射枪。在使用特殊的发射药筒时，后者最远能将 46 毫米和 61 毫米反坦克榴弹发射到 150 码处。与之前的反坦克枪一样，一个步兵连会列装三把 GrB 39。GrB 39 的装备范围较小，因为其诞生不久，更出色的"战车噩梦"和"铁拳"就在部队中列装了。

当一个步兵师设置防线时，师属侦察单位和担任预备队的团的分遣队将会前出部署，作为屏障掩护主力建立防线。

掩护部队负责阻止敌军巡逻队靠近，观察敌军活动，防止敌军突袭，对敌军的来犯进行预警，并在敌军靠近时与之交战。为抵挡敌军使用装甲部队发动突袭，掩护部队会得到团属或师属反坦克炮的加强。一旦主要防线建成，部分掩护部队会被撤回，其余部队则会被留下并根据敌军坦克的威胁大小得到相应的反坦克武器。

前沿的每个团和营都会设置前哨、观察哨和监听哨，并派警戒巡逻队前出，以掩护主阵地。如果敌军装甲部队的威胁较大，前出的警戒巡逻队会与反坦克炮一起部署。但是在二战初期，即便在主阵地上也缺乏足够的反坦克武器。

理想情况下，"反坦克障碍物"应布置在主阵地前方。它可以是雷区、反坦克壕、天然屏障（河流、沼泽、冲沟）或其他可限制坦克机动的地形地物，也可以是简单的点状障碍物（如常在十字路口和"瓶颈处"部署的反坦克路障或地雷群）或被炸毁的桥梁。

缺少时间和资源往往会导致防守方无法"布置大规模的障碍物体系"。步兵营通常有六门反坦克炮，根据敌军坦克的来犯路线，这些反坦克炮可能会被集中配属给某个步兵连，而非在各连之间平均分配。

由于纵深对于反坦克防御很重要——当时的观点认为，最终肯定有少部分坦克能突破主要防线——预备队连也会配属一些反坦克炮。营或连建制内的反坦克枪，通常会被下发给步兵排。多支反坦克枪集中在一起对付单独的一辆坦克时，才能发挥最大效果。因为当时步兵排几乎没有其他反坦克武器，所以其还会携带大量其他临时反坦克武器（如集束手榴弹等）。

防御阵地最好建在树林的内部而不是边缘——可防止坦克炮的直射与火炮的轰击，而且树林还可限制坦克的移动，并为反坦克炮和坦克猎杀小队提供掩护。防线上的战斗阵地要挖得足够深，以便士兵蹲在阵地底部时，其头部距离地面还有2英尺的空间（这是为了以避免士兵被坦克碾压）。班组武器的阵地也需要按同样的要求构筑，并在两侧挖出狭窄而细长的堑壕，以供班组人员躲避坦克。

坦克防御战获得胜利的关键——或者是"防止溃败的关键"——是让步兵清楚了解坦克的弱点与局限性。建立信心的训练十分必要，这些训练包括让士兵在坦克迎面驶来时躺在履带之间，或者蹲在散兵坑里让坦克从头顶驶过。步兵要明白当坦克靠近时，他们应保持隐蔽到最后一刻，因为坦克离得越近，他们就越安全，如果他们能等到自己已处于坦克的盲区后再离开（他们手上有近距离反坦克武器的话，也可以发动攻击），那他们就可以避免被坦克上的机枪打倒。当然，他们也可以选择继续隐蔽，等待与敌军的伴随步兵交战。

部分团属反坦克炮连的反坦克炮会支援前沿步兵连，但更多时候，这些反坦克炮要么会被团部保留并作为预备队的装备，要么会被用于掩护通往己方后方的、可供坦克通行的道路，要么会被部署在阻止敌人突破的位置上。

早期的军事教条经常要求反坦克武器在最大射程上与敌方坦克交战，因此炮兵通常会在最大射程上对敌军坦克编队开火，杀伤其随行的步兵，并迫使坦克尽早转换成战斗队形，从而减缓其推进速度。在二战初期，人们认识到，等坦克进入到几百码以内时再发起攻击会更有效——也就是采用伏击战术。事实证明，即使是在北非沙漠中，这一战术也很有用，因为比起用打不准的炮弹令前进中的敌军坦克警觉并采取规避机动，不如在相对近的距离内保证命中率。迫击炮和机枪会对准步兵开火，以期将步兵和坦克分隔开来。位于更后方的反坦克炮则会与突破前沿阵地的坦克交战，如有必要，团级预备队的反坦克炮也会被投入战场。分散的小股步兵将使用近距离反坦克武器去攻击分散的坦克，尤其是在森林、建筑密集区和其他封闭地形中。师属反坦克炮营的部分反坦克炮可能会被配属给前沿步兵团，但大多数时候它们会被编入预备队，用于阻挡敌军突入纵深。在二战初期，几乎没有坦克部队会被派遣给步兵师用作反击部队。

1942 年，德军装备了为 Kar 98k 步枪配发的 30 毫米杯形发射器，该发射器可以用来发射 30 毫米、40 毫米、46 毫米和 61 毫米反坦克枪榴弹，还可用来发射人员杀伤弹药、各种烟幕弹及特殊用途的弹药。尽管该发射器后来整体上被"铁拳"取代，它仍被一直使用到二战结束。

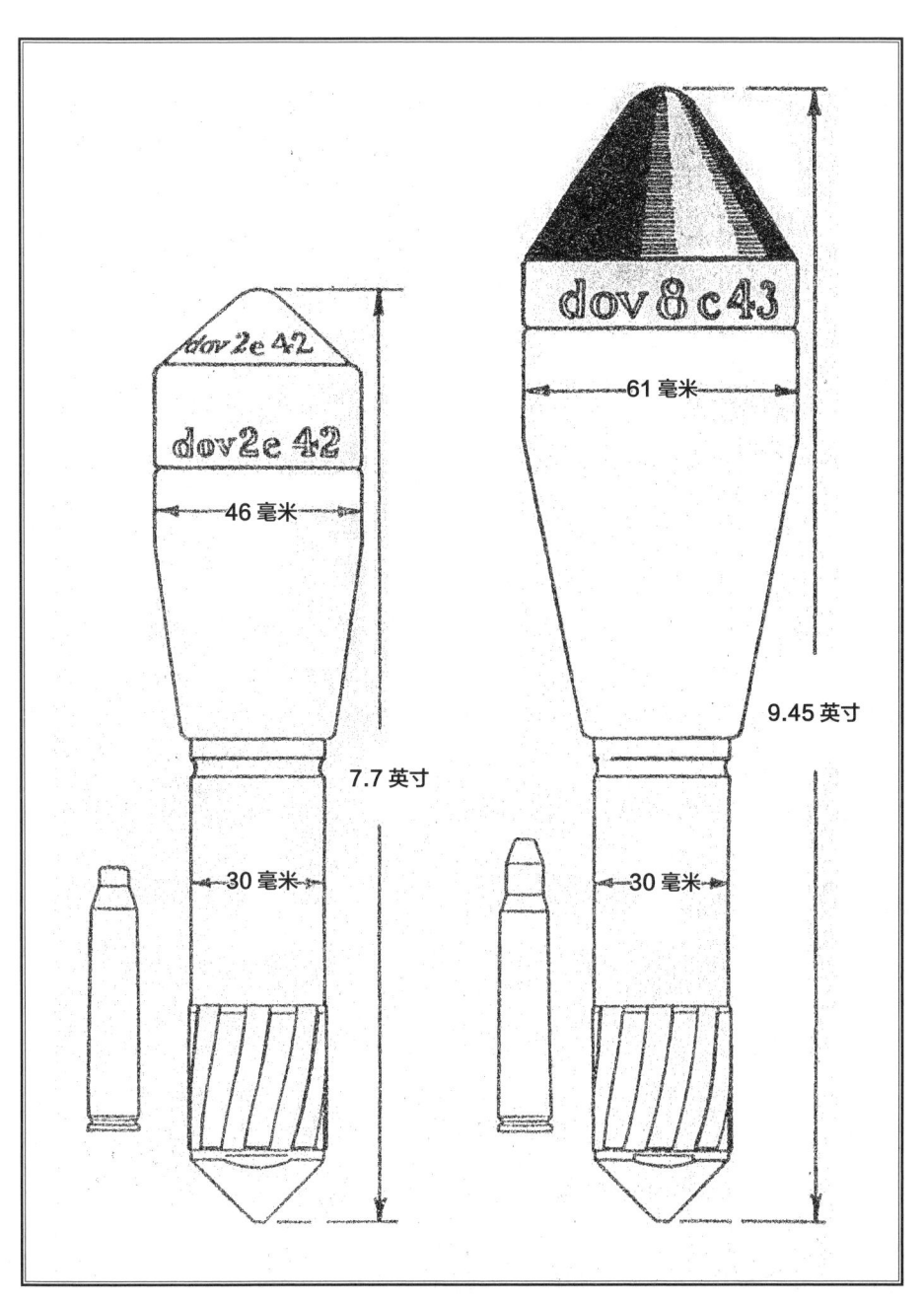

46 毫米 GPzgr 46 和 61 毫米 GPzgt 61，可用杯形发射器进行发射。它们所用的特殊发射药筒也在图中一并展示了出来。与其他军队不考虑枪榴弹种类，一律使用普通发射药筒不同，德国为每一种枪榴弹都开发了对应的特殊发射药筒。

在进攻作战中，反坦克子单位将伴随进攻部队前进（通常在稍微靠后的地方跟随前进）。如果敌军坦克攻击己方的前进纵队，反坦克子单位就将加入战斗。此外，反坦克子单位也可能接到命令向碉堡直接开火，并警戒从侧翼靠近的敌军坦克。

1943—1945 年

1942—1943 年间，反坦克作战的本质在许多方面都已发生了变化。除了大规模集中行动外，装甲部队也会以小股集群的形式进行战斗，还越来越多地在进攻和防御作战中为步兵提供支援。此外，自行火炮和突击炮也在战场上变得更常见了。

传统的反坦克炮当时正在升级为中口径和大口径火炮，但是坦克在设计、装甲、火力和机动性方面的进步，压倒了战场上反坦克炮在数量增长上的优势。反坦克武器设计的"权宜之计"变得更普遍，比如直接把坦克炮和高射炮安装到反坦克炮的炮架上。反坦克枪正在退出战争舞台，在美军和之后的德军中，它们开始被肩扛式火箭筒所取代。英联邦国家的军队则走进了"死胡同"（见下文）。高度便携的反坦克武器为步兵提供了其急需的防御能力，并催生了新的小规模部队反坦克战术。新式反坦克武器并没有取代传统的反坦克炮，而是被视为一种增加获胜几率的补充武器。尽管新式反坦克武器的射程与杀伤力有限，但其仍在很大程度上让坦克与步兵之间的"对抗天平"开始向步兵倾斜，尤其是在 1944—1945 年间的西线战场上。同时，反坦克"手雷"与反坦克枪榴弹等近距离武器并没有因此被忽视，一些国家还投入了改进的型号。

人们意识到了有效的反坦克战术需要相关武器具备相应的机动性，并且越来越多的反坦克炮也被安装到了全履带底盘上。按照这一逻辑，人们也得出了最好的"坦克杀手"其实就是另一种坦克的结论。同时，其他被广泛认可的观点包括：反坦克防御的纵深应尽可能深，需要保留机动反坦克预备队，并动用坦克和专门的坦克歼击车用于防御。虽然整个战争"变得更加机动化"了，但任何一支需要设防的军队在时间充裕时仍会构筑由大量障碍物与雷区保护的坚固的反坦克阵地。苏联红军曾大量构筑反坦克支撑点，而当东线战场上的攻守双方角色互换之后，德军也是如此做的。军队开始为更多的火炮和轻型高射炮配发反坦克弹药。

1943 年之后，除了通过巨大的努力集中部队发起的几场大规模装甲攻势，德军很少再发起此类攻势；日军则从未进行过这类作战。此时，同盟国的坦克产能与投入大规模装甲部队的能力却得到了提升。因为轴心国的军队基本上不再发起装甲攻势，转而把坦克用于小规模战斗与反击，所以小规模部队的反坦克武器和战术的重要性便愈发突出了。即便在局部的反击作战中，坦克也具有突入纵深的能力，因此为炮兵单位和其他后方单位提供"反坦克保护"的需求也必须得以满足。

坦克猎杀小队

  参与二战的大多数国家的军队都部署过坦克猎杀小队。随着战争的推进，坦克猎杀小队在变得越来越活跃的同时，开始拥有越来越多的更致命的便携式反坦克武器。坦克猎杀小队大多由各步兵单位自行组织，但各国军队都进行过一些演练并总结了相关理论。步兵单位大多有自己的反坦克战术，其中地形仍是决定性因素。一支坦克猎杀小队通常由4—12人组成（6—8人的小队最为典型），并由一名低级士官带领。在小队中，由2—4人组成的攻击组会装备远距离反坦克武器（如反坦克枪或肩扛式火箭筒）或近距离攻击武器（如反坦克"手雷"和手榴弹）；由2—4人组成的掩护组则装备手榴弹、枪榴弹和发烟手榴弹，并作为攻击组的支援力量，保护攻击组不受敌军伴随步兵攻击。此外，通常还有一个装备自动步枪或轻机枪的2人小组负责提供支援。

  坦克猎杀小队通常会被部署在主要抵抗线的前方，尤其会被部署在封闭地形中，用于伏击来袭的坦克。一些坦克猎杀小队会由前线守军和预备队掌握，以便随时攻击突破防线的坦克，还有一部分坦克猎杀小队会在后方纵深处待命，准备伏击或拦截突入的坦克。坦克猎杀小队在森林和建筑密集区能发挥很大的作用，因为这些地方既可为其提供掩护与隐蔽，又能将坦克限制在可预测的路线上缓慢行进。最好的情形是坦克猎杀小队能与其他友军单位协同作战，但反坦克作战的特点和战术无线电的稀缺基本上排除了这一可能性。坦克猎杀小队也可用于进攻，如渗透到敌人的防线后方，攻击坦克集结区。

  理想情况下，坦克猎杀小队应伏击坦克——等坦克向自己的位置靠近时再进攻——但更多时候其不得不去拦截或追击坦克。能见度低的情况（夜间，雨、雾天气）是攻击坦克的首选时机，但这种条件可遇而不可求。烟幕弹可以用来遮挡坦克车组成员的视野和（或）掩护攻击小组接近。掩护小组可通过释放烟幕、用轻武器射击等方式来分散坦克观察员的注意力，并攻击坦克的伴随步兵。轻机枪小组亦是如此。如果使用远距离反坦克武器，攻击组将尽可能靠近到离坦克100码或更近的地方；如果使用近距离攻击武器，攻击组将不得不对坦克发动贴身攻击。

一件步兵反坦克武器的极致机动性,就是它可由一名步兵在任何地形上携行。在这张摆拍的照片中,正在"攻击"一辆"黑豹"坦克的美军巴祖卡火箭筒小组,使用的是 2.36 英寸 M1A1 火箭筒。这种火箭筒的重量与尺寸使其容易被使用者带到一个有利的发射位置。本照片的摄影师为了重演当时的情景而挑选的位置,并不怎么恰当:在直面"黑豹"坦克宽大的正面倾斜装甲时,士兵会暴露在坦克的同轴机枪和航向机枪的火力面前。

如有条件，坦克猎杀小队应从坦克后方发起攻击。即便使用了威力更大的便携式反坦克武器，小队成员也应当尽量从侧面和后方发起攻击以提高摧毁坦克的成功率。坦克猎杀小队的战术受到常规坦克战术（坦克很少单独作战或脱离步兵的支援）的制约。步兵对坦克的伏击往往没有具体的组织或计划，而是视战场情况临时发起的——当机会出现时，小股步兵会用手头一切可用的武器去攻击坦克（尤其是日本和苏联的军队，士兵们会"蜂拥而上"，愿意付出重大代价来摧毁坦克这种高价值目标）。

具体武器和战术

下文将按国别介绍反坦克炮,但没有谈及其理论上的最大射程。在战斗条件下,无论口径有多大,反坦克炮的最大有效射程都很少超过1400码。

美国

二战前,美军反坦克作战依赖于步兵反坦克武器,其反坦克学说基本上是合理的。除了步兵反坦克部队外,野战炮兵也会负责反坦克防御。但美军并未为此投入多少炮兵,因为其认为炮兵部队里的少数反坦克炮是用来保护炮兵,而不是用来保护整个师的。经过各种演习探索,美军于1941年11月成立"坦克歼击部队",并将各个师的反坦克营重新更名为"坦克歼击营"。在对德军装甲部队深感恐惧的那段时期里,美军下令成立220个坦克歼击营。在正确评估了德军的威胁,以及德国被迫转入防守态势后,美军最终只保留了106个坦克歼击营:其中35个营从未被部署到美国本土之外,还有一些营后来被改为了其他类型的部队。美军中有大约一半的坦克歼击营使用半履带式自行火炮(后来使用全履带式的),其他的则使用由半履带车牵引的反坦克炮。

美军基本的步兵反坦克武器是37毫米M3A1反坦克炮(于1940年列装),它是德国3.7厘米PaK 35/36的仿制品。M3A1在问世时还是一种优秀的武器,但到1941年就过时了。1943年中期,该炮在美军改用57毫米M1反坦克炮后就停产了,但仍被步兵营反坦克炮排使用(尤其是在太平洋战区)。M3A1配备了穿甲弹、被帽穿甲弹、高爆弹和榴霰弹(穿甲弹在500码外的穿深仅为36毫米,且需要射入角度合适。在同样的条件下,被帽穿甲弹的穿深能达到61毫米),其射速为每分钟15—20发。一门M3A1反坦克炮需配备一个六人班组,由半吨或1吨卡车牵引。

美国57毫米M1反坦克炮是英国6磅Mk II反坦克炮的美国版(后来生产的M1A1和M1A2都改进了回转机构),由1吨或1吨半卡车牵引。M1反坦克炮需配备一个10人班组,该炮能以每分钟12—15发的速度发射穿甲弹和被帽穿甲弹。57毫米反坦克炮发射的穿甲弹在1000码外以20度的入射角命中目标时,穿深为73毫米。此外,美军还有一部分使用"牵引式反坦克炮"的坦克歼击营列装了3英寸M5反坦克炮——这种炮实际上就是一门高射炮(经过改装后安装在105毫米榴弹炮的炮架上)。

美国37毫米M3A1反坦克炮在1943年之前一直是美国反坦克防御体系的中坚武器，直到后来它被57毫米M1反坦克炮取代。37毫米反坦克炮经常装备于步兵营反坦克炮排，尤其是在太平洋战区。它可由人力在崎岖地形上转移进入阵地，因此可用于攻击碉堡和洞穴。照片中的这门炮在突尼斯战场上使用垒石胸墙来增强防护。

在美国陆军中，步兵营的营部连下属的一个反坦克炮排，会装备三门37毫米或57毫米的反坦克炮；团属反坦克炮连，会下辖三个各有三门炮（通常为57毫米反坦克炮）的排。不像当时的大多数军队，美军步兵师没有师属反坦克炮单位，但是经常会被配属一个坦克歼击营（太平洋战区除外）。这种营级单位通常会列装36辆装备有3英寸或76毫米反坦克炮的坦克歼击车。这些坦克歼击车会被分入三个连，而每个连又下辖三个各有四辆坦克歼击车的排。

二战前美军的反坦克武器只有使用栓式发射器的M9A1枪榴弹。1941年出现的M9枪榴弹仿制的是德国GG/P40枪榴弹，但其缺乏可获得最佳炸高的鼻锥。更糟的是，M9枪榴弹的起爆引信安装在头部而非底部，这进一步影响了空心装药战斗部的聚能效果。1942年，M9枪榴弹被安装有鼻锥和底部起爆引信的M9A1枪榴弹汰换了，后者可穿透75—100毫米厚的装甲。M9A1枪榴弹由M1步枪发射时，射程约285码，由M1卡宾枪发射时，射程为185码。在使用了增程药筒（外号"维生素丸",塞入管状发射器前部开口)后,它的射程还能提高30%—50%。不过卡宾枪一般不会使用增程药筒,因为过大的冲击力会损坏枪支。

在1943年年末适用于M1半自动步枪的枪榴弹发射器出现之前,美军步兵班使用春田M1903栓动步枪来发射枪榴弹。起初,每个步兵班会配备一具发射器。到1944年时,美国陆军改为给每个步兵班配备两到三具发射器,而海军陆战队则会为每个步枪手配备一具发射器。

美军主力步兵反坦克武器是2.36英寸巴祖卡火箭筒。巴祖卡火箭筒轻便、易操作,成本低,能被快速生产。最重要的是,它能有效对付坦克。另外,与反坦克功能一样重要的是,它还可以被用于摧毁碉堡。在美国陆军中,步兵师级单位会装备558具巴祖卡火箭筒,步兵团级单位会装备112具,步兵营级单位会装备29具,步兵连级单位则只有5具。另外,全师各级指挥部、炮兵单位和火力支援单位会持有若干巴祖卡火箭筒(营部和重武器连可将巴祖卡火箭筒借给步兵单位以增强其火力)。

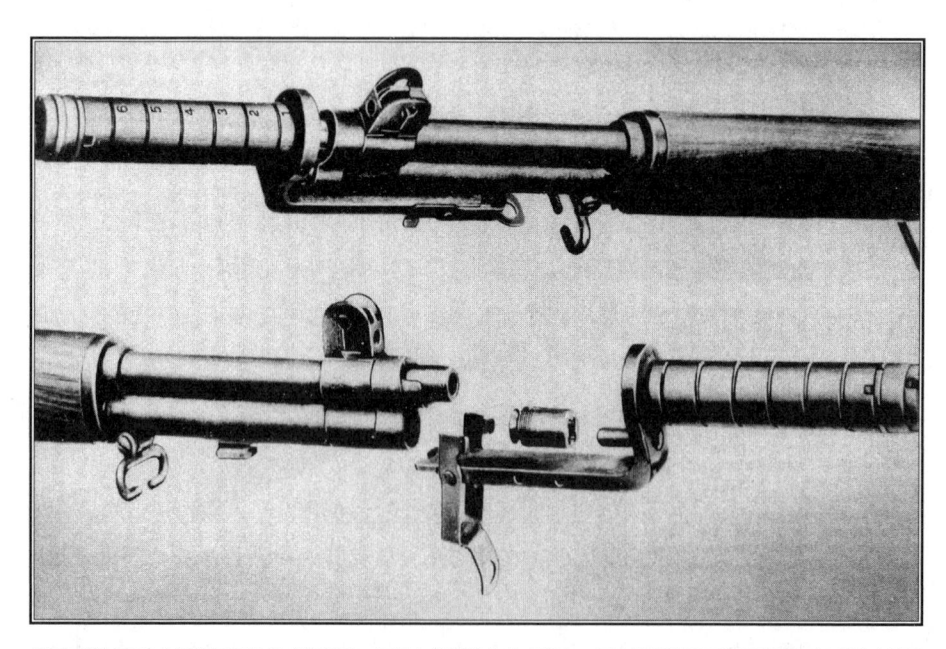

美国、德国和日本军队采用的栓式发射器,可插入枪榴弹的空心管中。图中的发射器是适用于M1加兰德步枪的M7发射器。士兵在使用M7发射器时需要更换标准的气阀螺塞,并将其固定在刺刀卡笋上。枪榴弹的带尾翼空心管往下插入得越深,则射程越远。M7发射器一个特点在于,将该发射器安装在步枪上后,步枪便不能进行半自动射击了(二战结束时出现的M7A1发射器才解决了这一问题)。

M9A1 及其他反坦克枪榴弹，可以使用 M1 加兰德步枪的 M7 发射器、M1903 的 M1 发射器、M1917 的 M2 发射器和 M1 卡宾枪的 M8 发射器发射。这种采用空心装药战斗部的枪榴弹也经常被用于对付野战工事、建筑物，甚至敌军人员。

1942 年 7 月，美国海军陆战队为其每个师增配了 132 具巴祖卡火箭筒（每个团 44 具）。到 1943 年 4 月，这一数字已增长为每个师 243 具，每个团 53 具。和陆军一样，海军陆战队起初也给勤务部队配发了巴祖卡火箭筒。但是在 1944 年，这一策略发生了改变——每个师装备的巴祖卡火箭筒的数量减少到了 172 具（每个团装备 43 具）。这主要是因为日军坦克的威胁十分有限。

第一批巴祖卡火箭筒通过海运被提供给了苏军与位于北非的英军。1942 年 9 月，600 具巴祖卡火箭筒被运抵英国，但却被英国人认为不适合用于沙漠地区的战斗，其理由是步兵很难在毫无遮蔽的沙漠上靠近德国人的坦克并发动攻击。巴祖卡火箭筒作为防御性武器的价值很显然被无视了，英国人把它们扔在了仓库里。与英国不同，苏军立即发现了巴祖卡火箭筒的价值，而首批被苏联投入实战的巴祖卡火箭筒在被德军缴获之后，成了德国的"战车噩梦"的参考原型。

在使用 2.36 英寸 M1A1 巴祖卡火箭筒和早期的 M1（注意其标志性的木制肩托）巴祖卡火箭筒时，射手被要求戴上面部和手部护具，以防在火箭弹射出后被未燃尽的推进剂灼伤。与本照片中的射手佩戴的防毒面具不同，美军通常只会佩戴一副带有小块脸罩的护目镜（实战中，射手经常不佩戴防护装备）。后来的 M9 火箭筒由于采用了更长的身管和改进的推进剂，射手已经不再需要采取类似的防护措施。

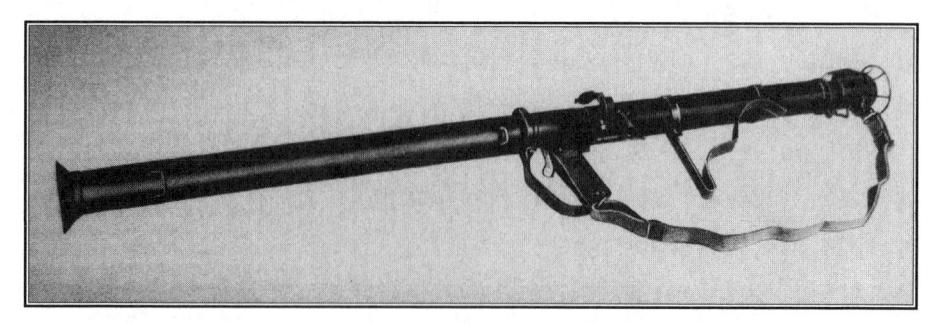

2.36 英寸 M9 和 M9A1 火箭筒于 1943 年年末开始装备美军。这两款火箭筒可被分拆为两部分以便运输，或者放进一个帆布包里以便伞降。因为可被分拆为两半，所以它们拥有更长的发射管。因此，其射程大于 M1A1 巴祖卡火箭筒的射程 [M18 也一样,但其发射管是铝制而非钢制（降低了重量并可防止被腐蚀）的]。二战时，仅有 M18 少量服役。

美军的 M1 巴祖卡火箭筒是于 1942 年 11 月在北非和太平洋上的塔拉瓦环礁首次参加战斗的。M1 的重量约为 13.1 磅,其明显特征是木制肩托和两个手枪式握把。1943 年 7 月 M1A1 定型,但其实际列装部队的时间只有几个月。M1A1 去掉了前握把,使用了改进型电击发装置。这两款火箭筒长 1.35 米,最大射程都是 250 码,射速为每分钟 4—5 发。1943 年 9 月,M9 定型。它拥有更长的发射管(1.55 米),精度更高,射程也增大到了 300 码,并使用了可靠性更好的火箭弹。M9 可分解成两段以方便运输,M9A1 与前者唯一的不同点是改进了两段发射管的接口栓锁。M9 和 M9A1 的重量都约为 7.19 千克。这两种型号的火箭筒的总产量为 476819 具,其中 277819 具是 M9A1。

M6 火箭弹有一个尖锐弹头和 6 片刀片状尾翼。这种火箭弹以 30 度角击中目标时,其穿深为 76 毫米,以 90 度角击中目标时,其穿深为 110 毫米。但是由于故障率高,M6 火箭弹在 1943 年 5 月就被停止向美军提供。改进后的 M6A1 和 M6A2 很快就被投入战场。1943 年 8 月,M6A3 开始列装,它改用了圆形弹头,采用带 4 片尾翼的短圆柱形尾翼组件以提高稳定性,其空心装药弹头内使用了改进型内衬,穿深提高了 30%。1944 年,美军批准装备 M10 白磷火箭弹。

✡ 巴祖卡火箭筒名称的由来

2.36 英寸反坦克火箭筒广为人知的名字是"巴祖卡",这个外号甚至成了火箭筒的通用称呼。1941 年,美国陆军开发了一种大型空心装药反坦克枪榴弹——M10。不过它太过重了,无可避免地会在发射时损坏步枪,甚至无法使用 0.5 英寸重机枪的榴弹发射器。1942 年,爱德华·G. 乌尔少尉在改装过的火箭发动机上安装了 M10 弹头,并在一根内径 60 毫米的钢管上安装了两个手枪式握把、一个肩托、简易瞄准具和一个简单的电打火机构作为发射器。最终的成品就是 2.36 英寸 T1 反坦克火箭筒。泽布·黑斯廷斯少校表示,这个武器与电台喜剧演员兼音乐家鲍勃·伯恩斯在戏剧《阿肯色旅者》中使用的一种名为巴祖卡的滑稽乐器相似,因此它便有了一个沿用至今的外号。在开发过程中,巴祖卡火箭筒的代号是"the Whip",也被叫作"烟囱"。

美国的反坦克理论强调要为战斗前哨临时配属一些营级反坦克炮。大多数营级反坦克炮都被部署在主要抵抗线附近，几乎没有编入预备队，因此几乎没有防御纵深。通常来说，团属反坦克炮会被部署在前沿营的后方，或者能覆盖主要抵抗线的阵地上。如果部队得到了非团属反坦克炮（通常是隶属于坦克歼击车连的反坦克炮）的加强，那么这些反坦克炮会被部署在后方以提供更广的防御纵深，或者会被配属给警戒部队。

反坦克防御的主要任务是组织主要抵抗线上的防御和组建用于反击的预备队（后者是坦克歼击车部队的主要任务）。反坦克武器并不会在前线平均配置，而是在经过侦察后，根据以下从低到高的优先级标准来确定部署位置：（1）因人工和天然障碍物而使得坦克无法通行的线路。（2）能使用被动反坦克防御阻断的区域。（3）必须使用反坦克武器和地雷覆盖才能阻挡装甲部队的区域。美军会设法将敌军装甲部队引到最后一个区域进行交战。

M3 半履带 75 毫米火炮运载车是美军坦克歼击营的早期装备。本照片中，由英军在意大利使用的此类装备，正作为辅助野战炮在开火——M3 火炮运载车在完成本职工作时的实际效果不佳。

美军的一门57毫米M1反坦克炮利用建筑物的拐角作为掩护——这是其在建筑密集区的一种常用的应急部署方式。为了隐蔽，士兵通常还会把碎砖瓦砾堆积在火炮暴露在外的部分的周围。

    坦克歼击车的尴尬之处在于，通常情况下美军不会面对来自德国坦克的威胁。为了更好地发挥坦克歼击车的作用，它们会被当作突击炮分配给支援的步兵单位（通常一个步兵团配备一个坦克歼击车连，一个步兵营配备一个坦克歼击车排，一个步兵连配备一个拥有两台坦克歼击车的分排）。

    如果德军发起了大规模坦克攻势，那么配属步兵师的坦克歼击营会因过于分散而无法集中力量进行反击。由于时间仓促、可用道路少且经常被支援部队堵塞，坦克歼击单位通常无法迅速集中在必要的区域。在坦克被证明是更有效的坦克杀手之后，美军在1946年11月撤销了最后一个坦克歼击单位。

    在太平洋战区，日本坦克的威胁很小，相对轻型的反坦克炮足以应对少量的日本坦克。日本人经常把坦克部署在工事中当作固定碉堡，或者零星地将其投入使用。当日军用大量坦克发动反攻时，伴随的步兵又太少了，而且日军对美军登陆发起的反击经常又太晚，经常一头撞上已经上岸的美军反坦克炮、半履带火炮运载车和坦克——

美军通常很快就可以使用火箭筒、反坦克炮和火炮消灭日军那些已过时的坦克。日军坦克在瓜达卡纳尔岛发起的第一次进攻，就被几门37毫米反坦克炮（击毁8辆坦克）、一辆75毫米半履带火炮运载车（击毁1辆坦克）和几门75毫米榴弹炮（击毁3辆坦克）击退了。美国海军陆战队的轻型坦克赶到战场时，只剩下肃清日军步兵的活可干了。在太平洋战场上规模最大的一场坦克战中，美国海军陆战队仅用少量坦克、反坦克炮、火箭筒和火炮就击毁了日军在塞班岛发起攻击的37辆坦克中的24辆。

美军有过几次被德军坦克击溃的经历，如1942年冬至1943年春在突尼斯、1944年12月在突出部战役初期。但多数时候，美军拥有压倒性数量的巴祖卡火箭筒、反坦克炮、坦克、坦克歼击车、火炮和航空支援，轻易击败了德军大多数装甲攻势。

英国及英联邦国家的军队

英军加入二战时，其装备的是1938年列装的2磅40毫米Mk Ⅰ速射炮（2磅反坦克炮）。这种炮的设计十分独特，在进入战斗状态时需要拆下轮子，其三脚架被打开后会形成一个可以360度回转的稳定底座。它的重量是德国同级的37毫米反坦克炮的2倍。在英军的设想中，2磅反坦克炮将在隐蔽条件良好的预设阵地中与坦克交战，因此机动性并不重要。不过，这很快就被证明是个糟糕的想法，因为反坦克炮的部署与转移速度至关重要，而2磅反坦克炮高大的轮廓使其难以隐蔽，尤其在北非沙漠中。而且它的最大有效射程是600码，只能击穿50毫米厚的装甲，其性能很快就无法满足战场需要。在5人班组操作下，它的射速可达每分钟20—22发，但是只为其配发穿甲弹的情况又限制了其用途。2磅反坦克炮通常被放在莫里斯1吨半卡车的后车厢上运输。虽然可以使用卡车的坡道将2磅反坦克炮卸载到地上后开火（这也是首选的射击方式），但该炮也可以直接在车厢上开火。2磅反坦克炮还可以使用1吨半卡车或通用载具牵引。

英军在1940年的法国战役中损失了大量2磅反坦克炮。虽然当时6磅（57毫米）反坦克炮的原型已经出现了，但是英国仍在继续生产2磅反坦克炮以填补巨大的反坦克武器缺口。1940年，英军拦截了一批运往苏丹的瑞典37毫米m/34博福斯反坦克炮。英军在试用了这种火炮后，对其印象深刻，便将其命名为Mk Ⅰ并投入了非洲战场。Mk Ⅰ配有穿甲曳光弹和高爆弹，有效射程仅400码，但其重量不到2磅反坦克炮的一半。德国山地部队，以及波兰、丹麦和芬兰军队同样使用了这种武器。

机动性对于反坦克炮而言至关重要。英军广泛实践了"车载炮"(Portee)理念,即将2磅和6磅反坦克炮安放到卡车上。反坦克炮可以直接在卡车后车厢上开火,也可以使用钢制坡道卸载到地上后开火。照片中的是一门安放在1辆1吨半货车上的6磅Mk Ⅱ反坦克炮,它在地上开火时可以装上侧面防盾,但英军很少这么做。

1941年年末,英军开始列装6磅反坦克炮(但该国很快就开始列装身管更短的6磅Mk Ⅱ反坦克炮和身管长度增加16英寸的6磅Mk Ⅳ反坦克炮,它们可以直接被装载在1吨半货车上,但更常见的是使用履带式载具牵引)。6磅反坦克炮(参考上文关于美国57毫米反坦克炮的介绍)是一种设计优秀、轮廓低矮的武器。

1942年5月,体积更庞大的17磅(3英寸)反坦克炮获准服役。第一批17磅反坦克炮(这批紧急制造的反坦克炮直接使用了25磅榴弹炮的炮架)在1942年年末抵达突尼斯前线,及时迎战首批部署到突尼斯的"虎式"坦克。该反坦克炮重1822磅,身管长165.45英寸。在1000码外发射被帽穿甲弹并以30度角击中目标时,其穿深为109毫米,而发射高爆弹时,其射程可达10000码。1944年8月,英军前线部队开始接收一种使用碳化钨穿甲核心的脱壳穿甲弹——在1000码外以30度角命中目标时,其穿深为231毫米。性能出色的17磅反坦克炮经过修改后,被安装在英国的谢尔曼坦克改进型——"萤火虫"坦克上面。最终,欧洲西北战场上的每个英军坦克排都有了一辆"萤火虫"坦克,这让英军有了与"黑豹"和"虎式"坦克一战的机会。

法国，1939—1940年：正在操作一门法国25毫米Mle 1934反坦克炮的英军士兵。英军士兵称这种炮为"哈奇开斯"。除了帮助英国远征军填补反坦克炮的空缺外，Mle 1934还为法国武器标准化做了一点贡献。法军旅的反坦克连装备了Mle 1934后，很快就发现该炮的性能低下，仅能勉强击穿德国Pz.Kpfw Ⅰ轻型坦克，而且其射程和穿深仅比反坦克枪好点。此外，结构脆弱的Mle 1934还不适合用卡车牵引（因此英国陆军不得不发展"车载炮"）。在敦刻尔克战役之前，Mle 1934就被"忘恩负义"的英国人扔在了法国。

"博伊斯"反坦克枪Mk Ⅰ型使用5发弹匣供弹，重约36磅，长64英寸。该枪于1936年列装部队，在1940年时就已经过时了——它在300码外只能击穿20毫米厚的装甲。由于后座力较强，沉重又笨拙，"博伊斯"反坦克枪很不受欢迎，最终它在英国步兵排反坦克武器中的地位于1943年被PIAT取代，但它仍在各种轻型装甲战斗车辆上服役。

MK Ⅰ型PIAT（读作"皮亚特"，意为步兵反坦克反射器）于1943年7月由加拿大军队在西西里岛首次用于实战。PIAT是一种有着"独特缺点"的前部装填式发射器，它重达31.7英磅，但只有39英寸长。PIAT对坦克的有效射程为100码，其口径为3.5英寸的破甲弹弹头可以击穿100毫米厚的装甲。在射击建筑物大小的目标时，PIAT因其有效射程为350码，而获得了"掩体克星"的称号。射击时，PIAT里的强力弹簧会通过一根金属杆推动弹药的尾部，在将弹药弹射出去的同时点燃其中的推进剂。与巴祖卡火箭筒不同的是，PIAT在使用时不会产生尾喷气流，也不会产生明显的烟尘，因此它可以在建筑物中使用。PIAT有一个单脚架，可以由士兵进行肩扛式发射。和"博伊斯"反坦克枪一样，每个英军步兵排指挥部会配备一具PIAT。PIAT的总产量大约为115000具。[2]

68号反坦克枪榴弹是第一种利用了空心装药原理的英国武器，于1940年夏季被投入战场。68号反坦克枪榴弹有近2磅重，是二战时最重的枪榴弹。它采用了尾翼稳定设计，可通过2.5英寸杯形发射器发射。它的弹头空腔设计糟糕，没有留一点炸高，而且平坦的前端也影响了它的精度。尽管设计简陋，但它的穿深在1940年时的战场上表现优秀。PIAT投入战场后不久，68号反坦克枪榴弹便被撤装了。

二战之初，英国的前国际纵队成员成立了一所反坦克学校，传授来自西班牙内战时期的反坦克作战经验。该学校在一本名为《猎杀与摧毁坦克》的小册子中，介绍了如何在绝境中开展游击战的建议，但这些建议几乎不适用于较常规的战争。本着1940年夏天英国宣传的那种"你总可以拉一个垫背的……"的精神，这本小册子把猎杀坦克描述为与狩猎大型动物类似的活动，并鼓励"有勇气，有智谋，有决心的人"参加。该小册子介绍了一些简易手段，但仍将手榴弹列为主要的反坦克武器，因为英国人使用的手榴弹种类繁多。在缺乏足够多的反坦克炮的情况下，英国人也几乎没别的武器来应对德国人可能发起的入侵。英国的反坦克手榴弹都依赖于爆炸效果，没有一种采用了空心装药设计。1940年后，除了能对付最轻型的坦克外，手榴弹对几乎所有的坦克都已无效了，仅能用来炸断坦克履带或用于破障与穿墙：

73号"暖瓶"（反坦克）手榴弹，重约3.25磅，投掷距离10—15码。它使用"Allways"型碰撞引信——在被投掷出去后，其安全销会随着配重胶带松开而脱落。该手榴弹于1940—1941年列装部队，后被撤装，1943年又重新列装部队（主要用于爆破）。

74号ST反坦克手榴弹又叫"黏弹"，重约2.25磅，看上去就像是一个加了手柄的玻璃球。这种手榴弹里面装满了硝酸甘油炸药（常被错误地称为"硝化甘油"），外部覆有浸过黏合剂的布料，它通常会被放入一个可脱落的金属外壳内携带。士兵拔掉安全销后，可将手榴弹投掷出去或直接放置在目标上。这种手榴弹很不受欢迎，但在1940—1943年被少量使用过（1940年后，大部分黏弹都被转交给了法国抵抗组织）。

75号霍金斯"手雷"（霍金斯反坦克雷），重约2.25磅，采用了锡制外壳。霍金斯"手雷"可用多种引信引爆，可当成手榴弹或者地雷（更普遍）使用，还能用于在墙上开口。由于性能可靠，它也曾被美军采用，并从1942年一直服役到1955年。

82号"加蒙"手榴弹，其弹体为弹性布袋，可根据目标不同往该布袋里装入不同数量的塑性炸药。它采用了"Allways"型碰撞引信，服役时间为1943—1954年。

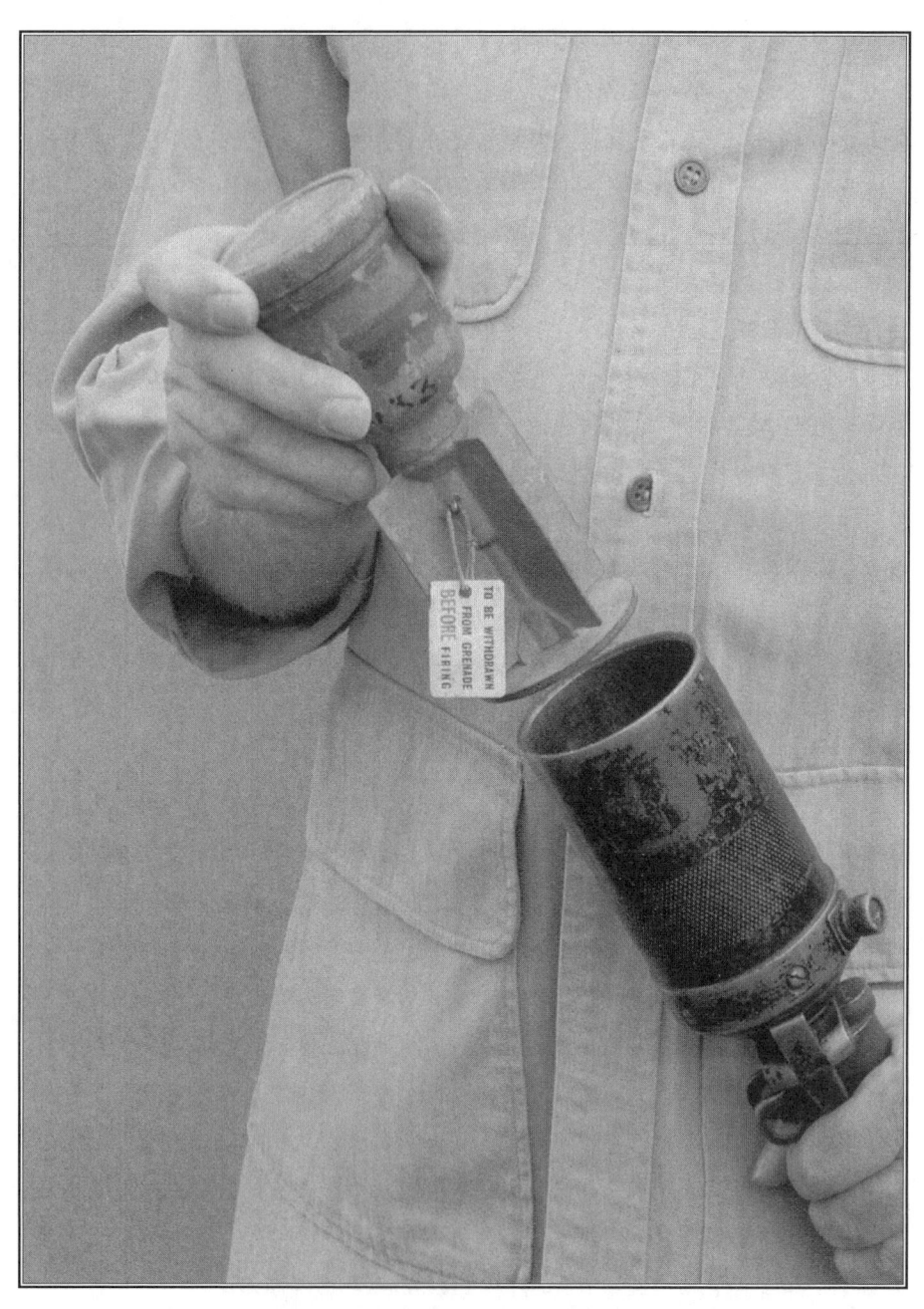

68号反坦克枪榴弹,以及装在SMLE步枪枪口的杯形发射器。金属锡标签的存在是用来提醒射手在装填榴弹之前应把安全销拔掉的。榴弹顶部用于拧紧弹头帽的螺纹上涂有红色"装药带",底下是绿、黑、绿色带,用于表明榴弹装药为空心装药战斗部首选的彭托利特炸药。(理查德·胡克拍摄)

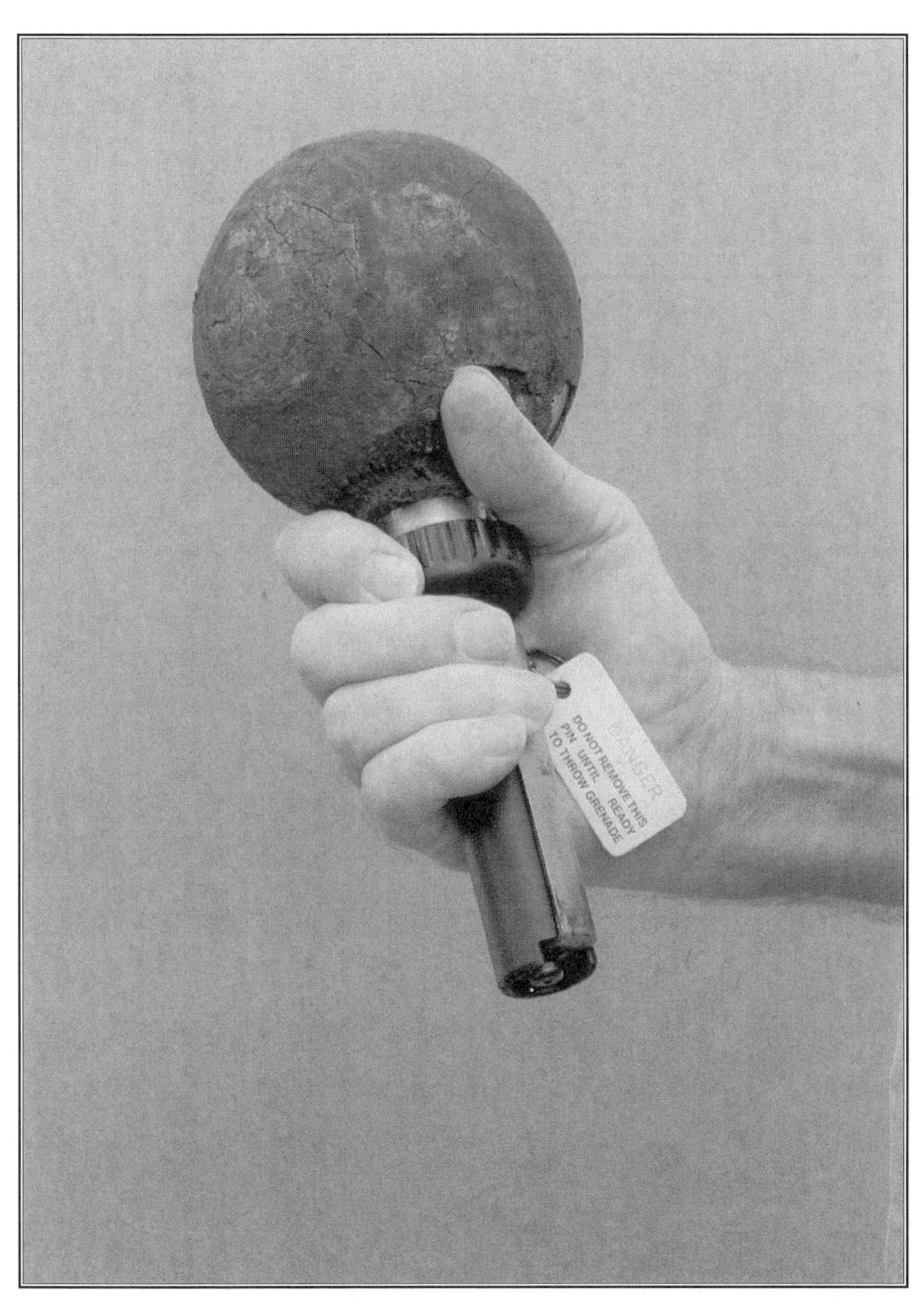

74号ST反坦克手榴弹。本照片中的手榴弹生产于1942年12月，其黏合剂层经过长时间干燥，看起来像是深棕色的木材。该手榴弹的手柄和保险释放装置的材质分别为黑色胶木与金属。这是最近在诺曼底发现的一整箱"黏弹"中的一枚，据推测它们可能是在诺曼底登陆日前被法国抵抗组织"马基"埋在那里的。（理查德·胡克拍摄）

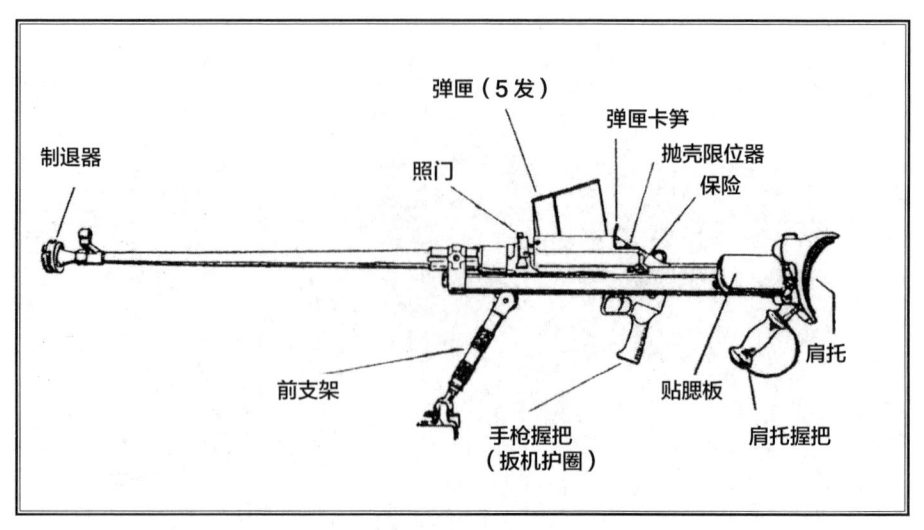

（图示："博伊斯"反坦克枪各部件标注）
- 制退器
- 照门
- 弹匣（5发）
- 弹匣卡笋
- 抛壳限位器
- 保险
- 肩托
- 前支架
- 手枪握把（扳机护圈）
- 贴腮板
- 肩托握把

"博伊斯"反坦克枪 Mk Ⅰ型被英国和英联邦国家的军队广泛使用。图中的圆形制退器常见于英国制造的反坦克枪。加拿大造的"博伊斯"反坦克枪 Mk Ⅰ型使用的是平坦的矩形制退器，其边缘有排气口。此外，加拿大生产的"博伊斯"反坦克枪还有一个提把，而英国生产的型号则没有提把。美国海军陆战队突袭者与陆军游骑兵都曾少量使用过"博伊斯"反坦克枪。

起初，2磅反坦克炮列装的是师属反坦克炮团（相当于皇家炮兵的营级单位）。一个这样的团有四个连，每个连有12门反坦克炮。1942年，2磅反坦克炮开始被6磅反坦克炮替换——由于各个步兵师无法获得足够的6磅反坦克炮，当时每个步兵营的营部连增加了6门2磅反坦克炮（一个排），之后改为6磅反坦克炮。在1944—1945年间，英国反坦克炮连逐渐实现了一个排装备6磅反坦克炮，两个排装备更强大的17磅炮。

英军在用4门2磅反坦克炮支援一个步兵营时，经常会在防御前沿把它们排成一条直线，从正面攻击那些它们已难以应对的坦克。这导致这些反坦克炮很容易暴露——只要一门炮被发现，它侧翼的其他反坦克炮很快就会被敌人找到。实战证明，无论是在沙漠还是在林地，只有将反坦克炮交错布置才能保证至少有一门炮能攻击敌军坦克的侧面。

英国人在二战爆发时所信奉的军事学说要求用反坦克障碍物保护一条连贯的前线，并规定"奉命防守一个地区的部队必须战至最后而不考虑撤退"和"阵地要进行纵深布置"。在北非，这一学说在很大程度上被更符合现实的"箱形"防御理论所取代。在"箱形"防御理论中，箱形阵地是构筑在防御纵深内坦克无法通行的地形上的据点，由雷区提供保护，并由前哨阵地和巡逻队提供警戒。

由于2磅反坦克炮在数量和质量方面都无法满足要求，英军在北非不得不大量使用野战炮来补充反坦克炮的不足。按照命令，2磅反坦克炮不得与800码以外的坦克交战，而在森林地区，交战的距离还会更短。不过，2磅反坦克炮在600码的距离上开火又被认为离敌人太近了，因为600码也是坦克机枪的有效射程。不论是在800码处开火，还是在600码处开火，反坦克炮的精度都是一样的；在600码外，坦克机枪的精度就会下降，而且机枪子弹也难以击穿反坦克炮的防盾。英军的25磅榴弹炮能够进行360度旋转，在发射穿甲弹时，其射速可达每分钟20发，因此士兵会在目标进入1000码的距离内后再开火，但只有在近距离上开火才能保证其命中率。

为了给PIAT装填弹药，2号射手需要将弹药从发射器前端的凹槽内插入。发射时，该射手需要用四根指头扣动沉重的扳机，并能感受到明显的"迟发火"——扣下扳机后，强力弹簧会通过击针杆推动炮弹前冲，炮弹的推进剂点燃后又会产生后坐力。这一套过程可能会让士兵放开握把，而且如果他扣动扳机后又很快松开，200磅弹力的弹簧可能无法重新上紧。这时士兵需要用全身的力量转动发射器外壳，并用两脚踩住发射器底部的肩托，用力将弹簧复位，而在战场上，于保持隐蔽的状态下完成这一套操作需要相当高的技巧。（作战场景重现，西蒙普格·琼斯摄）

英国 2 磅反坦克炮重 1858 磅，是美国和德国 37 毫米反坦克炮的两倍重。它可以在轮架上发射，但更常见的是在自带的三脚架炮座上发射。虽然该炮带有防盾，但英军很少使用。

    2 磅反坦克炮可被部署在前线后方，用于保护炮兵团，然后两者的反坦克火力会被整合。此外，还可以把 2 磅反坦克炮部署在炮兵阵地侧翼 100—300 码处（如果需要提供更全面的保护，则可以将 2 磅反坦克炮部署在炮兵阵地前方和侧翼 500—1000 码处）。将 25 磅榴弹炮用作反坦克炮，可以为反坦克防御增加纵深。在 6 磅及更重型的反坦克炮，还有自行反坦克炮的数量逐渐充裕后，英国人就不再依赖野战炮兵进行反坦克作战了。此时，英国人开始将反坦克炮集中部署，因为德国人经常将坦克集中起来发动攻击，单门反坦克炮已难以应对。

    在缅甸和其他丛林地区，日军坦克只能沿着公路活动，因此英国方面可以将反坦克炮集中起来，沿着公路进行大纵深部署。此时，英军会划分明确的反坦克前线和不允许任何坦克跨过的后方防线。

    二战早期，英军鼓励士兵使用各种临时手段攻击坦克，但这些手段最后大部分都起不到什么效果。英国和英联邦国家的军队的步兵排能指望的仅有一支"博伊斯"反坦克枪或一具PIAT，以及各种反坦克手榴弹。在当时，伪装与分散部署被英军认为是步兵反坦克防御的关键因素。

苏联

二战爆发时，苏联使用的是45毫米M1932和M1937反坦克炮，它们更换炮管前分别是37毫米的M1930和M1932，后两者可以被视为德国PaK35/36的仿制品（区别在于苏联人使用了金属辐条轮）。到1941年时，短身管的37毫米反坦克炮还未全部从苏军撤装，尽管该炮在500码外只能击穿40毫米厚的装甲。苏军的45毫米和37毫米反坦克炮都能发射穿甲弹和高爆弹。45毫米M1942和M1937很相近，但炮管长了三分之一，且提高了炮弹初速，因此其在500码处的穿深达到了60毫米。这样的表现虽然仍难以满足军队的需求，但M1942一直是苏军主要的营级和团级反坦克炮。1942年，苏联参照德国穿甲弹仿制的一种高速穿甲弹问世，它在500码处的穿深达到了80毫米。与37毫米反坦克炮相比，45毫米反坦克炮不仅提高了穿甲性能，还使高爆弹变得更加有效。理论上，苏军一个配属给步兵营的反坦克炮排会装备两门37毫米或45毫米反坦克炮，团级的反坦克炮连则会装备4—6门炮。师属反坦克炮营也会装备45毫米反坦克炮，每个营下辖三个各有4门炮的连。1941年7月，反坦克炮营的编制从步兵师中撤销，但又在1942年1月恢复。在此期间，所有的反坦克炮都隶属团属反坦克炮连。

57毫米ZiS-2于1941年投产，但其生产"在苏联情报部门经过评估，认为德国坦克的装甲将比原先预计的要厚之后被暂停"。1943年6月，ZiS-2恢复生产，并使用了经改进的穿甲弹。ZiS-2的射速为每分钟20—25发，其在500码处的穿深为145毫米。它能发射高速穿甲弹和高爆弹，而且拥有这一口径级别的武器中最长的炮管。57毫米反坦克炮被用来替换师一级的45毫米反坦克炮，但由于缺乏其所需的牵引车辆，很多步兵师仍继续使用可用人力转移的45毫米反坦克炮。从1943年起，苏军组建了独立反坦克炮营和旅。

苏军步兵师标准的师属火炮是1936年型76.2毫米F-22火炮，及其改进款1939年型FS-22USV火炮。1942年年初，76.2毫米ZiS-3开始在部队中列装。苏军师属76.2毫米F-22火炮属于长身管武器，适合用于反坦克作战，德国人将大量缴获的该火炮用作反坦克炮。苏联还在1944年装备了体积更大的100毫米BS-3反坦克炮。

45 毫米 M1942 反坦克炮部分替换了 45 毫米 M1932 反坦克炮和 37 毫米反坦克炮。虽然苏军在 1943 年年末开始用 57 毫米 ZiS-2 取代 45 毫米反坦克炮，但其仍在继续使用一些更早期的型号。M1942 反坦克炮的长身管搭配新型的高速穿甲弹，在同级别的武器中算是相当有威力了。二战期间，苏联是唯一使用 45 毫米火炮的国家。

苏联 14.5 毫米捷格加廖夫 PTRD-41 反坦克枪，长 6.5 英尺，重 17.44 千克——相对于其体积来说，算是非常轻了。该枪的枪管可以从这张照片中副射手（2号）左手所放的地方与击发机构分离。在行军时，副射手携带枪管，射手（1号）携带击发机构。

苏军是二战时使用反坦克枪最多的军队,苏联大约生产了40万支反坦克枪。苏军有两个型号的反坦克枪,二者的口径都为14.5毫米,均带两脚架,修长而沉重,都可被分解为两个部分。捷格加廖夫PTRD-41是单发装填的栓动式反坦克枪,长1966毫米,重17.44千克;西蒙诺夫PTRS-41是半自动反坦克枪,使用5发弹匣供弹,长2006毫米,重21千克——由于结构复杂,造价较高,后者在苏军中的数量较少。14.5毫米B-32穿甲燃烧弹在100码处的穿深为35毫米,在500码处的穿深为25毫米,而BS-41碳化钨芯穿甲燃烧弹在100码处的穿深为40毫米,在500码处的穿深为35毫米。

上述两种反坦克枪都是在1941年8月投入使用的,当时每个苏军步兵团都增加了一个有6支反坦克枪的反坦克枪排。直到1941年11月,这两种反坦克枪才首次参加实战。此时,反坦克枪的编制在团一级部队中已从排扩大为连。反坦克枪连下辖3个排,每个排有3个班,每个班配备3支反坦克枪——全连共有27支反坦克枪。1942年7月,每个苏军步兵营都增加了一个反坦克枪连,该连下辖2个排(共4个班,配有16支反坦克枪),同时师属反坦克炮营也增加了一个有4个排的反坦克枪连(共有36支反坦克枪)。1943年1月,营属反坦克枪连被缩减为一个有9支反坦克枪的排。反坦克枪也装备了苏军许多其他类型的单位。尽管参战不久就已过时,但苏军仍在整个二战中使用了反坦克枪。苏军强调在使用反坦克枪时,应从坦克的侧后方发起攻击,并用反坦克枪来对付经常在战场上出现的轻型装甲战斗车辆。

尽管在1942年就通过"租借法案"从美国获得了8500具M1巴祖卡火箭筒,并在1943年缴获了各类德国火箭发射器,且本国就有威力巨大的"喀秋莎"火箭炮,但令人意外的是,苏联没有开发一种实用的肩扛式火箭筒来取代过时、沉重、笨拙且昂贵的反坦克枪。要知道,苏军曾使用了大量缴获的"铁拳",而英国也曾向苏联提供了3200支"博伊斯"反坦克枪和1000具PIAT。

1941年,苏军部署了一种不同寻常的武器——"安普洛梅特"(又名"安瓿投射器",在步兵团的"反坦克迫击炮"排里装备了6具)。从外形上来看,它就是把一根口径为125毫米的短发射管安装在一个四脚底座上,能将装满凝固汽油或汽油的玻璃球发射到最远250码处的武器。安普洛梅特由3名士兵操作。由于准头差并且对坦克几乎没有效果,苏军于1942年年末将其撤装。不过,苏军仍经常使用单兵火焰喷射器攻击坦克。

VPGS-41反坦克枪榴弹是一种沉重的、带有稳定尾翼的棒状榴弹。使用这种枪榴弹时，步枪不需要安装单独的发射器。VPGS-41反坦克枪榴弹的设计粗糙，其空心装药战斗部缺乏足够的炸高，头部相对较平导致精度欠佳。由于射程仅有50—75码、穿深有限，且会对发射的步枪造成损伤，这种枪榴弹大约在1943年被苏军淘汰。

苏军在二战期间使用了三种带手柄的反坦克手榴弹。它们都很重（约2.25磅），士兵仅能将其投掷15—20码远。被投掷出去后，这三种反坦克手榴弹都利用了可展开的布条来稳定姿态。其中，RPG-40（RPG为俄语"反坦克手榴弹"的缩写）依靠爆炸效果可穿透20—25毫米厚的钢材——用它攻击碉堡比对付坦克更有效。RPG-42使用的是空心装药战斗部，其穿深达75毫米。RPG-6是一种于1944年投入使用的、经过大幅改进的手榴弹，其穿深达100毫米。除了这三种反坦克手榴弹外，"莫洛托夫鸡尾酒"的产量也有数百万枚，苏军还在前线为这款燃烧瓶安装了自动点燃装置。

苏联在反坦克防御时十分重视纵深：在1941年要求的是2—3千米，到了1943年中期的库尔斯科会战期间已经扩大到原来的四倍。此外，不同单位的配合、强有力的机动预备队也受到重视。反坦克单位也被苏军称为"反坦克炮兵"，野战炮部队也要训练如何对坦克进行直瞄射击。苏军将轻型反坦克炮部署得十分靠前，但是不会超越步兵的前线。口径越大的反坦克炮，会被部署在越靠后的防线上，但为了覆盖关键要道，大口径反坦克炮有时也会靠前部署。反坦克炮会得到步兵和反坦克枪的掩护，并会以50码以下的间隔成对部署。有时候，苏军也会沿着前线以100—150码的间隔布置反坦克炮。苏军同样十分重视反坦克炮的伪装与备用阵地的构筑，并且为了避免过早暴露阵地，他们会等到坦克进入600码的距离以内才开火。为了提供全向火力，苏军会把四门反坦克炮呈菱形布置。

苏军反坦克炮和火炮会被要求战斗到最后一刻——只要能摧毁大量坦克，即便自身被摧毁也被认为是成功的防御。经过计算后苏军发现，不管是用一门或多门反坦克炮射击，摧毁一辆坦克都需要大约12发45毫米穿甲弹——这一数据包括了射偏和被装甲弹开的炮弹。通常情况下，苏军每摧毁一辆坦克就要损失一门45毫米反坦克炮。相比之下，76.2毫米火炮只需射击6发炮弹就能摧毁一辆坦克，并且这种火炮在其自身被摧毁之前通常还能击毁2—3辆坦克。

"火力口袋"是一块事先规划的杀伤区，其中部署了地雷和障碍物，并处于火力覆盖之下，用于把坦克引入其中后再消灭——相当于一个大型伏击圈。苏军会在火力口袋的两侧布置多个反坦克单位，以便从不同方向与距离打击坦克。而且，苏

这是一张苏联红军反坦克枪小组攻击一辆三号坦克的摆拍照片。注意看，该小组中的这两名士兵都携带了可容纳 20 发 14.5 毫米穿甲燃烧弹的弹药包。

军还会使用大量炮火集中攻击该区域，并使用机动反坦克炮对坦克发起攻击。此外，苏军还会让一支反坦克预备队随时待命，以便在敌军坦克逃脱或改变行军方向时移动到适当的阻击位置。

　　苏军的师级及更高层的指挥官会组建一支反坦克预备队。在师一级部队中，这支预备队由反坦克炮营的一部分和各团反坦克炮连的某个排组成，有时也会包括坦克和机动布障分队——后者负责在敌军坦克进攻路线上临时布置雷区。在1943年夏季的防御作战中，建立反坦克据点已成惯例。库尔斯科会战期间，一个典型的反坦克据点会设立在一个步兵连的阵地内。在这类据点中可能部署了三四门45毫米反坦克炮、两三个反坦克枪班、一个携带爆炸物的工兵班、一个冲锋枪班，以及一个使用燃烧瓶与其他近距离攻击武器的坦克猎杀小队。苏军的正面防线，每千米可能会埋设最多1700颗地雷，同时苏军还会构筑反坦克壕与其他障碍物，并且为了集中炮火打击，目标会被事先进行标定。

德国3.7厘米PaK35/36反坦克炮被美国、苏联和意大利等国家大量仿制，并出口到荷兰与中国。PaK35/36的防盾通常较高，但上半部分（照片中装填手头盔顶部往上部分）为铰接结构，可向前放下以降低反坦克炮的轮廓。

实战中，为了对付一个德军坦克排，苏军会投入至少 10 支反坦克枪，并且在指令中讲明如何部署："任何情况下都要设置备用射击阵地。在一个阵地上射击 5—10 发子弹后，就要转移到下一个阵地。如果敌军坦克正朝着不利于你的方向移动，应迅速而隐蔽地占领另一个射击阵地，从坦克的后方或侧面 50—100 码处开火。在战场机动时，应设法让敌军坦克进入另一个反坦克枪小组的火力范围。你和其他反坦克枪小组一起战斗，以及和我方步兵在同一个战斗梯队里时，要与友军协调你的任务。在得到手榴弹和燃烧瓶投手的支援时，要标记他们的位置并避免向那个方向开火。如果敌军坦克停下，应首先设法瘫痪它的武器。"

德国

尽管重视由装甲部队执行的机动作战，但二战爆发时德国国防军的反坦克能力却很弱——德军热衷于进攻，以至于任何带防御性质的东西都不受欢迎。1940 年 4 月 1 日，德军将"反坦克"单位更名为"坦克猎手"，以淡化其防御属性。后来德军将越来越多的反坦克炮安装到履带式底盘上，以增强其机动性。

德军主要的反坦克炮是莱茵金属-博西格的 3.7 厘米 PaK35/36 反坦克炮。步兵团属反坦克连的三个排共有 9 门这种炮，师属反坦克营有 27 门这种炮。有多个国家都仿制了 PaK35/36。20 世纪 30 年代，PaK35/36 也算是一种优秀的武器，但是它到 1940 年就已过时了——正如德军给它起的外号"敲门砖"。

Pak35/36 的班组人数为六人，它原先发射的穿甲弹能在 400 码处击穿 40 毫米厚的装甲。1940 年，AP40 穿甲弹开始列装，它在 400 码处的穿深为 50 毫米。1941 年，为了延长 PaK35/36 的服役生涯，德国开发了一种大型的炮口装填空心装药"柄式榴弹"——41 型柄式榴弹。这种榴弹有一个安装在炮口之外的直径为 159 毫米的弹头，能击穿 150 毫米厚的装甲，有效射程为 200 码。

5 厘米 PaK 38 是 3.7 厘米反坦克炮的放大版，德军于 1940 年年末列装该武器以取代"敲门砖"，但其供应的速度很慢。PaK 38 使用的 AP40 穿甲弹在 500 码处的穿深为 85 毫米，如果准确命中目标，就能够摧毁一辆 T-34 坦克，而标准穿甲弹在同等距离上的穿深只有 60 毫米。因为反坦克炮十分紧缺，所以德军使用了很多缴获的反坦克武器，但即使这样，其反坦克武器的数量仍然不足。

德国还设计了多种将反坦克炮改装到野战炮炮架上的武器。PaK 38 的一个进一步放大版是 7.5 厘米 PaK 40。PaK 40 也是在 1940 年年末投入使用的，后来该炮成为主要的师属反坦克炮，还有一些在团属反坦克炮连中服役。尽管重到了无法用人力转移的地步，但 PaK 40 仍是一件优秀的武器。在 500 码的距离上，Pak 40 使用标准穿甲弹时的穿深为 105 毫米，使用 AP40 穿甲弹时的穿深能达到 115 毫米，因此它能击毁当时的大多数坦克。德国为许多缴获的 76.2 毫米 FS-22 火炮更换了 7.5 厘米炮管，并将其进一步改造成了 7.62 厘米 Pak 36(r)。德国的 3.7 厘米、5 厘米和 7.5 厘米反坦克炮都配备了高爆弹。

7.5 厘米 PaK 40 具有典型的二战反坦克炮的特征：有为高初速与远射程而设计的长身管、用于降低后坐力（因为整炮的重量已被尽量降低）的炮口制退器、用于帮助班组人员抵挡坦克机枪子弹和炮弹破片的防盾，以及用于在转移阵地时高速牵引的橡胶轮胎，还有开脚式大架、光学直接瞄准具和可以快速回转的机构。为了确保战斗胜利与士兵存活率，反坦克炮需要伪装与防护。本照片中的这门炮尽管为了拍照需要已经去掉了大多数伪装物，但仍可看出它曾被精心伪装过的痕迹。PaK 40 本身就比较低矮，在被半埋进地里后，其暴露面积很小。这门炮的炮膛正后方还有一条为炮手和装填手挖的狭长战壕。我们还可以在这张照片中看到许多德国反坦克炮上常见的双层间隙防盾——这一设计能够节约钢材并降低整炮重量，而且这种防盾的防护效果与比它厚三分之一的实心防盾相当。

从 1941 年开始，德国少量使用了两种格利希式锥膛或缩膛炮，即 2.8 厘米 sPzB 41（炮口缩至 2 厘米）和 4.2 厘米 lePaK 41（实际口径为 4.5 厘米，炮口缩至 2.94 厘米）。2.8 厘米 sPzB 41 是一种小型的、带轮式炮架的武器，用于取代 7.92 毫米反坦克枪，而 4.2 厘米 lePaK 41 则使用了 3.7 厘米反坦克炮的炮架。这类反坦克炮使用的是一种特殊炮弹，在发射后，这种炮弹会因弹头被挤压得更小而获得更高的初速。这两种反坦克炮及其弹药的造价都很高——炮弹需要稀有的碳化钨芯——在 1942 年就停止了生产。这两种锥膛炮的穿深表现非常不错：2.8 厘米 sPzB 41 在 400 码处的穿深为 60 毫米，4.2 厘米 lePaK 41 在 500 码处的穿深为 75 毫米。但它们的用途由于缺乏高爆弹而十分单一。

单管和四联装的 2 厘米 Flak 38 高射炮，在配备了 AP 和 AP40 穿甲弹后也被整合进了德军的反坦克防御中，3.7 厘米高射炮也是如此。

1939 年，德军只拥有少量的反坦克枪——38 年型（PzB 38）和 39 年型（PzB 39）。PzB 38 由于其结构复杂且造价昂贵，只生产了 1600 支，而 PzB 39 生产了 39232 支。这两种型号的反坦克枪的口径都是 7.92 毫米，都使用了一战时期 13.2 毫米反坦克枪子弹的缩颈版。这种子弹长 94 毫米，能在 100 码的距离上击穿 30 毫米厚的装甲，但却因弹头太小而无法对击穿的目标内部造成多大伤害。更大口径的子弹能在坦克内部四处反弹并杀伤多个坦克车组成员，但 7.92 毫米弹头在击中第一个人后就会停止反弹。

德国早期的反坦克枪子弹里还有一颗小小的催泪弹，但由于体积太小，起不到什么作用。后期型的子弹使用了碳化钨芯——从波兰人那里学来的技艺。PzB 38 和 PzB 39 都是单发装填的，都带有两脚架，前者重 15.99 千克，后者重 12.43 千克。德军也少量使用了其他几种口径为 7.92 毫米的反坦克枪，还使用了大量包括苏联反坦克枪在内的缴获武器，以及瑞典造 20 毫米反坦克枪（如索洛图恩 s18-1100）。二战初期，德军一个步兵连有一个七人反坦克小队——装备三支反坦克枪，这些反坦克枪有时会被平均分配给三个排，但实战证明将它们集中使用的效果会更好。

1943 年，德国人意识到反坦克枪已经过时了，于是将 PzB 39 改装为 39 型榴弹枪（GrB 39），用于发射反坦克枪榴弹。GrB 39 的枪管比 PzB 39 的枪管短了 2 英尺，并拥有一个杯形发射器。GrB 39 能发射德国所有的反坦克枪榴弹，但在发射同样的榴弹时，其 150 码的射程并不比普通步枪的射程远。

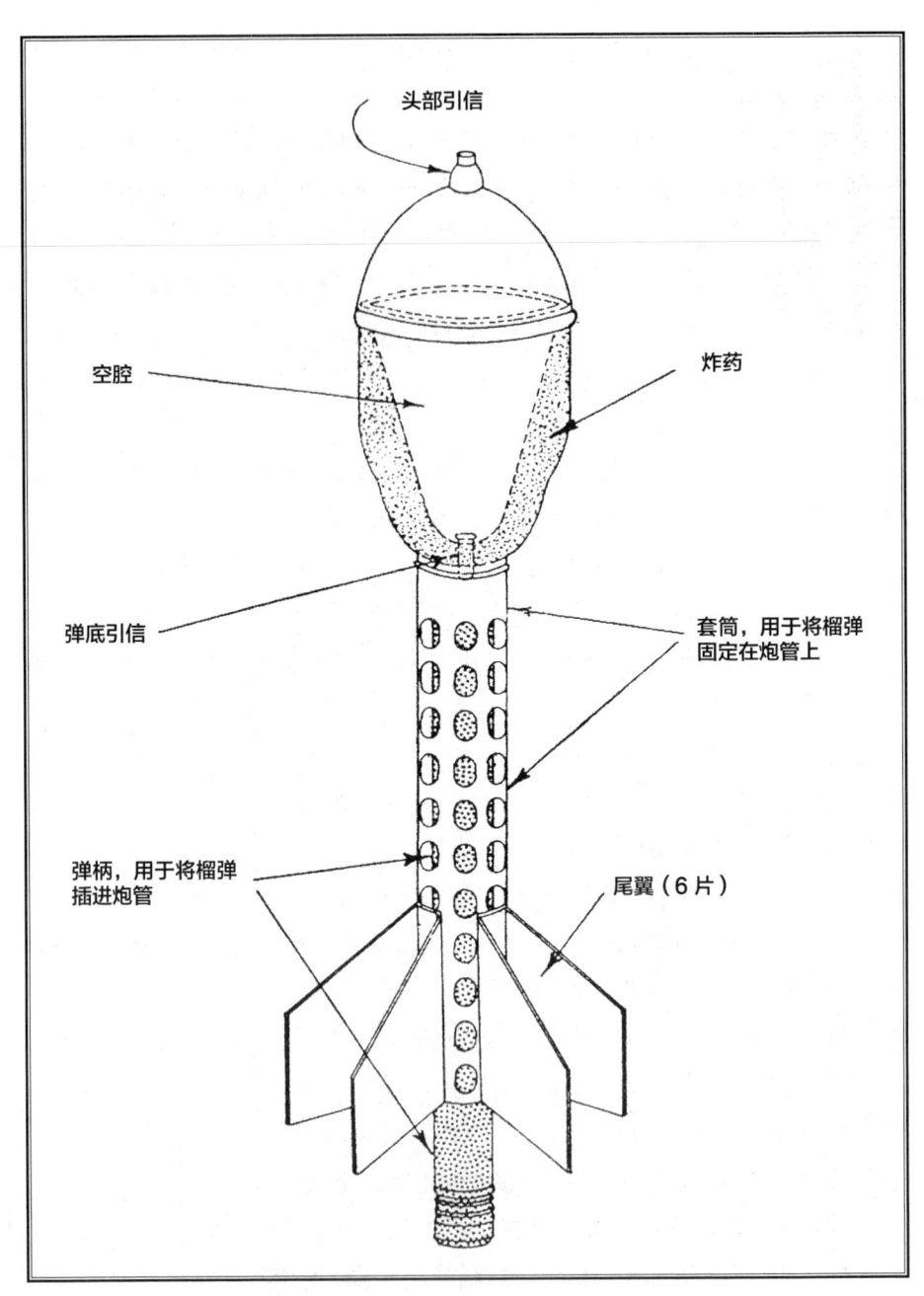

为了延长的3.7厘米Pak 35/36反坦克炮的服役生涯，德国于1941年开发了41型柄式榴弹（它本质上是一种"步枪榴弹"）。装填时，这种榴弹会被带尾翼的套筒套住，然后装在炮口处。在200码的有效射程上以5度仰角发射这种榴弹时，它能击穿150毫米厚的装甲。

反装甲作战枪榴弹1940年型（GG/P40）使用的是一种栓式发射器。但即使德国人使用了弹底引信，其穿甲能力依然不足（因为缺乏足够的炸高）。德军于1942年撤装了GG/P40，并以30毫米杯形发射系统取而代之。德军的第一种"步枪反装甲榴弹"使用了直径为30毫米的空心装药战斗部，其穿深为20—30毫米，有效射程为50—100码。1942年，德军开始装备的40毫米超口径榴弹——能击穿50毫米厚的装甲，最大有效射程为150码。德国总计生产了2400万枚30毫米和40毫米榴弹。46毫米和61毫米榴弹分别于1942年年底和1943年年底进入德军服役，它们的有效射程分别为80和100码。46毫米榴弹的穿深为70—90毫米，61毫米榴弹的穿深为100—120毫米。

2.8厘米反坦克炮41型，即sPzB 41，采用了格利希式缩膛原理，可将弹头直径"挤压到2厘米"。sPzB 41原本是用于替代步兵连的7.92毫米反坦克枪的，但因其造价高昂且配备的穿甲弹所需的钨稀缺，故装备部队的数量很少。sPzB 41没有回转或俯仰机构，射手可使用后膛附近的手柄手动调节方向与俯仰角。

比起反坦克手榴弹，德军更常用的手持反坦克武器是磁性空心装药炸弹（Haft-HL3，又叫 HHL 磁性反坦克雷）。1942 年 11 月，德军开始装备号称"坦克杀手"的 HHL。HHL 的外观呈锥形，拥有一个容纳保险的手柄，其底部环绕着三对磁铁以使其能吸附在坦克、要塞炮的穹顶和碉堡的大门或百叶窗上。HHL 的早期型号使用了一种 4.5 秒延时的擦燃引信，有时候其使用者会缺乏足够的时间寻找掩护。1943 年 5 月，HHL 改用了 7.5 秒延时引信。HHL 的装药量足以击穿 140 毫米厚的装甲或 20 英寸厚的混凝土。1942—1944 年，德国生产了大约 554900 枚这种"坦克杀手"。1944 年 5 月，德军认定 HHL 已经过时，将被"铁拳"所取代，但其仍在继续使用库存的 HHL。

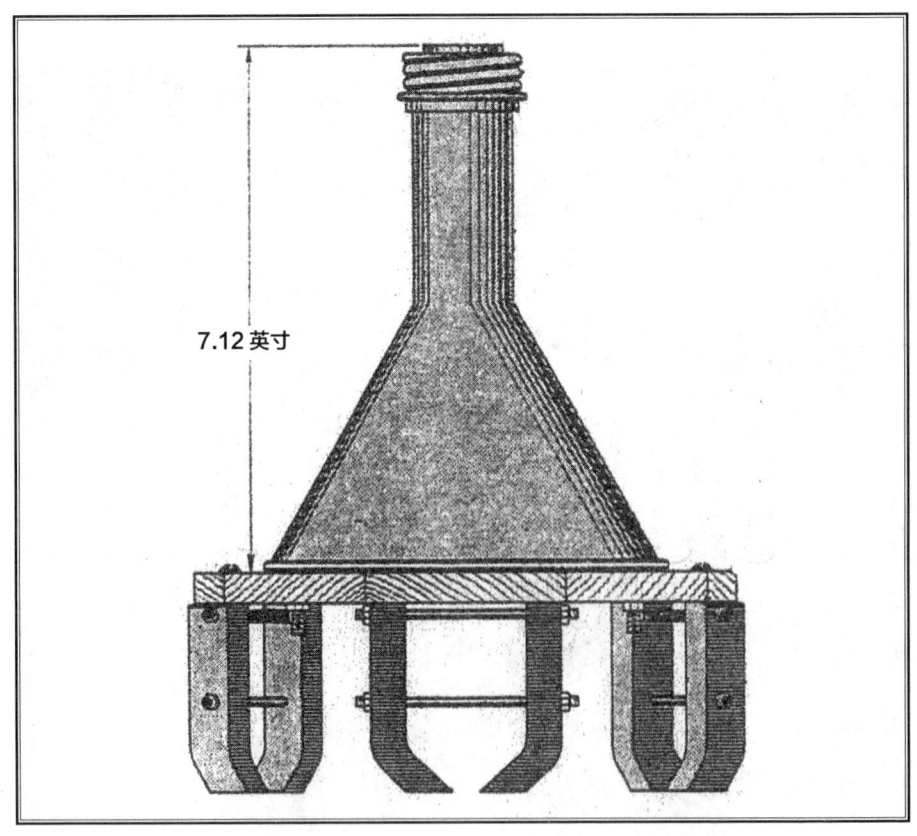

HHL 是一种带有三对磁铁的磁性空心装药炸弹。这种需要手动放置的"坦克杀手"实际上重 3.6 千克，内装 3 千克重的彭托利特炸药。HHL 所使用的磁铁名为"Alnico"——常被认为是生产商或设计者的名字，但实际上这是常用于生产磁铁的材料（"铝"、"镍"和"钴"）的缩写。

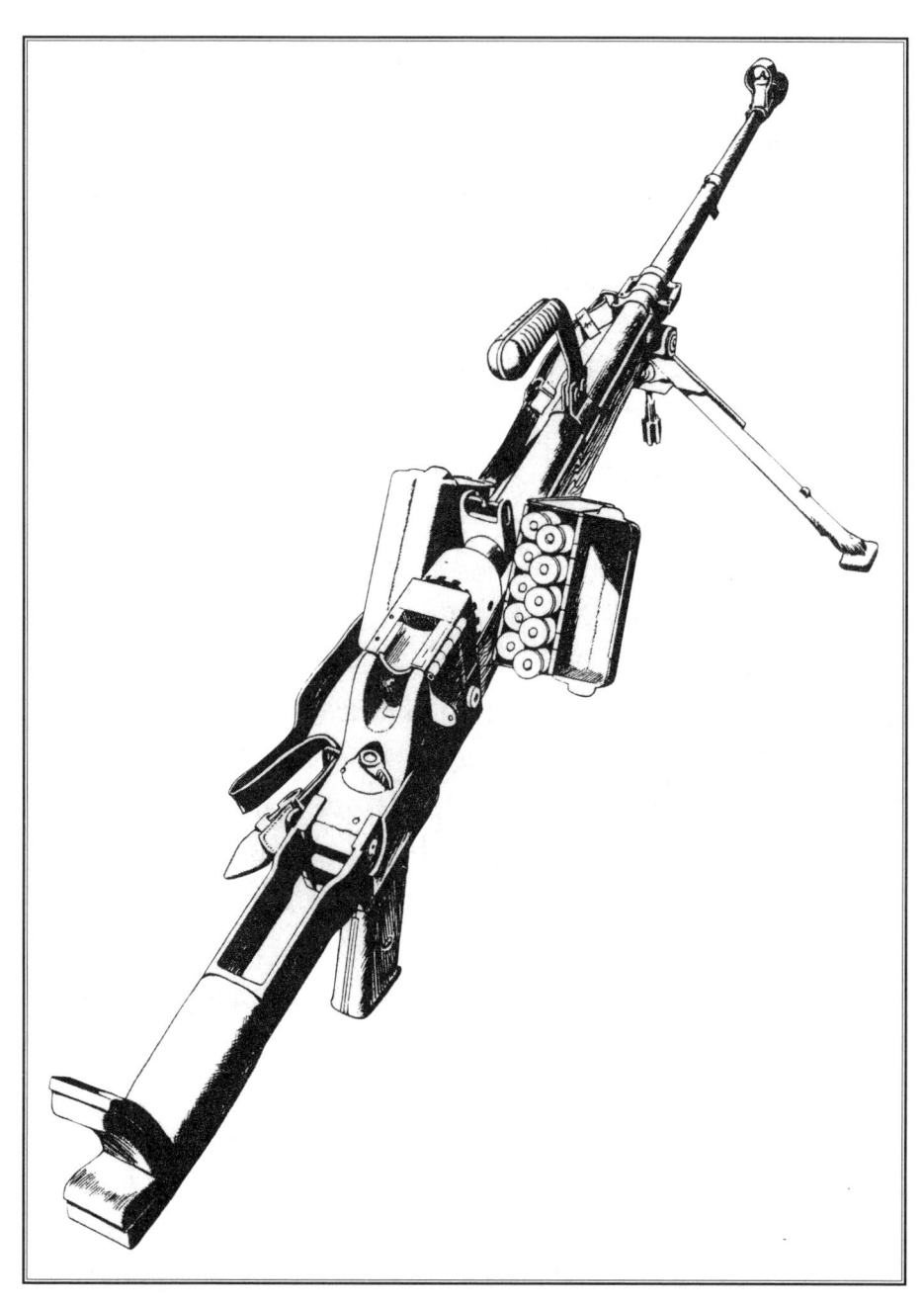

PzB 39 是德国人使用的几种反坦克枪之一，口径为 7.92 毫米，单发装填，半自动抛壳。士兵在装填时需要先向前再向下拉动手枪式握把来打开其后膛闭锁，在发射后重复上述动作，其后膛就会在打开时弹出发射过的药筒。PzB 39 有一个可调节高度、可折叠的枪托，其可拆卸的弹药盒（每个能容纳 10 发子弹）被安放在机匣两侧。

"装甲投掷雷 1 型"（Panzerwurfmine 1）是德军于 1944 年下发的一种约 1.35 千克重的手抛式空心装药反坦克雷——它拥有一个半球形头部战斗部、一根长柄和四片折叠的帆布。在被投掷出去后，它的引信就会启动，帆布会像伞一样张开以稳定反坦克雷。该武器的投掷距离为 20—30 码，穿深达 80—100 毫米——不过，从实际表现来看，它使用起来不怎么安全。

8.8 厘米火箭发射器 1943 年型（Racketenwerfer 43），也叫"洋娃娃"。它看起来像一门迷你火炮——在两个轮子上安装一根后膛装填的发射管。在对移动目标发射穿深 160 毫米的破甲弹时，它的最大有效射程为 230 码，在对付静止目标时，其最大有效射程可以提高到 500 码。它并非无后坐力武器，但不会产生炮尾风。"洋娃娃"重 149 千克，能够被分拆为七个部分并由人力背负。

德军参照缴获的美军 2.36 英寸 M1 巴祖卡火箭筒，设计出了新型火箭筒——8.8 厘米反坦克火箭筒 43 型，即 RPzB 43，也被称为"战车噩梦"或"烟囱"。这是一种电击发的肩扛式武器，长 1638 毫米，重 9.5 千克。它发射的火箭弹使用了与"洋娃娃"一样的 8.8 厘米弹头，但经过重新设计，其有效射程达到了 150 码。RPzB 43 方便携行，造价低廉，易于快速、大量地生产。1944 年，德国开始生产与 RPzB 43 的外观几乎一样的 RPzB 54 型。由于增加了保护士兵免受火箭弹尾焰灼伤的护盾，RPzB 54 的重量增加到了 11 千克。在生产了少量 RPzB 54 后，RPzB 54/1 型问世了，因为采用了更短的 1333 毫米发射管，后者的重量减至 9.5 千克。在发射改进型火箭弹时，RPzB 54/1 的有效射程达到了 180 码。在总产量近 29 万具的"战车噩梦"的各种型号中，RPzB 54/1 是数量最多的一种——RPzB 43 因无法发射新型火箭弹而被转交给了二线单位。德军步兵团反坦克炮连后来被"坦克歼击连"取代，该连共装备 54 具"战车噩梦"，并可将其分入三个排。每个排的 18 具"战车噩梦"又被分入三个班。一些坦克歼击连会保留一个装备三门 7.5 厘米反坦克炮的排。

在当时，"铁拳"是德国最为知名、最具革命性的反装甲武器。实际上，"铁拳"是一次性无后坐力炮，它使用推进剂来发射一枚带稳定尾翼的空心装药弹头。它包括一根长 35 英寸、直径 44 毫米的钢管，以及一枚安装在钢管一端的超口径空心装药弹头（以小型"铁拳"为例）。"铁拳"可以被士兵夹在腋下或扛在肩上发射——先向上翻起发射管顶部的折叠瞄准具，再按下杠杆式扳机，弹头就能通过按压式点火器被发射出去。瞄准时，士兵透过瞄准具上面的三个孔之一，将弹头顶端对准目标即可。

8.8 厘米火箭发射器 1943 型（"洋娃娃"）是一种无后坐力火箭发射器。尽管其使用的 RPzBGr 4312 破甲弹（前景处）看起来和 RPzB 43 及 RPzB 54/1 发射的 RPzBGr 4322 和 RPzBGr 4992 火箭弹一样，但它们的弹药不可互换。大多数"洋娃娃"都被投入到北非和意大利战场，仅有少数参加了发生在诺曼底的战斗。

小型"铁拳"的第一个型号（也被称为"铁拳1"，或者"小葛丽特""佩吉"）于1943年7月问世。随后，"铁拳30"（又名"铁拳2"或者大型"铁拳"）也很快出现了，它的有效射程和小型"铁拳"的有效射程都是30码。从这一型号开始，之后的"铁拳"都采用了重3千克、直径为150毫米的弹头（小型"铁拳"的弹头重约1.5千克，直径为100毫米），以30度入射角击中目标时，其穿深为200毫米。

大型"铁拳"全重约5.22千克。从这一型号开始，所有的"铁拳"都开始以"米"为单位来标示有效射程，而且逐渐增大了推进剂装药量。重约6.6千克的"铁拳60"于1944年夏季被投入战场，是"铁拳"系列中使用最为广泛的型号。1944年9月，"铁拳100"问世，其重量与"铁拳60"的重量一样。在二战结束时，德国都还在开发更多的新型"铁拳"。

"铁拳"各型号的总产量超过了800万具。尽管射程短，但它们仍是有力的反坦克武器，这主要归功于其庞大的数量。"铁拳"不需要专业人员操作，可以像手榴弹一样配发给每个士兵。实际上，在二战末期的德国宣传资料中可以看到希特勒

德国反坦克火箭筒

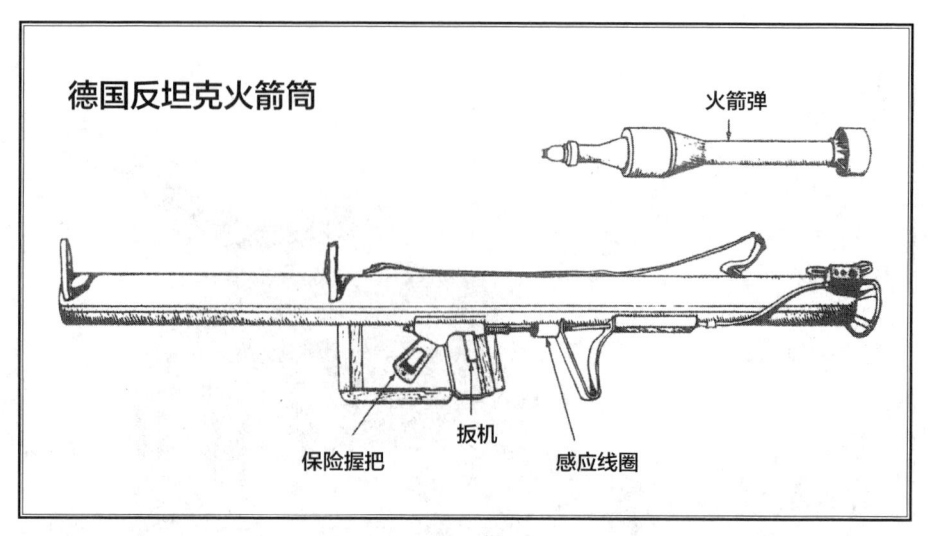

（图示标注：火箭弹、保险握把、扳机、感应线圈）

在苏联战场上缴获了巴祖卡火箭筒后，德国国防军迅速仿制并列装了口径更大的 8.8 厘米 RPzB 43。不久之后，RPzB 43 被 RPzB 54 取代——除了新增的面部护盾（有时会在战斗中去掉）外，RPzB 54 在外观上与前者基本一致。两种型号的"战车噩梦"都可发射 RPzBGr 4322 火箭弹。长度更短的 RPzB 54/1 能发射改进后的 RPzBGr 4992 火箭弹和 RPzBGr 4322 火箭弹，但 RPzB 43 和 RPzB 54 无法使用 RPzBGr 4992 火箭弹。

青年团的孩子、人民冲锋队的老龄本土卫队人员，甚至家庭主妇都接受了发射"铁拳"的训练。在德军中，每个步兵和工兵连会配发 36 具"铁拳"，每个反坦克连及其他类型的连队有 18 具"铁拳"，每个炮兵连有 12 具"铁拳"。

德国的反坦克理论要求包括后方部队在内的所有单位参与反坦克防御，而其采用的方法包括使用反坦克武器覆盖敌军可能的来犯路线，在防御计划中利用坦克无法通行的地形，布置早期预警——这属于侦察单位步兵前哨的职责。德军通过研判地图和地面侦察，将地形分为"不可通行"、"限制通行"和"可通行"三种。"不可通行"地形包括了密林、沼泽地、烂泥地、巨石遍布区和冲沟、陡坡、铁路路堤或路堑。

德军要求士兵为反坦克炮认真构筑工事与布置伪装——以 2—3 门反坦克炮为一组，将其布置在整个团级防区的纵深内。德军会选定单独一门炮，让其在最大射程上拦截坦克，而让大多数反坦克炮等目标靠近到 300 码甚至 150 码内再开火。抵近德军阵地的坦克则交由近战小组对付。一旦击退一次坦克攻击，反坦克炮就需要被转移到替代阵地里。

一名美军士兵正在检查"战车噩梦"。二战末期，德国国防军的团属"坦克歼击连"装备了54具此种武器。这些武器通常会被分入多个小组，以便覆盖同一块区域。

德国人认为，布置大规模的雷区是一种巨大的浪费，因为雷区很容易被突破。德军常在道路上布置小型雷区以迟滞敌军，也会在阵地内布置这种雷区，以便摧毁来袭的坦克。同时，德军不会在前线非常靠前的地方挖掘反坦克壕，因为这会为敌军步兵发动突袭提供掩护。在敌军坦克可能来犯的线路上，德军会设置"反坦克抵抗中心"，并在其中集中布置反坦克武器。

"铁拳60"是"铁拳"系列武器中产量最大的型号，在准备发射之前它的瞄准具是向下折叠起来的。在战壕中使用"铁拳"时，士兵需要格外谨慎，以避免尾喷气流被侧壁反射回其所在的狭小空间。大多数"铁拳"都被漆成了深赭黄色，但也有一些被漆成了田野灰色。在"铁拳"的发射管上，写有"注意！火焰喷射！"的红色警告语，还有一个指向发射管尾部的箭头。弹头的下半部分印有"铁拳"的操作指南。

德军的坦克猎杀小队，由一名士官和至少三名精通近距离反坦克战术与武器的士兵组成，用于"致盲、阻滞和摧毁"敌军坦克。德军会在没有反坦克炮可用或阵地已被攻占时投入坦克猎杀小队——作为最后一搏的手段。此时，德军会集中机枪和迫击炮火力，以便将敌军步兵与坦克分隔开来，或者使用轻武器射击坦克的观察口，以便坦克猎杀小队在发烟手榴弹的掩护下移动。如有可能，小队人员会一直潜伏，等到坦克进入20码的距离内，再使用近距离和简易的反坦克武器发起攻击。在"铁拳"出现后，德军坦克猎杀小队偏好使用"铁拳"从多个方向密集开火。坦克猎杀小队靠近坦克后，会从坦克的侧面和后部发动攻击。德军在密林和建筑物集中区，多采用伏击战术。如果掩护火力妨碍了近距离攻击人员，提供掩护的步兵会停止射击，但仍要准备攻击从舱口探出身来的敌军坦克车组成员。在瘫痪并缴获一辆坦克后，德军会拆掉坦克主炮炮闩并将坦克烧毁。

德军原先常在前沿阵地后方部署反坦克炮，以迎战突破前线的敌军坦克，因为此时敌军坦克的战斗队形开始混乱，并且可能与伴随的步兵脱节。鉴于苏军经常投入大量坦克用于突破，东线德军于1943年对这一战术进行了改进，发展出了"战防炮阵"战术。"战防炮阵"由师属反坦克营（军和集团军级反坦克营亦可）实施——在一名指挥官的指挥下，该营会在能够封锁坦克主要行进路线的有利地形上部署6—10门甚至更多的7.5厘米反坦克炮，并为其精心构筑工事与实施伪装。反坦克炮的牵引车辆会隐藏在近处，并做好快速转移或撤走反坦克炮的准备。实战中，采用"战防炮阵"战术的反坦克炮会在近距离一起伏击坦克。同时，火炮和火箭发射器也会为反坦克炮提供支援。此外，如果还有可用的预备队和装甲部队，指挥官也会让其一同发起反击。

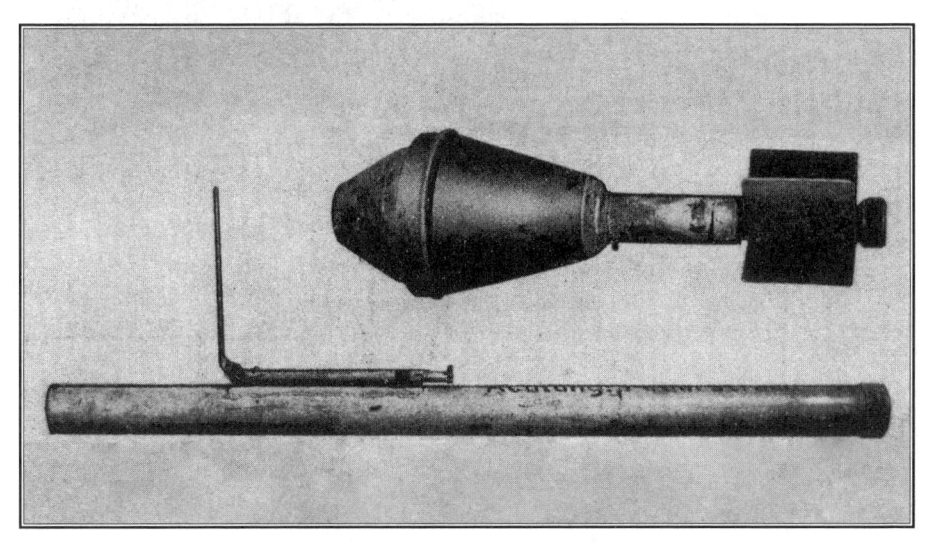

这张照片展示的是"铁拳30"及其被拆下的弹头。弹头在被发射出去后，由薄金属片制成的尾翼会"展开"。虽然从外观上来看，"铁拳30"与"铁拳60"长得很像，但两者的折叠瞄准具却采用了完全不同的设计。

日本

二战前，日本对反坦克作战的准备严重不足，几乎没有合适的武器。尽管曾在1939年被苏联装甲部队击溃过，但日军仍忽视了装甲部队的决定性作用，坚持认为坦克是用于支援步兵的武器。日军没有集中使用坦克或与敌方坦克作战的相关理论。日军期望敌军同样如此，并错误地判断美军在太平洋岛屿只会投入轻型坦克。事实上，从1943年11月塔拉瓦之战开始，美军已经习惯性地使用M4谢尔曼中型坦克了，后期更是投入了一些坦克歼击车。

日军主要的"反坦克"炮是37毫米94式（1934年）步兵速射炮。根据原先的设计初衷，该炮是以直射火力摧毁机枪据点的武器，日军为其配发的也是高爆弹。尽管后来日军又配发了一种穿甲榴弹，但由于初速慢，穿深低（在500码处仅有24毫米的穿深），在将94式作为反坦克炮使用时，其性能依然很糟糕。94式重量轻，可被分拆为六个部分，并由人力或畜力进行运送——其班组成员通常为八人。

从本质上来看，日本的37毫米94式就是一款步兵速射炮。尽管可以发射穿甲榴弹，但它仍是一种低效的反坦克武器。得益于炮闩的设计，94式的射速较高，但其炮管的回转速度较慢。

日本47毫米一式反坦克炮。在二战后期的战役中，日军十分擅长为一式反坦克炮和其他武器构筑伪装良好的阵地，以获得攻击美军谢尔曼坦克侧面和后方的机会。在此情形下，尽管性能一般，但这些武器的确取得过一些"击杀"记录。

  1942年年末，日军开始列装47毫米一式（1941年）反坦克炮。尽管性能稍逊于同时代的类似武器，但一式反坦克炮已能击毁谢尔曼坦克（不过从正面将其击毁仍较为困难）。虽然也可以使用高爆弹，但在500码的距离上发射穿甲弹时，一式反坦克炮的穿深仅为50毫米。日军的步兵联队反坦克炮中队辖三个小队，每个小队装备两门37毫米或47毫米反坦克炮。即便临近二战结束，仍有很多日军反坦克单位在使用37毫米反坦克炮，大多数47毫米反坦克炮仍属于独立反坦克大队——也可能存在两种口径反坦克炮混用的情况。需要注意的是，日军没有师团属反坦克大队。

  日军机关炮单位装备的是20毫米98式（1938年）自动炮和13.2毫米93式（1933年）重机枪。这两种武器都可用于防空，但是在使用穿甲弹时，它们能有效对付船只和两栖火炮运载车。

  日军部分步兵大队装备了20毫米97式（1937年）反坦克枪，步兵大队下辖的速射炮中队最多可以拥有八支这种反坦克枪。97式造价高且仅被极少数部队实际装备过。该枪重达68千克，笨重到需要三四个人操作。97式可进行半自动射击和全自动射击，这对于一种使用七发弹匣供弹的武器来说可谓是十分独特。97式安装于一个两脚架上，其枪托上还有一个单脚架。97式可以使用穿甲曳光弹和高爆曳光弹。在200码的距离上，97式发射的穿甲曳光弹的穿深为12毫米。

日军很少使用反坦克枪榴弹。德国曾向日本提供过杯形发射器用的 30 毫米和 40 毫米榴弹的设计图，日军对其进行仿制和改进之后，生产出了二式枪榴弹（1942 年）。日军只有为数不多的几种弹药使用了空心装药原理，而二式枪榴弹就是其中之一。

日军使用过的另一种空心装药武器是刺雷。刺雷基本上就是一颗安装在一根长 6 英尺的杆子一端的、重 5.3 千克的锥形弹头（弹头顶部还有用于留出炸高的"刺"）。使用者需要冲向坦克，将刺雷猛戳在坦克的侧面——虽然使用者自己没有机会幸存，但刺雷能击穿 150 毫米厚的装甲。

99 式（1939 年）磁性反战车雷重 2 磅 11 盎司，外部由麻布包裹，外形像是一个 1.5 英寸厚、直径 4.75 英寸的盘子，其外侧边缘还安装有四颗磁铁。99 式磁性反战车雷的穿深为 25 毫米，只能有效击穿坦克的薄弱部位和顶部装甲。它的引信需要撞击硬物后才能点火。1943—1944 年，日军在菲律宾大量制造了多种效果一般的简易反坦克榴弹和反坦克"手雷"。

30 毫米二式枪榴弹是日军使用过的少数几种空心装药弹药之一，其原型为德国的杯形发射系统。二式枪榴弹发射器可安装于友坂 6.5 毫米和 7.7 毫米步枪上，发射 30 毫米反坦克榴弹和超口径的 40 毫米反坦克榴弹（如图）。在 100 码的有效射程上，两者的穿深分别接近 30 毫米和 40 毫米。

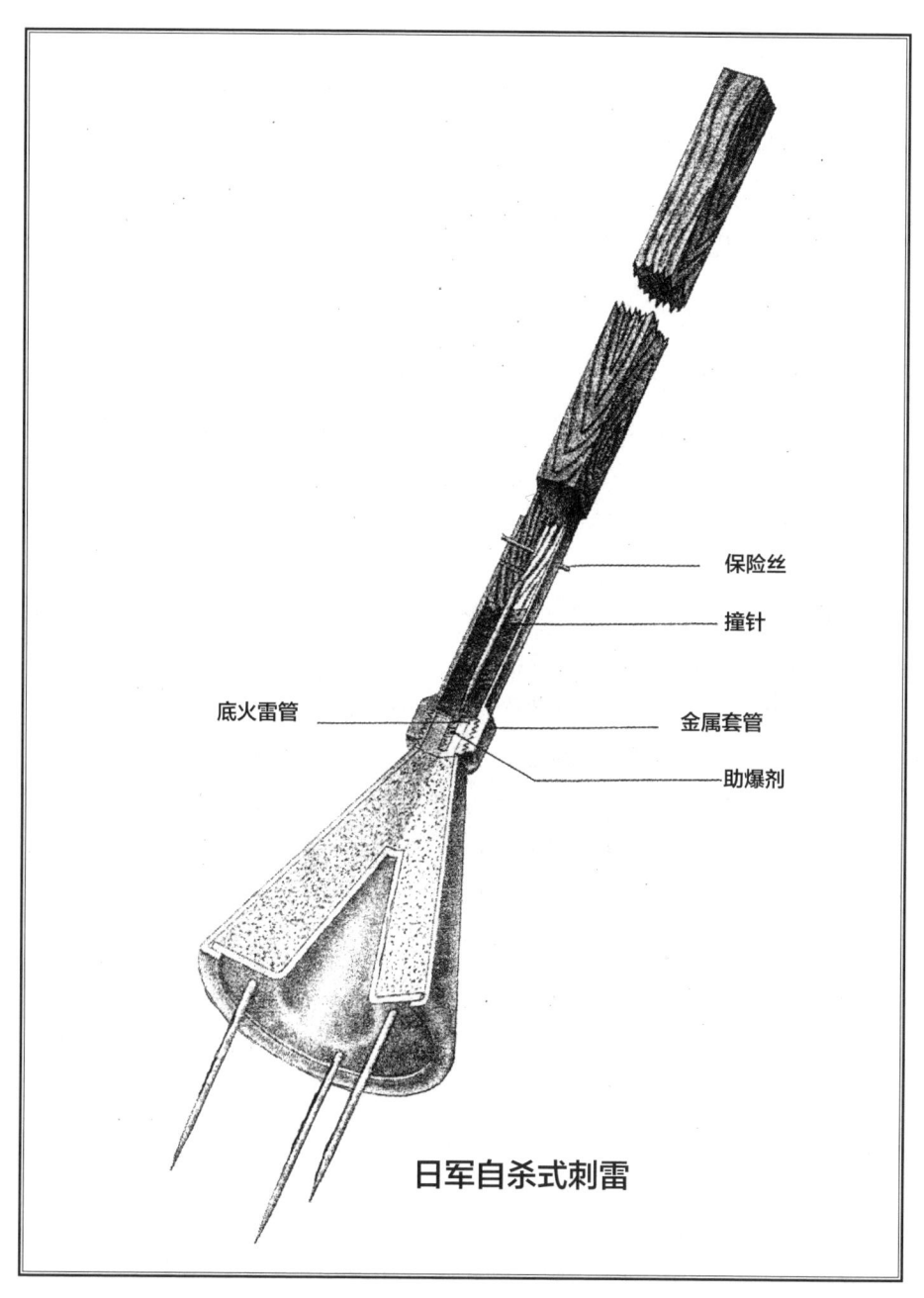

保险丝
撞针
底火雷管
金属套管
助爆剂

日军自杀式刺雷

当刺雷撞到坦克的侧面时,弹头中的 2.9 千克重的炸药会和雷管一起反弹到一根撞针上。锥形弹头底部突出的三根长 5.25 英寸长棍用来确保空心装药的最优"炸高"。美军将这种自杀武器称为"白痴棍",但确实有坦克被其击毁。圆形的 93 式(1933 年)反坦克雷("卷尺雷")也会被绑在木杆一端当作刺雷使用。

日军反坦克战术的特点是极为强调进攻精神，尽力弥补他们在武器方面的不足，以及尽量在封闭地形处与坦克作战。以意志力来克服敌人在物质方面的优势，甚至不惜自我牺牲，是日军中一种普遍的信念。而"以一人换一辆坦克"则是日军的普遍目标，不过实际的交换数字比这高得多。崎岖、封闭的地形——例如密林、峡谷、山脊、丘陵和天坑——为反坦克武器提供了掩护与伪装，日军也会利用此类地形集中发起近距离攻击，以便将手中的短射程反坦克武器的效果发挥到最大。

由于师团级的部队持有的反坦克武器数量有限，日军会将1—3个独立反坦克大队和机关炮单位配属给一个师团。日军通常会把反坦克炮部署在十分靠前的工事内，偶尔也会在纵深部署一些，其他时候则会将之用于保护侧翼和后方通道（设置备用反坦克阵地）。凭借伪装效果极佳的反坦克阵地，日军主要采取伏击形式，在极近距离内向敌军坦克的侧面和后方开火。日军常在山脊和多岩石的斜坡等坦克无法抵达的地方设置反坦克炮工事，而在崎岖地形处则会把反坦克炮集中布置于少数可供坦克通行的路线上。

日军的坦克猎杀小队由一名军曹和六到八名士兵组成。这些士兵有时会成对行动。其中的一组，一人携带一颗99式手雷、一颗手榴弹和一根发烟烛，另一人携带燃烧瓶、手榴弹和发烟烛各两个。其他成员则按情况组成一个使用发烟烛的诱敌组、一个携带手动安放的"码尺"反坦克地雷或木杆炸药包的履带攻击组、一个携带99式手雷或炸药包的炮塔攻击组，以及一个使用手榴弹的步兵掩护组。负责掩护的步兵小队将迫使坦克车组成员关上舱门，同时使用机枪和50毫米榴弹发射器（美军通常称其为"膝盖迫击炮"，实际上它是89式掷弹筒），力求将坦克与伴随步兵分隔开。

在反坦克炮越少时，日军就会组建越多的坦克猎杀小队。每支小队都被分配了一块区域并在其中潜伏，当有坦克进入这一区域时就发动"冲击"。日军通常选择在坦克不得不减速的地方发起攻击，例如在穿越溪流或沟壑时。一份日军文件显示，士兵应"自愿跳上坦克，向坦克里面投掷手榴弹或用刺刀捅死坦克车组成员"。尽管如此，1945年4月至5月，造成冲绳的美军坦克损失的主要武器按照主次顺序，依次是地雷、反坦克炮、火炮、磁性"手雷"和炸药包。

1945年2至3月在硫磺岛，复杂的地形对美国海军陆战队坦克的阻碍效果几乎与日军的反坦克防御作战的一样大。松软的火山灰导致许多坦克履带脱落或沉陷。日军结合地形设置了反坦克壕与雷区,以迫使敌军坦克进入47毫米反坦克炮(这种武器在近距离上可有效击毁美军坦克)的射击区。在某次战斗中,就有三辆谢尔曼坦克在短时间内因为被击中炮塔而无法反击。硫磺岛战役中,美军的坦克损失很大:在开战第四天,第4坦克营有11辆坦克被摧毁,有8辆坦克受损,只剩28辆坦克可投入使用;第5坦克营损失了13辆坦克,有4辆坦克受损,只剩34辆坦克可用。

此后,美军坦克的损失数量一直在增加,各坦克营都难以投入足够的坦克。在某些时候,日军仅使用非反坦克用途的武器就阻止了美军坦克发挥作用。当美军坦克与伴随步兵一起前进时,日军会用迫击炮和榴弹发射器对其进行轰击,以杀伤步兵;在一些扫荡行动中,美国海军陆战队的步兵会拒绝装甲部队参加,以避免引来更猛烈的日军火力,他们宁愿使用火箭筒、炸药和火焰喷射器,艰苦地肃清日军的碉堡与洞穴。日军经常在坦克无法靠近的地方修筑碉堡,以防美军喷火坦克进入有效射程——日军十分憎恨美军喷火坦克,经常对其发动近身攻击。

所有的步兵反坦克武器都是用来阻滞、瘫痪或摧毁坦克的。照片中的是一辆在硫磺岛参战的美国海军陆战队的M4A3谢尔曼坦克,该坦克采取了一系列增强防护的措施:将履带板固定在炮塔周围,把沙袋和负重轮堆在发动机舱上面,在车身两侧挂上了木板。

100米内以实心弹射击

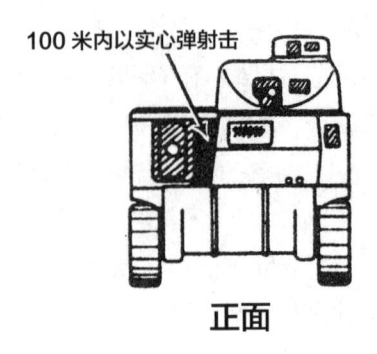

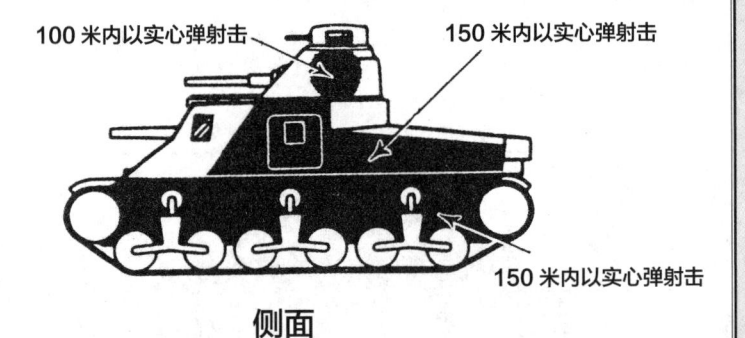

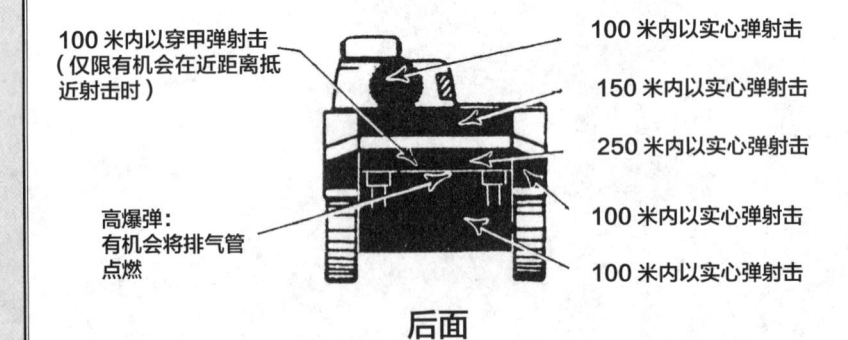

正面

100米内以实心弹射击　　150米内以实心弹射击

150米内以实心弹射击

侧面

100米内以穿甲弹射击（仅限有机会在近距离抵近射击时）

100米内以实心弹射击
150米内以实心弹射击
250米内以实心弹射击
100米内以实心弹射击
100米内以实心弹射击

高爆弹：有机会将排气管点燃

后面

坦克识别卡。

坦克识别卡

1917年，德国人首次使用传单来告诉士兵敌方坦克的样子，并指明了这些坦克可供攻击的弱点。

二战时期，大多数军队都使用了类似的传单或小册子，用线图来帮助士兵识别不同类型的装甲战斗车辆。有的线图会标出能有效击穿的位置，有的则会标出坦克发动机、油箱和弹药架等要害部位。

德国人针对敌军的每一种坦克，都印发了一本小册子（只有四页内容）。此外，德国人还为自己每种口径（2厘米、3.7厘米、5厘米、7.5厘米和8.8厘米）的反坦克炮或坦克炮印制了小册子，用以说明应该在不同射程上使用的弹药类型。一般来说，德国人会把这种小册子存放在火炮的瞄准镜盒子里。有时候，反坦克炮班组还会在瞄准具旁边的防盾上贴一张敌军主流坦克的示意图。

本图是一张经过翻译的美国M3"格兰特"坦克的示意图，该图被德军用来指导Pz.Kpfw Ⅱ轻型坦克（这款坦克的主炮口径为2厘米）射击：

黑色区域代表能造成致命效果。
斜线区域代表能产生阻吓和破坏效果。
白色区域代表无任何效果。

德国人还经常在反坦克炮的防盾内侧涂上提醒标语，例如"仔细观察"、"确认目标"（可减少友军误伤）和"别忘了伪装"，以及更简单的"冷血"（Kaltblutig，在德语中有"冷静且认真"的意思）。

防磁涂层（又叫防磁石膏或防磁装甲）。

防磁涂层（又叫防磁石膏或防磁装甲）

苏联坦克偶尔会在坦克外部涂上一层薄薄的带有纹理的混凝土，以防被德国磁性反坦克"手雷"吸附。为了防止苏联方面研发出与自己的磁性反坦克"手雷"类似的武器（苏联红军从未配发过磁性反坦克雷，尽管其确实使用了缴获自德国的此类产品），1943年12月，德国人开始在生产线上的新型黑豹坦克、虎式坦克、重型突击炮，以及部分四号坦克和轻型突击炮上覆盖"防磁涂层"（Zimmerit）。所谓的防磁涂层，其实是一种绝缘涂层，并不具备真正的抗磁能力，它是由40%的硫酸钡、25%的聚乙酸乙烯酯、15%的暗黄色颜料、10%的硫酸锌和10%的锯末制成的。相关人员需要先在装甲表面涂抹一层防磁涂层（约5毫米厚），再在四个小时后用抹刀涂抹第二层防磁涂层（带纹理，约3毫米厚），并用喷灯烤干。山脊状的纹理使得磁性和"黏性"反坦克"手雷"很难附着在上面。按理说，炮塔、发动机盖板或履带裙板上的防磁涂层会因乘员的活动而被磨损，所以这些地方不应使用防磁涂层。但实际上，德国人在这些地方涂抹防磁涂层的行为仍很常见。

1944年9月9日，德国工厂接到命令停止使用防磁涂层，因为有传言称防磁涂层可被炮火点燃。后来事实证明并非如此，因此德军坦克已有的防磁涂层并未被去除，但工厂也没有继续给坦克涂抹防磁涂层。

坦克的弱点。

坦克的弱点

除了坦克的正前方和炮塔指向的方向，坦克车组成员实际上看不到其他地方。为了扩大视野，坦克很多观察口都被设置在了高处，因此步兵很容易进入坦克的盲区或"死区"。这一区域的半径可能达到了20码（小图中的B区），在这20码的范围内，俯卧或蹲着的步兵不会受到坦克主炮（1）和同轴机枪（2）的伤害。在离坦克更近的范围内（半径10码，小图中的A区），坦克车组成员既无法通过射击口（3）看到或射击靠近的步兵，也无法从炮塔侧面的逃生舱门（4）等地方往外扔手榴弹（德国人为2.6厘米信号枪开发了一种高爆破片弹，坦克车组成员可从手枪射击口往外射击，高爆破片弹会在一秒延迟后炸开）。当然这些区域的宽度与参数会因为坦克的不同而不同，同时也会随着坦克炮塔的转动而发生变化。

除了坦克正前方和炮塔指向的方向，驾驶员（5）和航向机枪手（6）只能看到正前方，且左右观察范围很窄。炮塔内的炮手只能通过主炮瞄准具获得很窄的视野。车长拥有最好的视野，除了透过观察口，还可透过指挥塔底部的缝隙（7）看到外面，有时他也可以通过舱盖里或边上的一具潜望镜来进行观察。坦克车长在战斗时喜欢把舱盖打开以获得最佳视野，但即便没有遭到火炮或迫击炮的攻击，轻武器火力也足以迫使他们关上舱盖，回到坦克里。图中的坦克在炮塔两侧前方各安装有三管烟幕弹抛射器（8），后者通过炮塔内的击发机构可以把烟幕弹抛射到25码外，以便在战斗时制造烟幕来隐藏坦克。

图中的场景是西北欧战场上，一名美军步兵正冲向一辆四号坦克（为保证图片细节足够直观，我们在这里略去了三号和四号坦克后期型号的炮塔外部和车身侧面常见的间隙装甲）。美军士兵手里的M1炸药包里包含了八个2.5磅重的炸药块——如果将其扔到发动机格栅或履带上，足以让一辆坦克失去行动力，而坦克一旦无法动弹就很容易成为火箭筒的"猎物"。除非炮塔转向车身后方，否则无论炮塔对着哪个方向，攻击坦克最有利的方向都处在炮塔后方四分之一的区域（小图中的C区）内。很少有坦克设计师会考虑到这一点，并在炮塔后方安装一挺机枪。不过，日军的大多数中型坦克，以及苏联的BT-8、KV-1、IS-1和

IS-2坦克都安装了炮塔后部机枪。从后方攻击坦克的步兵面临的最大威胁是来自敌军其他坦克的机枪火力，美军称其为"挠挠背"。一些坦克甚至会直接朝友军坦克的车身或附近发射高爆弹，以使后者摆脱纠缠的步兵。

"虎式"坦克的弱点

向主炮射击　　　　　　　　　　　向油箱射击

⊕ 可用所有武器攻击　　　↘ 往此处扔燃烧瓶

⦿ 可用各种口径的火炮攻击　　💥 使用反坦克手榴弹攻击

这张简图翻译自苏联的一本手册，展示的是"虎式"坦克——苏军称之为"T-Ⅵ"——的弱点。苏军用标准的符号来指明攻击不同位置时最为有效的武器。"瞄准镜"符号表示"可用所有武器攻击"；"炮弹与十字线"符号表示"可用各种口径的火炮攻击"；"箭头"符号表示"往此处扔燃烧瓶"；"爆炸"符号表示"使用反坦克手榴弹攻击"。注意，坦克内部的油箱的位置也被标示出来了。

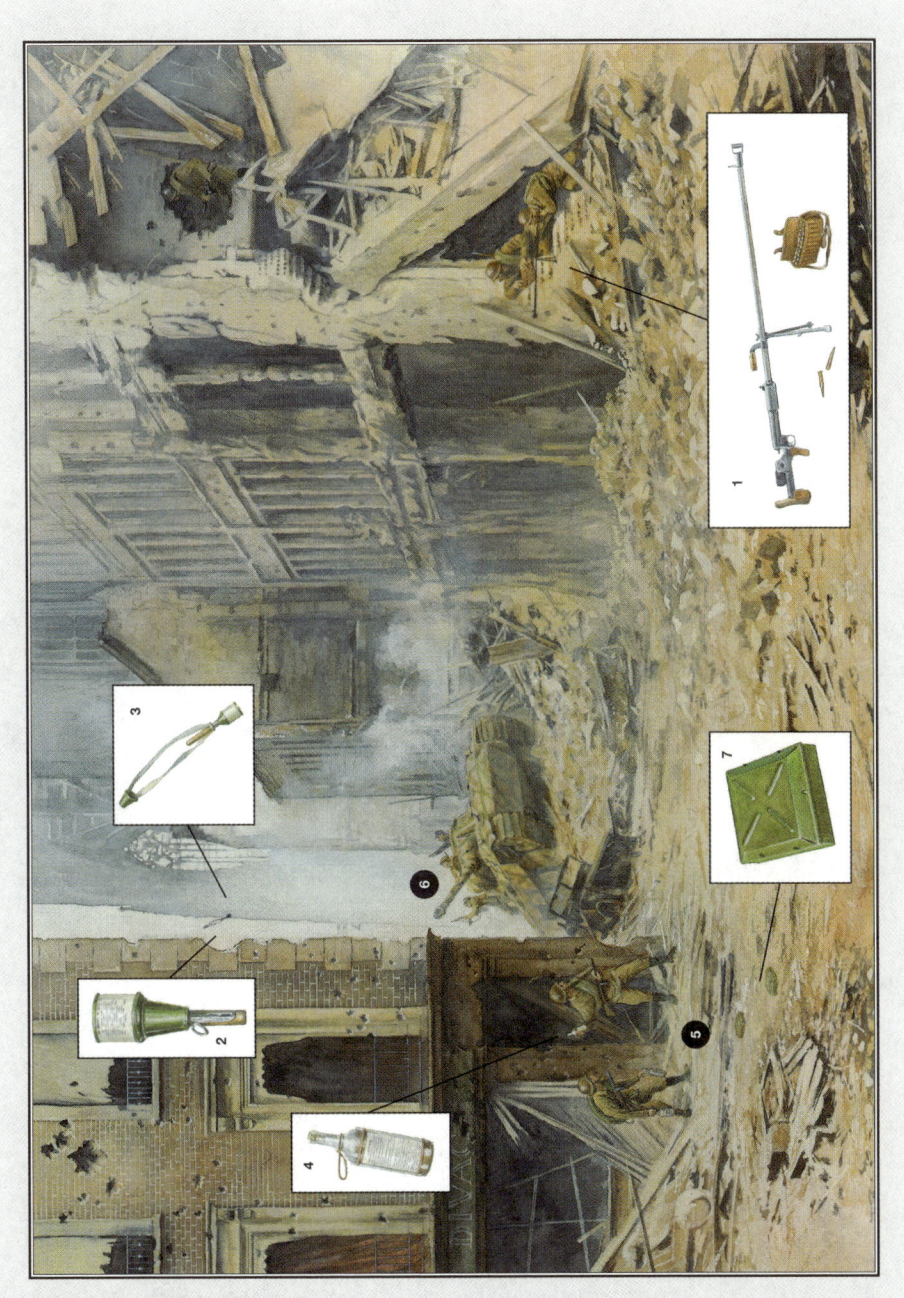

苏军在城镇地区的反坦克防御，1944年。

苏军在城镇地区的反坦克防御，1944年

尽管栓动的PTRD-41和半自动的PRTS-41反坦克枪（PTR为"反坦克枪"的缩写）沉重而笨拙，苏联红军仍使用它们参加了整个二战，而且比其他国家晚很多年才撤装。PTRS-41尽管较短，但其长度仍然超过了6英尺（1）。

在反坦克枪类武器中，苏联的这两种反坦克枪的穿深十分优秀，但其在对付二战后期的德国坦克时，仍需要近距离攻击坦克的侧面和后面，才能击穿装甲。反坦克枪射手梦寐以求的一击，是在合适的时间与地点击穿正在翻越障碍物的坦克的底部。"黑豹"坦克的底部装甲的前半部分只有26毫米厚，但由于坦克在翻越障碍物时装甲会有一定倾角，因此苏联的14.5毫米穿甲弹即便带有可燃装药，也难以击穿。

苏联一直使用甚至继续研发的另一种武器是反坦克手榴弹。RPG-43是苏联开发的第二款反坦克手榴弹，也是其第一种使用空心装药战斗部的反坦克手榴弹（2）。如果能以正确的角度击中目标，它能击穿75毫米厚的装甲，所以从一辆坦克上方投弹是最佳的方式——"黑豹"坦克的炮塔顶部和发动机舱盖只有15毫米厚。拔掉安全销并将RPG-43掷出去后，其尾锥在飞行过程中会从手柄上滑脱——拉出的布条可起到减速的作用（3）。

"莫洛托夫鸡尾酒"（4）是苏军使用了很长时间的武器——苏联人称其为"装满易燃混合物的瓶子"，因为拿当时苏联外交部部长的名字（莫洛托夫）来当外号会被人认为是大不敬的。此外，苏联还向士兵提供了"燃烧液体套件"，它由两个装满硫酸的长玻璃管构成，士兵可将其用橡胶带固定在装满汽油的伏特加或干邑瓶子上——当酒瓶因为碰撞而粉碎后，硫酸会与汽油产生反应并将其点燃。

冲锋枪手（5）负责为反坦克枪小组提供近距离掩护，并把德军装甲掷弹兵（6）从坦克上打下来。街道的铺装路面通常无法埋设地雷，不过士兵可以用一层薄薄的瓦砾将地雷埋起来，或者把地雷藏在路障里"伏击"试图撞开路障的坦克。不过，很多时候反坦克地雷只是被简单地放置在街道上——只

要能用火力阻止敌军坦克的伴随步兵把反坦克地雷移走，有没有将其埋起来其实并不那么重要。TM-38地雷（7）可被用来对付转过拐角的坦克。TM-38里装有3.6千克重的TNT，该地雷的起爆压力为440—660磅。

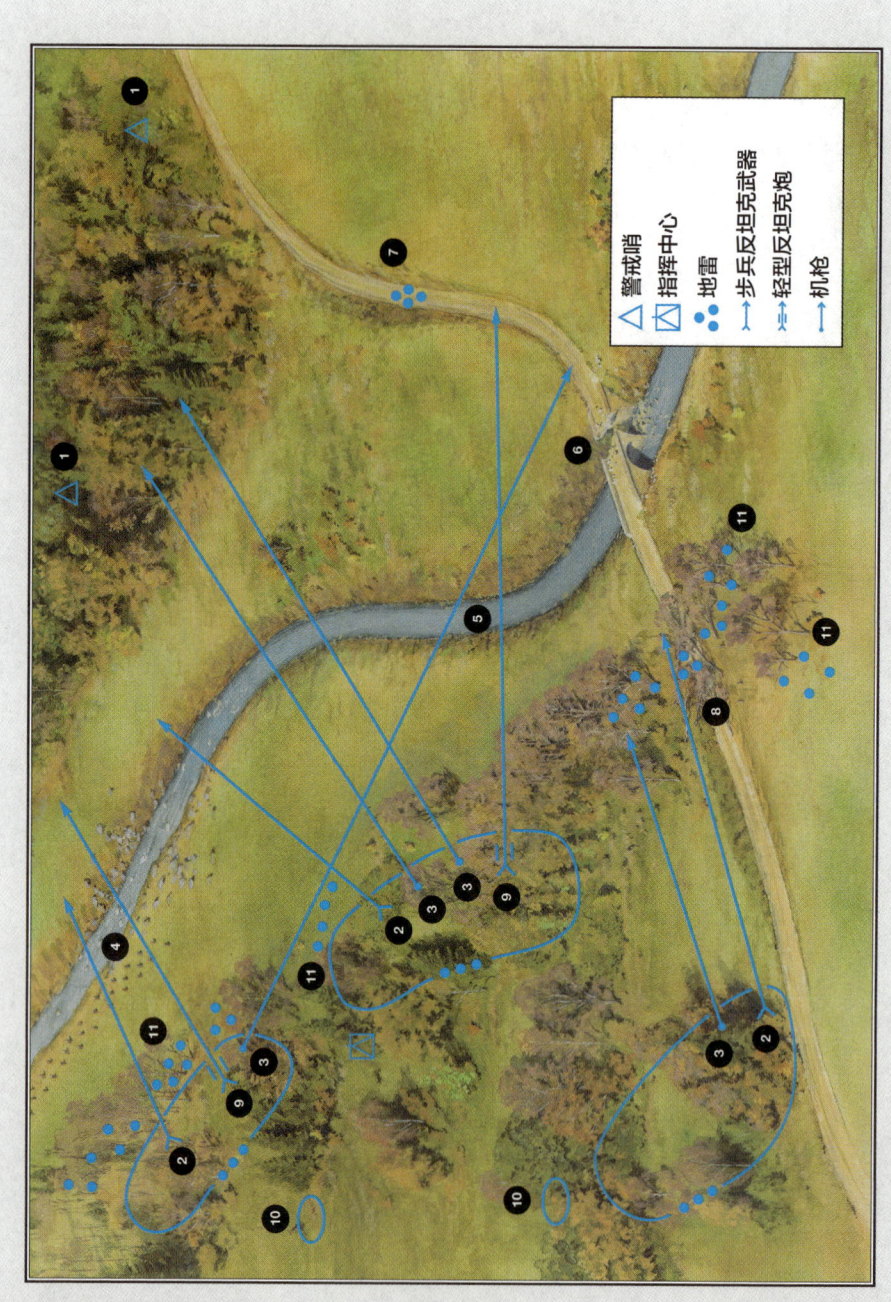

步兵连常见反坦克防御部署。

216

❖ 步兵连常见反坦克防御部署

不论哪个国家的军队，一个步兵连在建立防御阵地时大致都遵循了同一种模式，但他们主要的区别在于反坦克武器的数量和类型。在大多数防御态势中，基本的部署方式是将两个步兵排布置在前沿，剩下的一个步兵排则负责提供支援，并且会根据具体实力与当地条件进行调整。

警戒哨（1）被设置得十分靠前，以便预警靠近的敌军和拦阻敌军巡逻队。在连级前哨外，还有来自营、团和师一级的警戒部队。大多数可用的反坦克武器（2）覆盖了有利于装甲部队活动的地形，而机枪（3）负责守卫坦克难以通过的地方，因为这是步兵的主要接近路线。如时间允许，士兵应在整条防线前方布置反坦克障碍物（4）——图中的反坦克障碍物为10英寸长的沉桩——并将其与天然障碍物（5）连接起来。

桥梁（6）已被炸断，点状雷区被设置在瓶颈处（7），路障（8）也搭建了起来——图中的路障是用伐倒的树木搭成的鹿砦。步兵反坦克武器——反坦克枪、巴祖卡火箭筒或PIAT——基本上按每个排一具来进行分配。这些武器除了分配给每个排，也可以集中在一个小组里使用。营级或营级以上部队配发的一到两门或更多的轻型反坦克炮（9）可增强防御，尤其能增强那些处在有利于坦克作战的地形上的部队的防御能力。"坦克可用"路线也会被炮兵和迫击炮的集中火力瞄准，以便分隔坦克与步兵。一些步兵反坦克武器会被布置在步兵连的防线后方以提供防御纵深或保护侧翼，或者被配属给一支坦克猎杀小队。担任支援任务的步兵排，有时包括前沿步兵排，会成立一到多支坦克猎杀小队（10），让其攻击突破前沿防线的坦克。反坦克地雷也会被埋设在步兵排阵地周围或者侧翼的通道上（11）。

步兵反坦克武器，1939—1940年。

步兵反坦克武器，1939—1940年

在二战的头几场会战中，大多数国家的步兵是依靠各种简单的武器来进行反坦克防御的。图中的德国坦克猎杀小队所携带的武器正是所有这些可用的武器中的典型代表。

图中，枪托处于折叠状态的是一支7.92毫米PzB 39反坦克枪（1），它是当时德军步兵的主要反坦克武器。尽管其射程与精度都能满足要求，但PzB 39在1939年时经常难以对抗当时的坦克，而它使用的小型穿甲弹也没有爆炸装药或燃烧装药，无法增强穿甲后效。烟幕可以遮蔽坦克和掩护攻击坦克的士兵，但其形成需要足够的时间。此时，坦克既可以驶出烟幕覆盖区域，也可以用机枪扫射该区域，以挫败步兵的攻击。如图所示，有一名步兵（2）携带了NbHgr 39型发烟手榴弹和39型烟幕筒（Rauchrohr 39，长度为10英寸，直径为1英寸）。另一名士兵（3）携带了一个双联炸弹。双联炸弹是一种用一根短铁丝把两块各重1千克的TNT炸药连起来的简易武器。使用这种炸弹时，士兵只需要像扔马鞍一样把它扔到坦克的炮管或机枪枪管上，就可将坦克的主炮或机枪炸毁。另一名士兵（4）拿着一颗集束手榴弹。这种集束手榴弹由六个去掉引信与手柄的24型木柄手榴弹的弹头组成——这些弹头被铁丝绑在一根完整的木柄手榴弹周围。把集束手榴弹扔到坦克的炮塔顶部或发动机舱盖上，它就可以炸断坦克的履带或炸穿厚度不超过60毫米的装甲。还有一名步兵（5）手持安装了栓式发射器的Kar98K步枪——用于发射GG/P40枪榴弹。与同时期的反坦克枪榴弹一样，GG/P40的弹道设计糟糕，空心装药空腔的聚能效果也一般。

在装备上述武器弹药后，德军的坦克猎手们具备了从远距离（使用反坦克枪、反坦克枪榴弹）攻击坦克，在近距离拦停、瘫痪或击毁（使用双联炸弹和集束手榴弹）坦克，和使用发烟装置"弄瞎"猎物和掩护袭击者的能力。除了武器，作战计划与演练对于成功的反坦克作战也十分重要。虽然已身处战区，但班长（6）仍准备组织一次演练，并正在为此向下属做简报。

柱塞

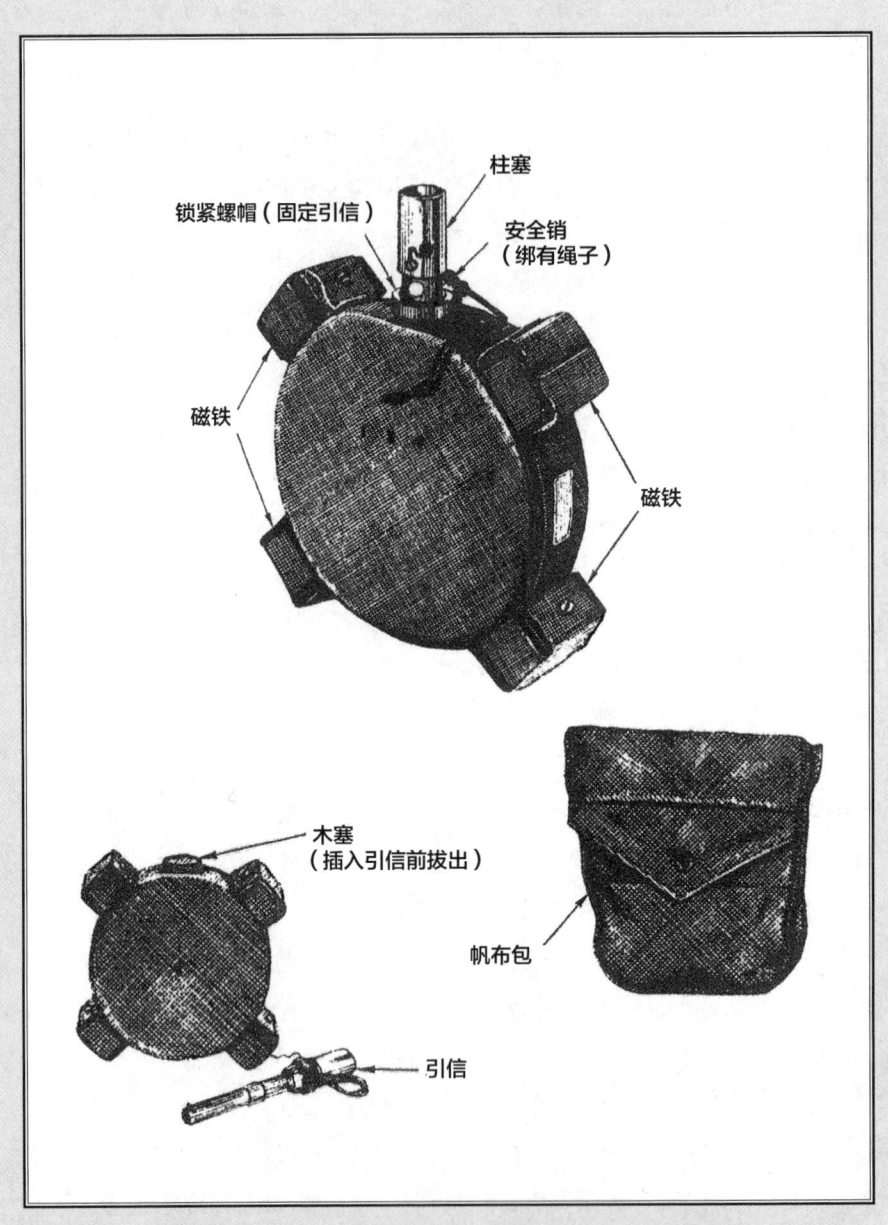

锁紧螺帽（固定引信）

安全销（绑有绳子）

磁铁

磁铁

木塞（插入引信前拔出）

帆布包

引信

日本99式（1939年）反坦克雷是一种小型武器（不计四个磁铁的话，其直径为4.75英寸，厚度为1.5英寸），但是如果把两个或更多的99式反坦克雷绑在一起，那就能对坦克造成巨大威胁。99式反坦克雷以一种帆布包为携行具，引信藏在帆布包的盖子下面的一根两截式金属管中。

一名火箭筒射手正注视着 M9A1 火箭筒（特征是握把前面的两节发射管的锁定环）的瞄准具，而装填手正从包装管（一个帆布挎包能携带三根）里抽出一枚 M6A1 或 M6A2 火箭弹。发射前，装填手需要把一根环绕火箭弹尾部的连接线解开，并抓紧连接线的活动端——在按下火箭筒上的闩锁后，就可以把火箭弹从后面塞入火箭筒并固定好。之后，装填手必须把火箭弹连接线的活动端缠绕在发射管上面的两个触点中的一个上，然后向射手示意"准备完毕！"，同时远离火箭筒尾喷气流的喷射路径。（由第 29 步兵师历史协会重现的场景照片，蒂姆·霍金斯惠赠）

英国反坦克路障，1943—1944 年。

222

英国反坦克路障，1943—1944年

意大利的多山地形对坦克部队充满挑战。意大利村庄通常建在俯瞰山坡的山脊上，只能通过狭窄、无掩护且容易被地雷和路障阻断的道路进入。英军为避免引起靠近的装甲部队警觉，很少在意大利设置可见的路障，他们会围绕一段坦克毫无掩护的道路构筑伪装良好的阵地。因此只要瘫痪了打头的车辆就能困住整个车队，使其容易被密集的炮兵火力杀伤——图里的StuG Ⅲ突击炮和SdKfz 251/1半履带车马上就要体会到了。

由于在石质地形上几乎无法构筑工事，英军的阵地几乎都是由容易找到的材料构筑的，例如用散落的石头垒成的一个低矮的环形胸墙。根据英国陆军在印度西北部边境的长期经验，这样一个阵地通常被称为"石堆"。为了避免被发觉，这样的阵地看起来要像自然的石头堆。1943年中期，英军的"博伊斯"反坦克枪和68号反坦克手榴弹已被PIAT（1）替换。士兵在将PIAT上膛后，需要从前端的半圆形凹槽处插入炮弹，再扳动扳机进行发射。按照设计，200磅弹力的弹簧会在发射时就被重新拉紧，但有时候它也不会被拉紧。因此当士兵暴露在敌军的火力下时，他几乎不可能手动为PIAT重新上膛。PIAT的另一个问题是从山上往下瞄准时，炮弹可能会从发射器前端滑出去。PIAT使用的3.5英寸Mk Ⅰ A破甲弹（2）重3磅，能击穿100毫米厚的装甲，但是弹尖引爆与弹底引信的组合限制了其潜在穿甲效能。

75号霍金斯"手雷"（3）实际上是一种既可以埋设也可以直接抛向坦克的小型武器，以哪种方式使用这种"手雷"取决于其使用了何种引信。五六颗75号霍金斯"手雷"可被横着放置在公路上：图中的75号霍金斯"手雷"以2英尺的间隔被串成"项链"或"菊花链"，当有车辆靠近时，它们就会被路边埋伏的士兵拉到公路上。其他更重型的传统反坦克雷也可照此方法使用。一名待命的英军步兵拿着77号白磷发烟手榴弹（4）和73号"暖瓶"手榴弹（5），后者含有3.25磅重的威力极大的极性铵梯铝明胶炸药，能够击穿最厚2英寸的装甲，不过用其来攻击履带更有效。73号"暖瓶"手榴弹重4.5磅，长11英寸，直径

为3.25英寸，士兵一般只能将其投掷10—15码远。73号"暖瓶"手榴弹使用了碰撞引信。和77号白磷手榴弹一样，这种手榴弹在被投掷出去后，其"Allways"型碰撞引信的配重胶带就会松开并拉出安全销，从而激活引信。图中还可见一个布伦轻机枪小组（6）正向德军半履带人员输送车实施火力压制。

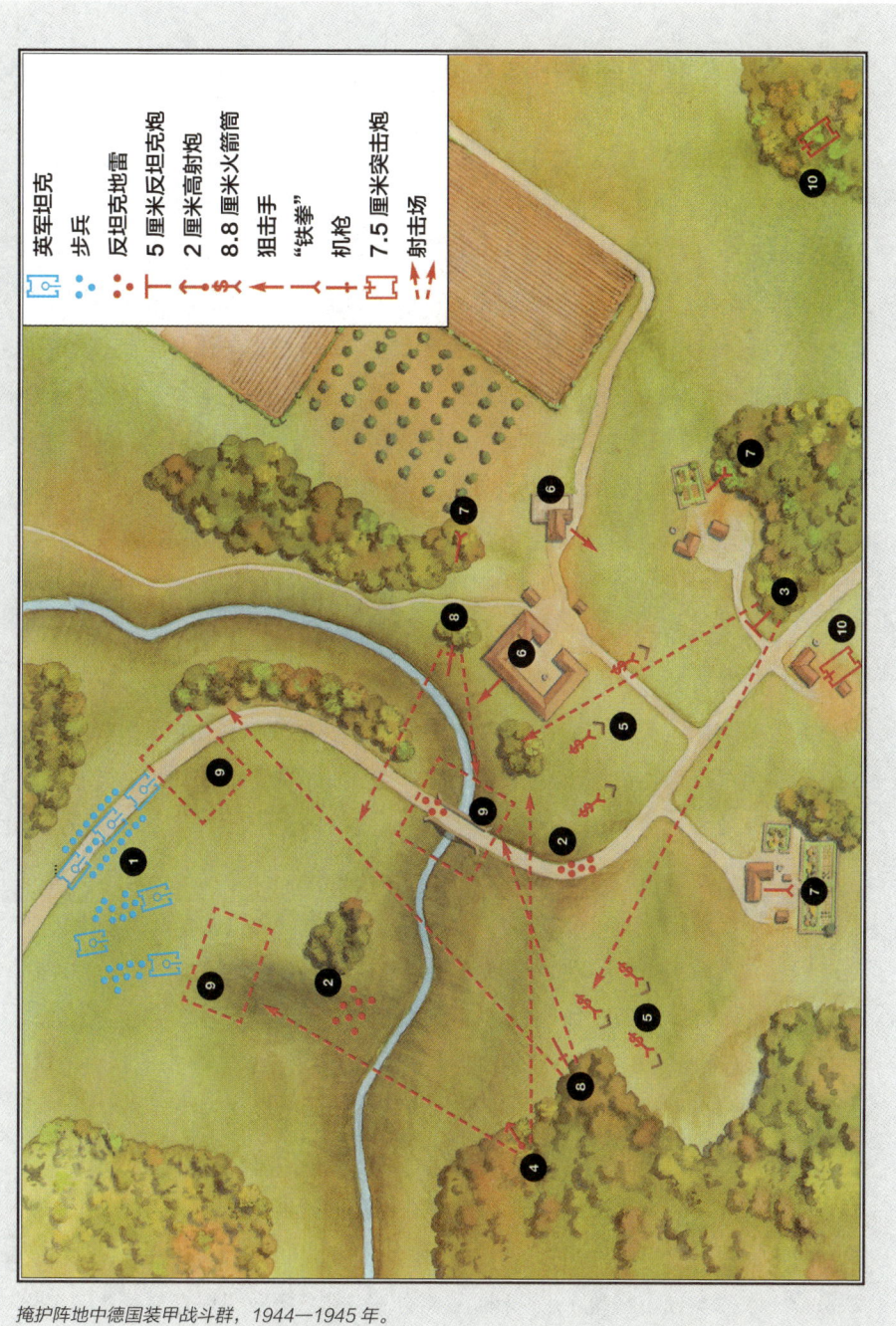

掩护阵地中德国装甲战斗群，1944—1945年。

掩护阵地中德国装甲战斗群，1944—1945 年

当二战德军在所有战场都转攻为守后，他们要以极少的装甲部队面对敌人压倒性优势的同类单位，而德国国防军十分擅长小规模的迟滞作战。到1944年时，德国陆军大量装备了各种威力巨大的单兵反坦克武器。同样突出的是，德军熟知如何使用地形、天然障碍物（图中为可徒涉的溪流）与人工障碍物，并将其他武器整合进反坦克防御中去。图中的小型装甲战斗群处于一处反装甲抵抗中心(Panzerabwehrgeschutz)或掩护阵地(vorgeschobene Stellung)，负责迟滞沿着一条辅助路线进犯一处设防的村庄（位于图片边缘之外）的英国坦克（1）。该战斗群会坚持战斗，直到接到撤退命令，或者在指定时间脱离战斗。德国人常常在无端地顽强抵抗后又迅速撤走，这会令盟军怀疑其中有诈而不敢追击。之后，德军炮兵又会按计划对已放弃的阵地实施炮击。

德军在道路咽喉处布设了点状反坦克雷区（2），并将反坦克地雷与人员杀伤地雷混合布置，这不仅能够阻止工兵扫除反坦克地雷，也可以阻止回收人员靠近瘫痪的坦克，或者防止敌军步兵与前进观测员利用坦克作为掩护。二战后期德军反坦克炮已十分稀少，经常被单独部署，如图中的5厘米PaK 38（3），以及被部署在侧翼的用于补充反坦克炮火力的2厘米高射炮（4）。一个装备六具火箭筒的班组已经按照典型模式占领了阵地（5）。每个火箭筒小组会挖掘一条狭窄的V形堑壕——通常三个小组一起行动，两个在前，一个在后。火箭筒小组的阵地会构筑在开阔地以获得射界，挖出的泥土会被移走，以免暴露阵地。通过如此布置而形成防御纵深后，火箭筒就能攻击到从任何方向靠近的坦克。V形堑壕的尖头朝向敌人，主射手处于V形的其中一边，获得最佳的对敌角度，副射手则在另一边装填和躲避尾喷气流。另外当地有一些农舍，会有少数狙击手藏身其中（6）。德军掷弹兵装备有一定数量的"铁拳"，他们会以两人一组的方式分散隐藏在坦克的行进路线上，准备攻击可能通过的坦克（7）。由于许多掷弹兵单位中的步枪数量不足，他们只能装备更多的MG34或MG42机枪（8）来增强火力——在分隔敌军坦克与其伴随步兵

时，机枪十分有用。英国坦克手曾回忆在坦克里能听到机枪子弹打到坦克上的声音，而跟随坦克的步兵则会"像兔子一样发出尖叫"。

德军各种武器的射击区经常会覆盖友军阵地，以防这些阵地最后被放弃或被敌军占领。当敌军靠近掩护阵地时，位于主战阵地的8厘米和12厘米迫击炮会向预先标定好的区域（9）实施炮击。突击炮（10）可能会被部署在掩护阵地后方，并且通常会有工事或建筑物作为掩护，以阻挡敌军深入。美国陆军方面的评估认为，与野战工事相比，如"西墙"（齐格菲防线）这样的大规模永备工事只能使德军的防御增强15%。而有工事作掩护的坦克与突击炮不仅能将防守方的防御能力提高40%，还比碉堡更加难以对付。

美国陆军反坦克伏击作战，1944—1945 年。

228

美国陆军反坦克伏击作战，1944—1945年

美国坦克猎杀小队更喜欢伏击战术——这是美国长期以来的传统——而不是使用需要亲手投放的武器进行近距离攻击。他们认为使用近距离反坦克武器往往会造成不必要的伤亡，而火箭筒和枪榴弹等远距离攻击武器不仅更有效，还能让坦克猎杀小队部署得更分散，不用都围在坦克周围（本图展示的是阿登战役中的场景。为了方便展示，我们将这支坦克猎杀小队的部署情况画得比实际部署情况更集中）。西北欧茂密的林地是这种作战方式的理想之地，美国很多士兵都曾在美国南部广袤的松林中参加过此类训练，因此很擅长这种作战。

美国的坦克猎杀小队以一个12人左右的步兵班为基础建立，不过实际上很难有满编的步兵班——就像图中展示的那样。如图所示，这支坦克猎杀小队选用的武器是配备M6A3火箭破甲弹的2.36英寸M9A1火箭筒（1）。这种武器的实际射程不到100码，而在林区时，使用它的士兵只能在大约20码的距离上与坦克交战。这种火箭筒需要两名受过相关训练的士兵操作。为了提供支援，一名掷弹兵使用安装在M1步枪上的M7发射器发射M9A1反坦克枪榴弹（2），但这种枪榴弹只在打击坦克的侧面或后面时才有效。掷弹兵还携带了一发M19白磷枪榴弹（3），用于在小队撤退时遮挡坦克或其伴随步兵的视野。一名蹲伏的美军步兵正准备投掷一枚Mk II A1破片手雷，边上还有一枚M15白磷手榴弹（4）。M15白磷手榴弹是一种爆炸式发烟手榴弹，它能够迅速制造一大片浓密的烟云来干扰敌人的视线。同时，它还能把燃烧的白磷喷洒在18—30码范围内，因此其使用者需要十分小心。步兵班的0.30英寸M1918A2勃朗宁自动步枪（5）将被用来攻击并驱离坦克的伴随步兵。有时为了增强火力，坦克猎杀小队会得到一挺0.30英寸M1919A4轻机枪的支援，而其后方通常还会受到一到两名步兵的保护（6）。步兵班长（7）开火并呼喊"射击"，就是发动伏击的信号。50吨重的"黑豹"坦克"是块难啃的骨头"——它的车体首上装甲有80毫米厚，首下装甲有60毫米厚，炮塔正面装甲有110毫米厚，炮盾有120毫米厚，车体侧面装甲有50毫米厚，炮塔侧面和后面的装甲有45毫米厚。所有这些防护都因其大倾斜角的设计而被进一步增强。

日军的自杀式袭击——"十人换一辆坦克"，1945 年。

✦ 日军的自杀式袭击——"十人换一辆坦克",1945年

在硫磺岛战役中,造成美国海军陆战队坦克损失的第一大因素是地雷,其次是反坦克炮。在这场战役中,日军使用的"地雷"(包括埋设的航空炸弹与鱼雷)数量超过了以往任何一场战役,这些"地雷"摧毁了不少美军坦克与两栖履带车辆。不过,有些坦克是被绝望的日本步兵的近距离攻击摧毁的。在一次12辆美军坦克参与的战斗中,在距一个洞穴10英尺处,一辆坦克陷入沙地,并被30—40名日军围攻(在付出主炮和无线电被破坏的代价后,美军坦克车组的全体成员最终成功突围)。当时,岛上的日军指挥官十分担心日军的47毫米一式(1941年)反坦克炮无法摧毁美国海军陆战队的M4A3谢尔曼坦克。因此,他下令做好使用99式(1939年)磁性反坦克雷(1)攻击谢尔曼坦克的侧面车身与顶部装甲的准备,但这种简易武器的穿甲效果较为一般。美国海军陆战队在许多谢尔曼坦克的侧面安装了2英寸厚的木板,也在其舱盖顶部焊接了朝上的钉子,或者在上面用铁杆焊接了一个5英寸高的笼子来保护舱盖。与二战其他战场的坦克手一样,海军陆战队的坦克手也会把备用履带节固定在炮塔侧面和车体正面,并在发动机舱盖上的进气和排气口周围堆上沙袋。同时,海军陆战队的坦克单位大多会把坦克炮塔顶部的机枪拆除,以防被爬上坦克的日军用来对付己方的步兵。

有时,日军会把两个99式反坦克雷绑在一起以提高穿深。有时,他们会将一个小型爆炸物夹在两个99式反坦克雷中间,再用劈成两半的原木把这样的两个"三明治"固定在一起(2)。二式(1942年)枪榴弹能够发射30毫米和40毫米破甲弹,其穿深分别为30和50毫米,但日军很少使用——图中展示的是40毫米破甲榴弹(3)。一名被击倒的日军士兵在临死前试图把一个"码尺"反坦克地雷(4)扔到谢尔曼坦克的履带前,该地雷内装有6磅重的炸药。作为终极手段,日军鼓励士兵爬上坦克,然后强行撬开舱盖,再用手榴弹(5)——图中展示的是99式破片手榴弹(5)——甚至用刺刀(6)去攻击坦克车组成员。在缅甸,曾有一名日军军官爬上英国第3宪兵骑兵团的一辆M3 Lee坦克,用武士刀杀死了坦克中的车长和炮手,但最后他被装填手用左轮手枪"打成了筛子"。

注释

1. 可参考鱼鹰出版社出版的《二战步兵战术：步兵连和步兵营》（精英系列 122）。
2. 详见鱼鹰出版社出版的《二战步兵战术：步兵连和步兵营》（精英系列 122）。

参考书目

Biryukov G & Melnikov G, *Antitank Warfare*(Progress Publishers,Moscow,1972)

Chamberlain Peter & Gander Terry J,*Anti-Tank Weapons,* World War IIFact Files(Arco Publishing Co, New York,1974)

English John A,*On Infantry*(New York,1984)

Forty George, *British Army Handbook 1939-1945*(Alan Sutton Publishing,Stroud, Glos,1998)

Forty George, *Japanese Army Handbook 1939-1945*(Alan Sutton Publishing,Stroud, Glos,1999)

Gabel Christopher R,*Seek, Strike, and Destroy : US Army Tank Destroyer Doctrine in World War II* (Combat Studies Institute, Ft Leavenworth,KS,1985)

Gander Terry J,*The Bazooka : Hand-Held Hollow-Charge Anti-Tank Weapons, Classic Weapons Series* (PRC Publishing, London,1998)

Gudgin Peter,*Armoured Firepower : The Development of Tank Armament 1939-45*(Alan Sutton Publishing, Stroud, Glos,1997)

Hoffschmidt E.J,*Know Your Antitank Rifles*(Blacksmith Group,1977)

Weeks John, *Men Against Tanks : A History of Anti-Tank Weapons*(Mason/Charter Publishers, New York,1975)

Zaloga Steven J & Ness Leland S,*Red Army Handbook 1939-1945*(58 Alan Sutton Publishing, Stroud, Glos,1998)

"二战战术手册"系列丛书

WORLD WAR II TACTICS

英国鱼鹰社
(OSPREY PUBLISHING)

Elite丛书中译本

备受中国军迷痴迷的二战战术大全

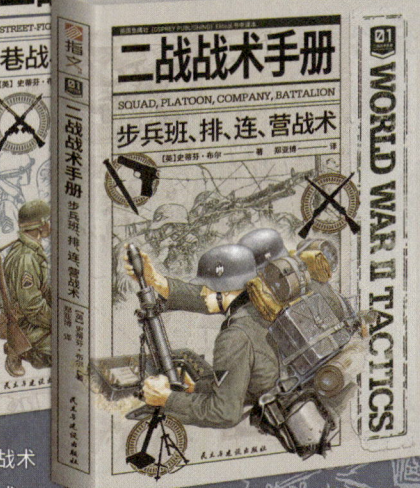

- 01 二战战术手册：步兵班、排、连、营战术
- 02 二战战术手册：巷战与火力支援战术
- 03 二战战术手册：美军快速航母特混舰队和装甲步兵战术
- 04 二战战术手册：冬季、山地作战和反坦克战术
- 05 二战战术手册：沙漠和江河突击战术
- 06 二战战术手册：U艇、滑翔机和日本坦克战术
- 07 二战战术手册：两栖突击战术
- 08 二战战术手册：侦察和伪装战术
- 09 二战战术手册：丛林和空降战术
- 10 二战战术手册：野战通信和步兵突击战术

鱼鹰社产品长盛不衰的秘诀之一

■ 精美的插图！专业插画师绘制，彩色场景示意图，细节丰富、场景考究；

鱼鹰社产品长盛不衰的秘诀之二

■ 专业的考证！生动还原各国武器装备、战术的运用场景和实际运用情况。通过横向对比，梳理不同战场上的战术，剖析各国战术的实际运用情况和优缺点。